卡车的噪声与振动
及其控制策略

Truck's Noise & Vibration and Their Control Strategies

[美]黄显利（XianLi Huang）著

北京理工大学出版社
BEIJING INSTITUTE OF TECHNOLOGY PRESS

内 容 简 介

《卡车的噪声与振动及其控制策略》是一部卡车噪声与振动的百科全书，是一座包罗万象的卡车噪声与振动的历史文献资料与总结的图书馆，是一个打开总结了几代工程师攻克卡车噪声与振动问题难题的知识宝库的钥匙。该书凝结了作者二十多年国内外卡车 NVH 的设计制造以及解决 NVH 问题方面的丰富经验，提供了一站式的卡车噪声与振动问题的控制策略。既有深入浅出、通俗易懂的噪声与振动理论，又有全面完全接地气的实际工程解决方案，还有令人拍案叫绝的解决卡车噪声与振动问题的思路。无论是新入职的工程师，还是工作多年的资深老手，都可以在他们的卡车噪声与振动设计与制造过程中以及在实际卡车噪声与振动的问题解决过程中获得极其宝贵的参考，书中内容也可以用来进一步丰富与充实卡车的产品开发流程各节点中的 NVH 目标与交付物。读者能够在充分占有历史资料的基础上，用丰富的历史经验与知识武装自己，站在巨人的肩膀之上，从中获得灵感的启迪，开启智慧之门，创造出卡车 NVH 的无限可能。

版权专有　侵权必究

图书在版编目（CIP）数据

卡车的噪声与振动及其控制策略 /（美）黄显利（XianLi Huang）著. —北京：北京理工大学出版社，2018.1（2022.8重印）

ISBN 978-7-5682-5292-8

Ⅰ. ①卡…　Ⅱ. ①黄…　Ⅲ. ①载重汽车-汽车噪声-噪声控制-研究②载重汽车-振动控制-研究　Ⅳ. ①U469.2

中国版本图书馆 CIP 数据核字（2018）第 022330 号

北京市版权局著作权合同登记号　图字：01-2018-0443

出版发行	/	北京理工大学出版社有限责任公司
社　　址	/	北京市海淀区中关村南大街 5 号
邮　　编	/	100081
电　　话	/	（010）68914775（总编室）
		（010）82562903（教材售后服务热线）
		（010）68944723（其他图书服务热线）
网　　址	/	http://www.bitpress.com.cn
经　　销	/	全国各地新华书店
印　　刷	/	廊坊市印艺阁数字科技有限公司
开　　本	/	710 毫米×1000 毫米　1/16
印　　张	/	16.75
彩　　插	/	4
字　　数	/	289 千字
版　　次	/	2018 年 1 月第 1 版　2022 年 8 月第 2 次印刷
定　　价	/	52.00 元

责任编辑 / 杜春英
文案编辑 / 杜春英
责任校对 / 周瑞红
责任印制 / 王美丽

图书出现印装质量问题，请拨打售后服务热线，本社负责调换

前言

2015年，在中华大地上奔驰着1 389.19万辆载货汽车，它们担负着10 366.50万吨货物的运输。其中普通货车1 011.87万辆，运输货物4 982.50万吨；专用货车48.40万辆，运输货物503.09万吨。全国营业性货运车辆完成货运量315.00亿吨，货物周转量57 955.72亿吨公里。还有83.93万辆载客汽车，将161.91亿人——相当于将12倍的中国人送到各自的目的地[①]。可见，重型车辆在国民经济中起到了不可或缺的作用，是民生大计中非常重要的一环。

商用车，一般客户用来作为生产工具，相比欧洲、日本与美国等国家和地区，我国开发商用车起步较晚，而且起点也较低。20世纪与21世纪初，我国的商用车用户为了赚取最大的运输利润，通常要求每一次运输中都装载尽可能多的货物，过载需求有时甚至达到标准荷载的几倍之多。正是这种过载的市场需求，驱使生产商用车的整机厂强化了对底盘系统的车架、悬架、板弹簧、驱动轴系与承载轮系的设计强度要求。在这种优先考虑强度的设计之下，高强度的底盘设计几乎是以牺牲车辆的平顺性与NVH性能为代价的。例如，为了适应高荷载的要求，板弹簧的强度必须相应增加，而板弹簧的强度增加也使其刚度增加，从而导致板弹簧的偏频增加。非常不幸的是，这种加强型板弹簧的偏频恰好与车辆在常用速度下车轮的激振频率耦合，导致卡车驾驶室的抖动问题。

商用车的运行质量落后于乘用车及客车，有以下几个原因：

（1）商用车相对于乘用车而言具有更广泛的空车/加载比例，这通常要求刚度更大的轮胎与悬挂系统来适应最重的货物，这些要求倾向于将更大部分道路表面输入传递到驾驶员身上。

（2）如果使用复杂悬挂来处理这些大的荷载范围与路面输入的范围问题，其成本将是非常高的。

（3）大功率发动机就在驾驶室下方，导致附加的振动、噪声与热输入驾驶室。

（4）货厢或挂车要比车头重几倍，因此车头与挂车之间的相互作用可以非常大，而且很难补偿。

---

① 中国道路运输协会.2015年交通运输行业发展统计公报［EB］.2016-05-16.

（5）高速公路的平顺性一般是从乘用车的角度来评价乘用舒适性的，很少从商用车的角度评价乘用舒适性。商用车的轮距、悬挂、轮胎与乘用车差别较大，因此商用车需要不同的道路平顺性评价标准。

陕重汽的《卡车司机生存现状蓝皮书》的调查结果表明，39.1%的重卡用户承认自己患有职业疾病，64.7%的重卡用户患有胃病，38.8%的重卡用户患有颈椎病。尽管现在还没有直接的证据证明这些病状是来自车辆的NVH，但作者根据从事卡车抖动研究过程的个人体验，深深感受到车辆的NVH问题确实与卡车驾乘人员的健康有着密切的联系。目前，在研究卡车NVH对乘员健康的影响方面已有大量文献，大量的实际数据与坊间数据支持卡车NVH影响乘员健康这一观点。

在美国，有许多卡车驾驶员以及卡车运输公司试图将驾驶员的能力与法规的服从推到极限，使得家庭与个人处于危险境界。根据美国交通部的统计，每年有4 000多人死于重型卡车的碰撞事故，而且驾驶员的疲劳是一个重要因素。有经验的专业驾驶员的能力也不能克服睡眠的生理需要。造成驾驶员疲劳的原因有许多种，如超时驾驶，晚上工作时间过长，工作时间不规律，睡眠少或睡眠质量差，早晨起得太早，等等。卡车的道路低频噪声对驾驶员有催眠的作用，会影响驾驶员的驾驶。Lofstedt与Landstrom调查了两个卡车驾驶员在比较典型的驾驶条件下的清醒状态。他们发现，当驾驶的卡车产生高声强的低频噪声时，驾驶员更容易疲劳[①]。

因此，卡车的NVH问题越来越成为卡车设计、销售的一个重要且不可回避的问题。客户试乘试驾的第一个体验就是车辆运行的舒适性与NVH表现，NVH或许不是购买的决定性因素，但却是拒绝购买的因素。因此，卡车NVH正在成为市场评价与竞争的一个重要指标。

卡车的噪声与振动是一个古老而复杂的问题。在卡车发展的历史长河中，天才的工程师们孜孜不倦地研究这个问题并提出了各种极富创造性的工程解决方法，积累了极其丰富的历史经验，是卡车发展历史的宝贵财富。珍惜并发掘这些宝贵的财

---

① Landstrom U, Lofstedt P. Noise, Vibration and Changes in Wakefulness During Helicopter Flight [J]. Aviation Space Environment Medicine, 1987, 58: 109-118.

富对我们解决当前的卡车振动与噪声问题仍然有着非常积极的现实意义。网络的发达使作者能在浩瀚无垠的文海中非常方便地找到这些宝藏中的瑰宝（尽管这可能只是冰山一角），并呈现给读者。卡车NVH问题是一个非常复杂的问题，而且涉及非常高的技术科目，许多极其聪明的工程师写了大量的文章与书籍，作者希望能够奉献给读者一部关于卡车NVH的百科全书，使读者在寻求卡车NVH问题工程解时有一个一站式的图书馆。如果读者能站在巨人的肩膀之上，从中获得些许灵感，开启他们的智慧之门，创造出卡车NVH的无限可能，就是对作者所有努力的最大奖励。

目 录

第1章 卡车NVH问题 /1
  1.1 卡车的噪声问题 /2
  1.2 卡车的振动问题 /3
  1.3 卡车的冲击问题 /7
  1.4 货物的完整性 /7
  参考文献 /8

第2章 卡车的噪声源及控制策略 /10
  2.1 发动机各部件的噪声贡献 /13
  2.2 发动机的噪声 /15
    2.2.1 燃烧噪声 /15
    2.2.2 活塞敲击噪声 /19
    2.2.3 配气机构噪声 /21
    2.2.4 曲轴扭振 /22
    2.2.5 齿轮和轴承噪声 /24
    2.2.6 进气系统噪声 /28
    2.2.7 排气系统噪声 /34
    2.2.8 风扇系统噪声 /37
    2.2.9 发动机机体辐射噪声 /39
  2.3 卡车的轮胎与路噪声 /51
    2.3.1 轮胎/路噪声的特点 /51
    2.3.2 欧盟的轮胎类型批准 /56
  2.4 制动噪声 /57
    2.4.1 制动啸叫噪声 /57
    2.4.2 制动颤振噪声 /61
  2.5 噪声与音乐 /63
    2.5.1 齿轮比与音阶比 /64
    2.5.2 音色与频率谱 /68
  参考文献 /70

第3章 卡车的振动源及控制策略 /75
  3.1 发动机激励 /76
    3.1.1 活塞激励 /76
    3.1.2 发动机燃烧振动激励 /78
    3.1.3 发动机主轴承的振动激励 /82

          3.1.4　发动机的模态分离表 /83
　　3.2　车轮的激励 /85
　　　　3.2.1　轮胎激励 /86
　　　　3.2.2　轮毂制动鼓的振动激励 /89
　　3.3　传动轴系的振动激励 /90
　　3.4　车桥的激励 /95
　　　　3.4.1　转向车轮跃摆振动 /95
　　　　3.4.2　转向轮的绕转 /98
　　　　3.4.3　车轮跳动 /98
　　　　3.4.4　桥的交替跳动 /101
　　3.5　制动系统的激励 /102
　　　　3.5.1　制动颤振（抖动）/103
　　参考文献 /108
第4章　卡车的减噪 /111
　　4.1　噪声的传递 /111
　　4.2　声学包 /112
　　4.3　吸声作用 /114
　　4.4　密封 /115
　　4.5　声学包的评价与设计应用 /116
　　4.6　整车噪声目标的实现 /118
　　参考文献 /118
第5章　卡车的减振 /120
　　5.1　卡车振动的传递路径与减振硬件 /120
　　5.2　减振原理 /121
　　　　5.2.1　减振器的设计原理 /121
　　　　5.2.2　调谐质量阻尼器 /123
　　　　5.2.3　调谐质量阻尼器的应用 /126
　　　　5.2.4　天棚阻尼减振器 /127
　　　　5.2.5　准零刚度减振器 /128
　　　　5.2.6　自适应负刚度减振器 /131
　　　　5.2.7　准零刚度减振器及其应用 /133
　　5.3　卡车的车架 /135
　　　　5.3.1　车架的几何参数 /138
　　　　5.3.2　车架的弯曲刚度 /141
　　　　5.3.3　车架的扭转刚度 /144

5.3.4　车架的基本频率 /146
　　　5.3.5　车架弯曲抖振 /149
　　　5.3.6　底盘的平动 /150
　　　5.3.7　超级卡车的车架改进及对卡车NVH的影响 /153
　　　5.3.8　车架对车辆NVH的影响 /156
　5.4　卡车悬挂系统的隔振 /157
　　　5.4.1　板弹簧悬挂 /157
　　　5.4.2　空气弹簧悬挂 /161
　　　5.4.3　空气弹簧悬挂的隔振率 /164
　5.5　卡车的驾驶室隔振系统 /164
　　　5.5.1　重卡驾驶室的几何特征 /164
　　　5.5.2　重卡驾驶室的模态特征 /166
　　　5.5.3　重卡驾驶室悬置的偏频 /167
　5.6　座椅的减振功能 /169
　　　5.6.1　座椅的减振能力 /169
　　　5.6.2　座椅的振动减振 /171
　　　5.6.3　座椅的模态分离 /173
　5.7　人体的振动特性及振动对人的影响 /174
　　　5.7.1　人体振动频率 /174
　　　5.7.2　振动对人的影响 /177
　5.8　发动机悬置的减振 /179
　　　5.8.1　发动机悬置的功能 /179
　　　5.8.2　刚体模态与解耦 /179
　　　5.8.3　隔振率 /181
　　　5.8.4　阻尼性能 /181
　　　5.8.5　发动机悬置模态分离策略 /182
　　　5.8.6　发动机悬置对车辆NVH的影响 /186
　参考文献 /188

第6章　卡车的模态分离策略 /194
　6.1　激励频率 /195
　6.2　卡车整车与系统模态 /197
　6.3　模态分离的基本原则 /199
　6.4　与发动机激励相关的模态分离原则 /200
　6.5　车轮激励的模态分离原则 /200

6.6 整车模态分离 / 202
6.7 模态振型分布 / 203
6.8 模态分离实例 / 203
参考文献 / 205

第7章 客车的振动与噪声及控制策略 / 206
7.1 客车的噪声源 / 207
7.2 客车的空腔共振频率 / 208
7.3 客车钣金的临界频率 / 211
7.4 客车车内噪声与振动 / 213
7.5 客车模态分离表 / 219
参考文献 / 220

第8章 军车的NVH问题 / 223
8.1 噪声对乘员的听力危害 / 223
8.2 听力保护 / 225
8.3 军车的振动 / 228
8.4 军车的噪声 / 232
8.5 舰船的噪声问题 / 236
8.6 飞机的噪声与振动问题 / 238
参考文献 / 244

索引 / 247

第 1 章

卡车 NVH 问题

卡车作为一种商品,必须是客户想要的,而且能够为客户带来价值。卡车除了要把货物或旅客从一个地点运输到另一个地点外,还要保证在运输途中乘员有一个安静、舒服的环境,货物在一个相对平稳的情况下没有任何被损坏的风险。卡车的 NVH（Noise Vibration Harshness）问题不仅仅是一种工程设计问题,更重要的是通过解决卡车 NVH 问题可以为卡车客户创造价值。因此,卡车 NVH 问题必须以客户的需求为中心点,为客户着想,解决客户所关心的问题。在这种意义下,NVH 是一种产品竞争的经典模式,这也是 NVH 的商业价值所在。

NVH 是卡车强劲的动力总成系统、道路运行的不平性、气体在车辆外表面高速流动以及车上辅助系统运行的自然副产品,是无法避免的,是我们必须面对的问题。卡车 NVH 可以严重到影响乘员的舒适性,使乘员疲劳,通信受到干扰,敏感电子设备失效,或机械设备遭到疲劳破坏。

卡车的特点是以一个基础底盘为基础车型,根据客户与运输的要求改变部分车辆的系统（轴距、驱动形式、驾驶室形式、发动机、变速箱、悬挂、轮系等）,形成成千上万种变体。这些变体的 NVH 性能与基础车型的 NVH 性能可能存在差别,也需要进行设计验证。

在车辆设计的逆向工程中,车辆与系统、部件的结构形状和尺寸模仿是没有问题的,但是所用的材料与安装工艺是难以通过逆向工程来确定的。一般来讲，在车辆逆向工程设计中，部件与系统的强度比较容易满足，即使可以确定材料的化学成分，也可能因为加工、价格、供应商等因素的影响而采用比较类似的材料，这种替代材料容易出现车辆的 NVH 问题。车辆 NVH 设计中的模态分离理论是 NVH 设计中最重要的原则，但是由于各种设计因素的影响，系统之间的模态分离有时是很小的，如 0.5 Hz。材料的偏差，安装工艺的不同，都可能使模态分离原则得不到满足，从而引起车辆的 NVH 问题。逆向工程设计的结果能够得到形状与结构尺寸的一致性与重现性，但不能保证原车 NVH 性能的重现性。

现在的运输业出现了高效、标载的运输模式，以获取最大的运输利润。即一台标载的运输车辆，有两个或三个驾驶员，施行"人休车不停"的方式，进行不间断的运行。在这种操作环境下，为了避免驾驶疲劳，对驾驶的舒适性与乘员的舒适性提出了更高的要求，也就是对卡车的 NVH 性能提出了更高的要求。

卡车市场的需求变化使得卡车的设计也发生了变革。卡车标载化的强制执行，运输方式的高效性，以及卡车经济性能的提升、排放的高标准化和设计的轻量化，每一种特性都可能意味着新的总体结构以及新的部件，对卡车的 NVH 工程师提出了极大的挑战。他们将面临指数性增长的复杂性，以及影响 NVH 特性的新的多学科特性。除了成本价格的竞争、多拉快跑的性能之外，客户对驾驶舒适性，具有驾驶乐趣和品牌声学特性的需求也必须同时满足。

因此，需要为客户解决卡车的 NVH 问题。在解决卡车 NVH 问题之前，需要对卡车 NVH 问题进行描述，以此作为解决卡车 NVH 问题的第一步。

1.1 卡车的噪声问题

卡车的噪声源有发动机噪声、路噪声和风噪声等多种激励源。对于卡车的发动机噪声，我国的卡车受 GB 1589 关于车长的限制，车辆驾驶室的类型主要以平头车为主。美国的卡车以长头车为主。平头车的驾驶室一般设计安装在发动机之上，而长头车的驾驶室则放在发动机的后面。平头车的发动机，其围绕空间基本上受到驾驶室、底盘、操作系统和冷却系统的限制，留给声学包的空间与面积并不大。而长头车的发动机舱是一个相对独立的封闭空间，用于声学包的面积比较大，对发动机舱的声学衰减起到很大作用。平头车的换挡系统坐落在驾驶室地板上，转向系统采用比较简易的系统。目前，我国的卡车手动换挡系统一般安装在中控台上，也正好在发动机之上。如果在换挡杆与地板连接处没有进行 NVH 设计，发动机的噪声很容易通过这些连接机构的噪声传递路径进入驾驶室。对于转向机构，大多数卡车采用相对简单的连接方式，与地板之间是没有 NVH 设计的，导致发动机与路噪声在没有更多吸声与隔声措施的条件下通过转向机构进入驾驶室。因此，目前我国平头车的驾驶室发动机噪声一般要比长头车驾驶室的发动机噪声大一些。

发动机的噪声是通过三种路径进入驾驶室的，即空气噪声路径、结构噪声路径和非直接噪声路径。空气噪声路径是噪声从空气介质中传播到驾驶室钣金件等封闭件后，通过折射方式进入驾驶室的。结构噪声路径是发动机等振动源激励驾驶室的钣金件等封闭部件而使这些封闭件产生振动，这些钣金件在驾驶室侧的表面激励了空气而产生噪声。非直接噪声路径是非常重要的，但常常被忽略的就是泄漏路径或间接性路径。这些路径包括电线过孔、管路过孔、工艺孔、车窗和车门密封等。

卡车的路噪声是车轮在行驶过程中与路面接触、运动所产生的噪声，其产生机理极其复杂。

通常情况下，一般定义车辆在 130 km/h 速度下的车内噪声为风噪声。因为速度低时发动机噪声和路噪声都很高，风噪声很难在这些噪声中占据主导地位而成为主要成分。目前卡车在公路上的最高限速为 70 km/h，所以卡车的风噪声并不明显。但是，如果车门的刚度与车窗的密封设计不好或安装不好，在低于 70 km/h 时也可能出现风噪声问题。

1.2 卡车的振动问题

在设计与运行中考虑卡车的振动是基于卡车的振动特点，即卡车有相当大的惯性质量与高动能。从传统上讲，卡车要承受稳定的纵向振动，需要最小化纵向以及横向的线性振动。通过采取若干特殊的减振与隔振措施，可以减少水平面上底盘自发的转动[1]。除了遵循正规设计标准外，需要有特殊的 NVH 设计过程，在整个设计开发流程中的每一个里程碑加入对 NVH 设计问题的交付物[2]。

引起卡车振动的振动源有很多，主要是发动机与道路振动。发动机是使燃油燃烧产生的往复运动转变成旋转运动的装置。这些往复运动与旋转运动部件未平衡的周期性动力构成了发动机的振动。发动机振动通过发动机悬置及其他与车架连接的部件传递到车架上，然后通过驾驶室悬置传递到驾驶室，通过地板与座椅传递给乘员。路面的不平以及车轮旋转产生的不平衡动力通过悬挂系统传递到车架上，再通过驾驶室悬置与座椅传递给驾驶室的乘员。

发动机与传动系统是通过齿轮的传动比将曲轴的转速传递到车轮上的，所以它们的频率一般高于车轮的频率。车轮与轮胎一般是不均匀的。车辆不同轴上的车轮的相位关系是不一样的，不同的相位关系在不同的时间会产生跳动、横摇、纵摇激励，使车架产生相应的振动模式。

当不均匀的车轮在运行时产生共振时，车轮旋转的角速度就是它的共振频率：

$$f_w = \frac{v \times 10^6}{2\pi r \times 3600}$$

式中，v 为车辆行驶速度（km/h）；r 为轮胎的半径（mm）；f_w 为车轮在这个速度下的旋转共振频率（Hz）。

对于重型卡车，车轮直径在 1.2 m 左右，行驶速度在 70 km/h 时对应的激励频率为 5 Hz 左右。

一般来讲，尽管车轮与轮胎对所有车辆在所有时间里都是作为振动激励机制，但它们对于车辆振动谱的影响在平滑道路上是最明显的。而在粗糙路面上，因为板弹簧悬挂有更大的位移，其阻尼就更大，而且乘员在粗糙路面上本来就期望车辆的振动。一般的规则是，因为悬挂系统阻尼的低效率与车轮的 1 阶和更高阶的旋转激励相对于路面激励更突出，卡车的振动在平滑道路上比粗糙路面上更倾向于展示振动的周期性。一般来讲，车轮激励的振动是导致驾驶员与乘员不满意的一个主要原因。但是这个现象在现场很难控制，因为振动还可能来自轮胎的保养问题或轮胎因为制动滑动而磨平了[3]。

道路的不平度主要来自反映建筑与维修道路表面精度实际极限的随机偏差，还有道路的局部路面错位与失效。当卡车在道路上运行时，左右轮因为道路的不平而在垂直方向产生的位移是不一样的，它们产生垂直方向的位移与纵摇响应，而左右轴距在高度上的差异是横摇与其他横向运动的主要激励。尽管道路没有给车辆施以横向加速度，但是两个轮距的高度差构成了一个横摇输入，驾驶员可能把这个输入感觉成一个横向加速度。

卡车是一个复杂的动力系统，根据道路与车辆的输入产生动力响应。卡车的动力响应包括两个方面：一个是车辆系统内在铰接的结构；另一个是卡车的具体设计或运行条件。在低频域中，车辆系统作为一个刚体，卡车由悬挂系统和轮系与地面分离，就是一个简单的二自由度振动系统。这个简化的振动模型至少反映了垂直运动。实际上，卡车的车轮在不同的点上与路面接触，卡车的动力响应除了纵向跳动外还有横摇与纵摇。沿着一侧的道路输入对于每个轮子都是一样的，但是根据卡车的运行速度会有一个时间上的迟滞[4]。垂直振动的频率范围在 1~4 Hz，主要取决于悬挂系统的设计与运行条件前后振动模式，主要是由横摇引起的。横摇的激励是由道路的隆起引起的，前轮先通过这些隆起，然后后轮通过这些隆起，车辆对这些隆起激励的动力响应的频率取决于轴距对车速的比例。一般来讲，横摇激励的频率在 3~5 Hz。如果沿着每一侧的道路输入对于每个轮子都不一样，那么卡车的振动模式呈现多样性。车轮的激励模式有跃振、平行跃振、交替跃振以及它们的组合。在某些特殊情况下，只存在一种振动模式：当车辆的轴距与道路的两个隆起的距离一样时，只有上下跳动模式。

除了这些刚体模态外，还有弯曲模态出现。底盘的弯曲振动是非常重要的一种模式，它的频率范围在 6~9 Hz。还有其他数十种不同的共振频率，其范围在 20 Hz 左右。这些共振模式对总的车辆动力响应做贡献。这些共振频率的出现及其对总的车辆振动谱的贡献及影响取决于具体的卡车设计与结构。这些结构既要满足国家与地方的法规要求，同时也要满足购买者的具体要求。

卡车振动以不同的方式影响乘员的身体与心理，而乘员对振动暴露的反应主要取决于振动的频率、幅度与暴露的持续时间。其他因素可能包括振动输入的方向与位置，不同身体部位的质量，疲劳的水平与外部支持的出现。人体对振动的响应可以是机械的，也可以是心理的。机械的会对人体组织造成破坏，这是由各种人体器官系统内的共振所引起的。从暴露的观点来讲，振动的低频范围是研究者最感兴趣的。暴露在 5~10 Hz 的垂直振动范围一般会引起胸腹系统的共振，头−颈部−肩系统在 20~30 Hz，眼球在 60~90 Hz。当振动在人体内衰减时，它的能量被人体的组织与器官所吸收。在这些方面，肌肉就显得特别重要。振动导致自愿的与非自愿的肌肉收缩，特别是当共振时会引起局部肌肉疲劳。进一步，共振还可能引起反射性收缩，从而降低驾驶员对车辆操控的能力。

根据振动对卡车乘员的影响的文献回顾，可以总结如下：

（1）许多学者对卡车驾驶员的全身振动暴露对健康的影响做了大量研究，这些研究表明，卡车驾驶员的全身振动对健康的有害影响是确定的。试验结果表明，卡车驾驶员许多影响健康的症状都与全身振动暴露相关。

（2）一般重卡驾驶员全身振动暴露水平是：在垂直方向（Z 轴）0.4~2.0 m/s^2 的范围内，其均值在 0.7 m/s^2。垂直方向振动在 2~4 Hz 频率范围内是最大的。

（3）有实验室以及现场研究的数据表明，低频振动（3 Hz）与日益增加的疲劳之间有直接的关系。对于那些通常经历在这些频率附近的振动水平的重卡驾驶员来说，非常容易产生疲劳。

（4）间歇的与随机的振动有刺激或使人保持清醒的效果。这是卡车振动少有的正面效果。

（5）振动暴露会引起导致人们身体疲劳效果的新陈代谢和化学变化。有证据表明，卡车驾驶员对后背疼痛的抱怨的可能原因是全身振动暴露。

（6）许多典型的振动暴露将达到可能的国际标准的健康风险区域内。根据这些标准，许多重卡驾驶员都处于来自延长的对振动暴露中的负面健康影响的风险之中。

（7）绝大多数车辆运行都超过国际标准的舒服限值。

尽管这些事件中涉及疲劳与瞌睡的精确原因还不确定，但卡车驾驶员的疲劳与瞌睡是造成车辆碰撞与人员伤亡的一个非常重要的因素。根据美国国家高速公路与运输安全局（National Highway and Transportation Safety Administration，NHTSA）2012年的统计，重型卡车的碰撞事故导致3 944人死亡，其中80%是路人。因此，卡车驾驶员的疲劳与瞌睡不仅是驾驶员安全的关键问题，也是一个公共安全问题[5]。

美国运输部的联邦汽车运输安全管理局（Federal Motor Carrier Safety Administration，FMCSA）与美国运输部的NHTSA共同进行了大型卡车碰撞原因的研究，来检验大型卡车（自重大于 4.5 t）严重碰撞事故的原因。从2001年4月到2003年12月间的12万例大型卡车碰撞事故中，选择具有国家代表性的样本。每一个在这个研究中的样本至少有一辆大型卡车而且出现了死亡或受伤。在整个样本中的963例碰撞事故中，涉及1 123辆大型卡车与959辆非大型卡车。这963例碰撞事故导致249人死亡，1 654人受伤。1 123辆大型卡车中，其中77%拖挂有一个半挂拖车的牵引车[6]。在我国的高速公路上，这种运输方式是非常普遍的，也是非常经典的，因此本书以牵引车的NVH问题为重点进行分析。这些卡车碰撞事故的关键原因中，87%是驾驶员的过错，而且在确定的19种卡车事故的关键因素中，驾驶员的疲劳因素占13%。

实际测量卡车振动对驾驶员的影响是非常困难的，涉及驾驶员的开车时间、道路情况、环境情况、工作班次、身体及心理，等等。另外，振动环境对健康的影响并不是一两天的事，而可能是长时间的数据累积造成的，因此卡车振动对驾驶员健康影响的实际评价是非常难的。Azizan与Fard用开创式的脑电图实验室方法模拟卡车不同频率的振动对乘员疲劳的影响[7]，他们把卡车激励振动频率域分为4个部分，即Beta：4～20 Hz；Alpha：8～13 Hz；Theta：4～7 Hz；Delta：0.5～4.0 Hz。Beta波与警觉性和清醒性相关，Theta波与瞌睡状态相关，Alpha波与放松条件但意识清醒状态相关，而Delta波与深度睡眠条件相关。在这些激励下，用14个频道的脑电波探头测量参与实验的人员的头部不同部位的脑电波图，分析在不同激励下头部不同部位的脑电图的Beta、Alpha、Theta和Delta脑电波行为。他们的实验结果支持这样的假设：低频振动可以引起驾驶员的瞌睡并降低驾驶员的警觉性，正弦振动比随机振动对驾驶员的瞌睡影响更大。

当卡车运行在高速公路的不规则表面上时，车轮会受到激励。卡车的悬挂系统将其传到底盘系统，同时卡车的运动部件也会产生振动激励。振动耐久性在部件选择中发挥着非常重要的作用。那些承受振动荷载的错误集成的部件与系统会导致生命周期的大幅度减少，或通过疲劳裂纹的扩展出现灾难性的结构失效。

　　部件的疲劳是材料在承受交变荷载时出现的局部结构破坏，而疲劳裂纹是车辆部件最常见的失效机制之一。部件的疲劳破坏有静力破坏和共振破坏[8]。疲劳寿命是在一个特定的特性失效出现之前，一个试件所承受的应力循环次数。这个应力是交变的，而交变应力是由交变荷载产生的。疲劳寿命与应力虽然不是呈线性关系，但会随着应力的增长而减少。疲劳极限的定义为：在疲劳试验中，应力交变循环大至无限次而试样仍然不破损时的最大应力[9]。根据这些定义，卡车部件疲劳破坏的主要原因是部件固有频率与车辆的激振频率有耦合而产生共振。在共振时，共振的幅值比较高，有时会在部件内产生大于疲劳极限的应力，使得部件的疲劳寿命减少，有时可能大到足以产生超过疲劳极限的应力而导致部件的破坏，或者使得部件的裂纹加速扩展，最终导致部件破坏。没有交变应力就没有疲劳破坏，将交变最小化可以增加疲劳寿命。

1.3　卡车的冲击问题

　　当卡车行驶在不光滑的路面上或通过减速带这样的障碍物时，车轮会产生振动力，这些振动力通过悬挂系统传递到车架上。这些激励是冲击型的，有突然、短促的特点。这种激励的突然性使得卡车的动力响应包含所有频率的分量。

　　运载的敏感货物，如精密仪器、核燃料等都对卡车的振动与冲击提出很高的要求。对于卡车来讲，冲击是在卡车通过火车道、路面的坑与减速带等时产生的。它的特点是迟滞的瞬态脉冲，它与振动相叠加并与振动相互混合。虽然冲击发生的频率比振动低得多，但是其振动幅度是非常大的，一个普通牵引车的底盘在 0~5 Hz 垂直方向的振动最高幅值可以达到 $10g$，横行与纵向加速度可以达到 $5g$。对于卡车，它的地板在垂直方向的加速度可以达到 $2g$[10]。

1.4　货物的完整性

　　在交付任何货物时，人们最担心的问题是货物能否毫发无损地交付到目的地。然而在运输过程中会受到各种因素影响而使货物受损，其中一个重要因素是车辆的振动与冲击。车辆的振动与冲击通过底盘车架与包装传到货物上，振动与冲击导致包装松散。货物损坏还有其他原因，而车辆振动是一个很难界定的原因。但可以肯定的是，如果能把车辆的振动降低，对货物的完整性是有帮助的。

从法律上讲，所有的运输者对运输的货物必须有最低的保险，即对所运输的货物由自然灾害、车辆事故甚至战争行动所带来的损失提供有限的保险。运输公司可以请求货物保险公司对货物在运输过程中由于丢失、损害或盗窃所带来的损失进行赔偿。在美国和加拿大，运输100美元货物的保险率，易碎物品最高为2.94美元，家用物品、计算机及电子产品、精密仪器为1.25美元。为了减少运输对货物的损害，对卡车的要求就是减少车辆运行的振动与冲击。减少振动与冲击的技术措施包括隔振，减小振动的振幅以及减少振动与冲击的时间。

还有些专用卡车，其上长期装有设备或精密仪器，而这些卡车的运行道路有时是比较差的。在这种装载货物下，除了需要对设备进行隔振处理外，对卡车底盘的振动也需要控制。这就要对卡车后悬置的隔振阻尼系统提出更高的减振、隔振与阻尼要求。当被动减振措施不足以减少振动时，就必须采取主动减振措施，如车架的姿态控制等技术。

参 考 文 献

[1] Boris N. Belousov, Popov S D. Heavy-Duty Wheeled Vehicles: Design, Theory, Calculations [J]. SAE International, 2014.

[2] Young S. Vehicle NVH Development Process and Technologies[C]. the 21st International Congress on Sound and Vibration, 2014, 7:13–17, Beijing/China.

[3] Sayers M, Gillespie T D. The Effect of Suspension System Nonlinearities on Heavy Truck Vibration [C]. Paper Presented at 7th IAVSD Symposium, 1981, 9, Cambridge, England.

[4] Doinish M A, ElMadany N M. Random Response of Tractor-Semitrailer System[J]. Vehicle System Dynamics, 1980, 9: 87–112.

[5] Troxel W M, Helmus T C, Tsang F, et al. Evaluating the Impact of Whole-Body Vibration (WBV) on Fatigue and the Implications for Driver Safety [R]. 2015，Rand Corporation Research Report. www.rand.org/t/rr1057.

[6] USA Federal Motor Carrier Safety Administration Office of Research and analysis. Large Truck Crash Causation Study-Analysis Brief [R]. 2007–07, Updated on [2014–12–19]. Publication No. FMCSA-RRA-07-017m. https://www.fmcsa.dot.gov/safety/research-and-analysis/large-truck-crash-causation-study-analysis-brief.

[7] Azizan M A, Fard M. The Influence of Vibrations on Vehicle Occupant Fatigue [C]. 2014, 11:16–19, Inter-Noise 2014, Melbourne Australia.

[8] Seong-In Moon, Il-Je Cho, David Yoon. Fatigue Life Evaluation of Mechanical Components

Using Vibration Fatigue Analysis Technique [J]. Journal of Mechanical Science and Technology, 2011，25(3): 631–637.

[9] Stephens R I, Fuchs H O. Metal Fatigue in Engineering (second edition Ed.) [M]. John Wiley & Sons, Inc., ISBN 0–471–51059–9, 2001–09: 69–70.

[10] Magnuson C F, Wilson L T. Shock and Vibration Environments for Large Shipping Containers on Rail Cars and Trucks[R]. Sandia Laboratories and Livermore Report, 1977.

第 2 章

卡车的噪声源及控制策略

卡车的噪声源有发动机产生的噪声、车辆在道路上运行时产生的道路噪声、制动噪声以及风噪声，但主要是发动机噪声与路噪声。相对汽油发动机（简称汽油机）而言，重卡柴油发动机（简称柴油机）的噪声更大。在 2 000 r/min 时，柴油机平均噪声约为 100 dBA，而汽油机在 2 000 r/min 时的平均噪声为 75 dBA[1]。一辆以 88 km/h 的速度运行的卡车所产生的噪声音量与 28 辆乘用车以同样的速度运行所产生的噪声音量是一样的[2]。因此，作为商用车的重卡柴油机的噪声相比乘用车的发动机噪声问题要大得多。图 2.0.1 所示为美国康明斯发动机公司 4 个柴油机家族在美国环境保护署类型批准资质的测试过程中，直到1999 年的发动机噪声测量结果。

从图 2.0.1 可以看出，通过结构与辐射面的改进，14 L 重卡发动机的辐射噪声一直在降低；稳定在 100 dBA，10/11 L 的发动机噪声则停留在 103 dBA；而 5.9 L 与 8.3 L 的发动机在 1998 年经历了燃油系统的改进，导致降低 3 dBA。另外，随着排放标准趋于严厉，气缸与喷油压力增加，发动机的噪声水平增加。1991 年的排放规则分布导致 5.9 L、8.3 L、10/11 L 的发动机噪声升高，1994 年的排放标准使所有发动机的噪声增加，1998 年例外。

发动机的噪声通常与发动机的缸径或排量相关联。作者收集了国内外一些发动机的噪声，如图 2.0.2 所示。图中的点画线是平均值±一个标准方差。对发动机噪声与排量的有限统计数据进行了线性回归，平均结果是：

$$发动机噪声（dBA）= 发动机排量 \times \frac{0.53\ dBA}{排量} + 92.14\ dBA$$

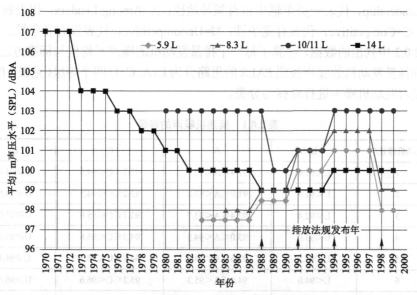

图 2.0.1　柴油机 1 m 平均噪声历史进程[3]

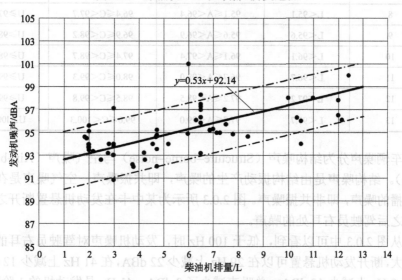

图 2.0.2　发动机总噪声与排量的关系

就是说，发动机的排量每增加一升，噪声大约增加 0.53 dBA。但是无论是缸径大小还是排量大小，都不能完全确定发动机的噪声大小。有些排量小的发动机噪声大于排量大的发动机噪声，反之亦然。统计数据至少提供了一些发动机噪声的统计性质，包括平均值与标准方差。表 2.0.1 所示为根据《产品特征领导策略》（Product Attribute Leadership Strategy，PALS）对标准则所得结果，L=Leadership，代表一类车辆中占有领导地位；A=Among Leaders，代表领导之中；C=Competitive，代表有竞争性；U=Uncompetitive，代表没有竞争性。根据图 2.0.2 中列出的数据，计算了每一个排量发动机的噪声平均值与标准方差，将不同排量发动机的噪声按照 PALS 的思路分为 L、A、C、U 四个等级（见表 2.0.1），以便对发动机噪声进行对标与分类。

表 2.0.1 柴油机噪声的等级

发动机排量/L	L	A	C	U
1	L<91.4	91.4≤A<92.7	92.7≤C<94.0	U≥94.0
2	L<91.9	91.9≤A<93.2	93.2≤C<94.5	U≥94.5
3	L<92.4	92.4≤A<93.7	93.7≤C<95.0	U≥95.0
4	L<93.0	93.0≤A<94.3	94.3≤C<95.6	U≥95.6
5	L<93.5	93.5≤A<94.8	94.8≤C<96.1	U≥96.1
6	L<94.0	94.0≤A<95.3	95.3≤C<96.6	U≥96.6
7	L<94.5	94.5≤A<95.8	95.8≤C<97.1	U≥97.1
8	L<95.1	95.1≤A<96.4	96.4≤C<97.7	U≥97.7
9	L<95.6	95.6≤A<96.9	96.9≤C<98.2	U≥98.2
10	L<96.1	96.1≤A<97.4	97.4≤C<98.7	U≥98.7
11	L<96.7	96.7≤A<98.0	98.0≤C<99.3	U≥99.3
12	L<97.2	97.2≤A<98.5	98.5≤C<99.8	U≥99.8
13	L<97.7	97.7≤A<99.0	99.0≤C<100.3	U≥100.3

车辆噪声分为结构噪声（Structure-borne-noise）与空气噪声（Air-borne-noise）。结构噪声是由结构振动产生的噪声，即共振噪声；空气噪声是在空气中传播的噪声，即非共振噪声。图 2.0.3 所示为某中卡在发动机悬置断开之前与断开之后驾驶员右耳处的噪声。

从图 2.0.3 中可以看到，低于 100 Hz 时，发动机噪声对驾驶员右耳的影响比较大，断开发动机悬置可以在 29 Hz 上减少 22 dBA，在 41 Hz 上减少 12 dBA，在 81.8 Hz 上减少 13 dBA，总噪声减少了 3 dBA。41 Hz 是发动机的 1 阶噪声，而 81.8 Hz 是发动机的 2 阶发火阶次，而且与驾驶室的空腔频率非常吻合。断开发动机悬置减少了结构振动，从而减少了结构噪声，但不能消除 2 阶发火噪声与空腔频率上的空气噪声。2 阶发火噪声与驾驶室空腔频率上的空气噪声的减少必须有特别的设计与改进措施。一般来讲，卡车的结构噪声主要在 200 Hz

以下，而卡车的空气噪声主要在 200 Hz 以上。

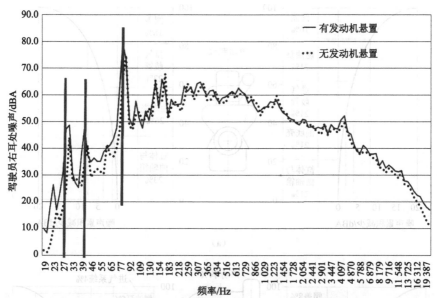

图 2.0.3　某中卡静止时发动机 2 500 r/min 驾驶员右耳处噪声

发动机在运行中承受作用力，这个作用力来自连杆的下端。而连杆力的大小由活塞面积乘以气缸的压力决定。气缸的压力是比较容易测定的，所以作用到发动机结构上的力也就可以确定了。一款 12.2 L 的直喷柴油发动机，缸径为 130 mm，在点火频率（16.6 Hz）上作用到发动机结构上的均方根振动力大约为 12 589 N，而在 1 000 Hz 时作用到发动机结构上的力只有 91.6 N[1]。这些基本数据就是对发动机噪声与振动最基本的估计。

2.1　发动机各部件的噪声贡献

对于重卡的 NVH 问题，我们最想知道的是发动机每个部件所辐射的噪声对于总的发动机噪声的贡献是多少。然后我们希望检查最大的噪声产生部件，希望用最少的努力、最少的成本达到最大的噪声减少。

最简单最直接的技术就是使用铅板加吸声材料对发动机各个噪声辐射表面进行覆盖，然后测量发动机每个表面或发动机部件的噪声辐射特征及贡献。铅板的厚度为 1.5 mm，再加 25 mm 的玻璃纤维吸声材料。先将所有的发动机表面覆盖，然后去掉覆盖一个部件或一个表面的铅板与吸声材料，最后与完全覆盖的正常的发动机噪声频率谱进行比较，如图 2.1.1 所示[4]。

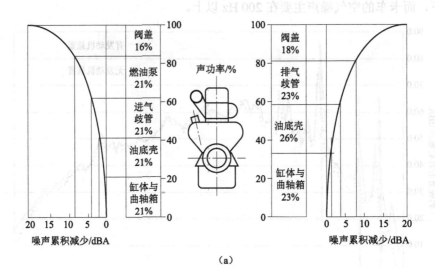

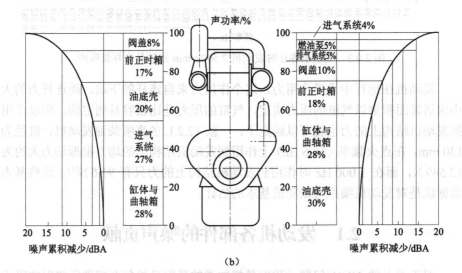

图 2.1.1　两类柴油机的噪声辐射源试验结果
(a) 10 L 自然进气直列柴油机；(b) 10 L 增压直列柴油机

从这些试验可以看到，对于这款自然进气的柴油机，最大前三位噪声源贡献量分别为油底壳（26%），缸体与曲轴箱、排气歧管（23%），进气歧管、燃油泵（21%）。对于这款增压柴油机，最大前三位噪声源贡献量分别为油底壳（30%），缸体与曲轴箱（28%），进气系统（27%）。不管进气形式如何，油底壳、缸体与曲轴箱都是重要的噪声辐射源。

2.2 发动机的噪声

2.2.1 燃烧噪声

1. 燃烧噪声产生的原理

车用重型发动机一般以直列六缸柴油机为主。燃烧噪声长期以来一直被认为是柴油机的主要噪声与振动源。燃烧噪声是由缸内周期性脉冲变化的气体压力引起的。在气缸压力中,能量主要出现在低频部分,一般在几百赫兹以下。在这个频域中,发动机机体的振动动力响应不是很大,而且辐射效率比较低,因此这些低频噪声很难从机体中辐射出去。因此,发动机燃烧噪声主要是由气缸压力大于几百赫兹的频率分量所决定的。

2. 燃烧噪声的特点

噪声频率范围为 500~8 000 Hz。产生这些高频噪声的主要原因是燃烧初期的压力快速升高,同时与发动机的燃烧方式和燃烧速度密切相关。另一个重要因素是发动机的转速。发动机转速的增加,意味着在发动机运行循环中气缸中各种事件发生时间尺度的减少,气缸压力的频率向更高的频率方向移动,因此产生的噪声就会增加。这种压力变化引起的结构振动通过外部和内部传播途径传递到发动机表面,并由发动机表面辐射形成辐射噪声[5]。气缸压力的主要频率分量是发动机的点火频率及其谐波分量,因此总的燃烧噪声激励是这些谐波的叠加。燃烧噪声的幅值不仅与气缸压力的频谱有关,而且与发动机的结构响应和阻尼特性有关。因为机体的噪声衰减特性,机体中低于 1 000 Hz 与高于 4 000 Hz 频段的噪声辐射水平比较低而在中频段(1 000~4 000 Hz)噪声比较高。

Seifriedsberger 和 Rumplmayr 对三台车用柴油机的燃烧噪声在不同的荷载下进行了计算,转速为 1 750 r/min 的结果如图 2.2.1 所示。

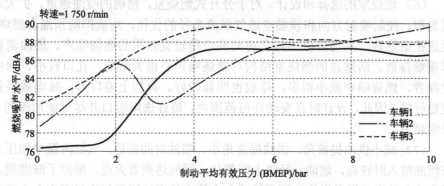

图 2.2.1 不同柴油机在不同荷载下的燃烧噪声

车辆 1 的燃烧策略是当制动平均有效压力在 0～2 bar 时喷油量比较低，当荷载在 2～4 bar 时，喷油量急剧增大到 4 bar 以上保持不变；车辆 3 的燃烧策略是从 0～5 bar 一直保持喷油量增大，5～6 bar 稍微降低一些，然后保持不变；而车辆 2 则从 0～2 bar 喷油量急剧增大，然后开始突然下降到 3 bar，接着再次逐渐增加到 6 bar 后保持不变。车辆 1 与车辆 3 在实际驾驶中的燃烧噪声更容易被人们感知到。气缸的燃烧噪声受到多种因素的影响，如废气再循环率、高压共轨压力、增压器、主喷油的喷油时间都对气缸的燃烧噪声有影响。

3. 燃烧噪声的传递路径

燃烧噪声的传递路径主要有三个：活塞、连杆、曲轴与主轴承振动传递到机体的表面；缸头到缸罩；气缸壁到气缸外再到机体。许多试验证明，燃烧的大部分振动能量是从连杆的大端与主轴承传递到发动机的结构上，产生发动机表面的振动与辐射噪声。

4. 降低燃烧噪声的措施

（1）采用隔热活塞以提高燃烧室壁温度，缩短滞燃期，降低空间雾化燃烧的噪声。

（2）提高压缩比和应用废气再循环技术也可降低柴油机的燃烧噪声。压缩比主要决定了柴油机的机械负荷与热负荷水平。废气再循环技术通过降低气缸最高压力，在抑制 NO_x 产生的同时也降低了燃烧噪声。

（3）采用双弹簧喷油阀实现预喷。将原本打算在一个循环一次喷完的燃油分两次喷，第一次先喷入其中的小部分，提前在主喷之前就开始进行着火的预反应，这样可减少滞燃期内积聚的可燃混合气数量。

（4）应用共轨喷油系统能减少滞燃期内喷入的燃油量，有利于降低燃烧噪声。

（5）采用增压技术。柴油机增压后，进入气缸的空气充量密度、温度和压力增加，从而改善了混合气的着火条件，使着火延迟期缩短。

（6）燃烧室的选择和设计。对于分开式燃烧室，精确的喷油通道、扩大通道面积、控制喷射方向和预燃室进气涡流半径的优化，均能抑制预混合燃烧，促进扩散燃烧，从而降低由低负荷到高负荷较宽范围的燃烧噪声、燃油消耗和碳烟排放。活塞顶的燃烧室结构对燃烧噪声有很大影响。孔口较小、深度较深者，燃烧噪声就小得多，排放也明显较好。再加上缩口形，减噪效果就更趋好转。因此，设计时在变动许可范围内，最好选用缩口并尽可能加深的 ω 形燃烧室。

（7）减小供油提前角。供油提前角小，喷油时间延迟，气缸内温度和压力在燃油喷入时较高，燃油一经喷入即雾化，瞬间达到着火点，缩短了滞燃期。最先喷入的燃油爆发燃烧，而后续喷入火焰中的燃油因氧气不足而不会立即燃烧，这样，由于初期燃烧的燃油量少，压力升高率低，可使燃烧噪声减小。大多数柴油机的燃烧噪声随供油提前角的减小而有所降低。

（8）在荷载比较低时，废气再循环率（EGR Rate）在30%~40%对燃烧噪声没有影响。只有在相当高的废气再循环率（50%~60%）时，燃烧过程有一个明显的减慢才能降低噪声。

高压共轨压力的增加意味着喷油压力的增加，燃油能够更好地雾化，油气混合得更好，一方面减少了滞燃期，另一方面加速了燃烧过程，因此不管荷载如何，结果总是增加燃烧噪声。

增压压力在低荷载时增加使点火条件变好，缩短了滞燃期，同时热释放率增加，导致更早、更快的燃烧，结果是增加燃烧噪声。在高荷载情况下，这个影响不是很大。

在低荷载时，喷油时间离上止点越远燃烧噪声越大，随着荷载的增大，这种负面影响变得越来越小。在低荷载时，滞燃期越长燃烧噪声就越大，随着荷载的增加，燃烧噪声降低，滞燃期对噪声的影响变小，在最高荷载时，滞燃期几乎对燃烧噪声没有什么影响。

缩短滞燃期或减少滞燃期内混合气体的数量也能降低燃烧噪声。

增加机体结构的振动与噪声衰减能力，特别是中高频域上，可以增加缸体与气缸头的刚度，使用隔振与吸声材料，减少活塞与气缸、曲轴与连杆这些部件之间的间隙，增加润滑油膜的厚度，使用小直径的气缸或使用高冲程与缸径比的设计，使得输出功率的变化更小，或增加阻尼处理，改变板或壳的材料（油底壳）。具有隔热性能的活塞可以增加气缸壁的温度，减少滞燃期的时间，并能减少直喷柴油机的燃烧噪声。

利用喷油滞后技术可以减小噪声。一般来讲，喷油时间越早，燃烧噪声越大。如果喷油时间推迟，燃烧噪声会减小。

利用预喷技术也可以减小噪声。预喷技术就是将喷油过程分成两段，允许燃油分两次喷入。第一次喷油量较小，第二次喷油量较大，这是一个有效的减小燃油噪声的措施。Fuyuto博士发现这样一种现象：第二次燃烧所产生的燃烧噪声可以帮助减小第一次喷油所产生的燃烧噪声，这种燃烧噪声的抵消现象叫作"噪声抵消尖峰"（Noise Cancelling Spike，NCS）[6]，如图2.2.2所示。

他的结论是：对应某些二次喷油时间，第一次喷油燃烧引起的压力升高率$dp/d\theta$的峰值频率分量与第二次喷油燃烧引起的$dp/d\theta$的峰值频率与幅值相等，但相位差1/2周期，因此两个峰值互相抵消。他还给出了抵消周期与放大周期的计算公式：

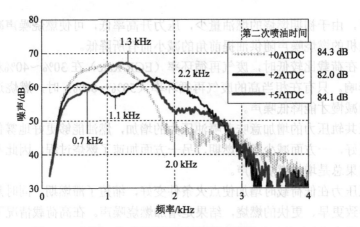

图 2.2.2　不同二次喷油时间的燃烧噪声频谱（1 800 r/min）

抵消周期：$\tau_n = \dfrac{2}{2n+1}\Delta t \quad (n = 0,1,2,\cdots)$ （2.2.1）

放大周期：$\tau'_n = \dfrac{1}{n}\Delta t \quad (n = 1,2,\cdots)$ （2.2.2）

式中，Δt 为第二次喷油时间与第一次喷油时间的时间差。

Shibata 等用发动机的试验及模拟进行了验证[11]。改进并优化燃烧室的结构、布置及参数，如球形、偏置、双燃烧室等都会降低燃烧噪声。气缸与缸头一般刚度都比较高，某些特殊的结构设计可以获得更好的刚度性能，曲轴箱加筋可以增加其刚度并减少噪声。有人估计过，通过加覆盖处理（发动机底部、阀等）可以减少 3 dBA 的噪声。曲轴箱壁与主轴承盖集成为梯形结构，可以增加它们的刚度。某些试验证明，如果喷油率增加一倍，那么燃烧噪声增加 6 dB。因此，减少燃油泵的喷油率可以减少燃烧噪声，但需要在高转速性能与怠速噪声之间进行优化。对于增压器技术，增压压力越高，点火滞后期越短，压力增加率越低，因此燃烧噪声越低。有试验证明，增压可以减少 2~3 dB 的燃烧噪声。高压共轨喷油的特点是，喷油压力与发动机荷载和转速无关，多重正时与喷油量、喷油率可变，设计灵活，对气缸个数限制少，以及改进起动性能，因此高压共轨电控可以帮助减小第一次喷油期的喷油率，改进高频振动，减少燃烧噪声。

机械噪声的来源：机械振动与运动部件之间的间隙，气体力与惯性力影响下的冲击与振动（包括活塞敲击，齿轮啸叫与冲击，阀系与正时系统的噪声与振动），辅助系统（发动机、油泵、气泵等）振动与噪声，主轴承振动与噪声，机体结构的振动与噪声。

一般机械振动与噪声是发动机高速时的主要噪声源。发动机有数百个运动副，部件的共振频率与激励频率的耦合产生非常严重的振动与噪声，因此发动机的模态分离策略尤为重要。API 标准规定了模态分离准则：曲轴的扭转固有频率与激励的频率必须有 10%的分离。

（9）选用十六烷值高的燃料，着火延迟期较短，从而影响在着火延迟期内形成的可燃混合气数量，使压力升高率降低并减小燃烧噪声。

（10）高压喷油改进了燃油与空气的混合，增加了可燃燃油的产生率，增加了在点火滞后期可燃燃油的积累，因此增加了燃烧噪声。

（11）增加发动机机体的噪声衰减能力，特别是在 1 000～4 000 Hz 频段，包括增大机体与缸头的刚度（加筋），使用隔振与减噪材料，减小部件之间的间隙，增大润滑油膜的厚度，在板与壳上增加阻尼处理及盖板的声学处理。

2.2.2 活塞敲击噪声

活塞敲击（Piston Slap）被业内专家认为是柴油机的一个重要机械噪声源，经过长期的研究，这个问题仍然是一个重要的噪声源[7]。

1. 活塞敲击噪声的产生原理

由于气缸的工作温度、润滑和设计制造的要求，活塞与气缸壁之间不可避免地存在间隙。在燃烧气体压力和活塞往复惯性力的作用下产生的活塞侧向力，随着工作行程的变化会有规律地改变其作用方向，这使得活塞产生由缸套的一侧移向另一侧的横向往复运动，曲轴旋转一圈，活塞拍击两次，活塞周而复始地循环，使得如上过程周期性变化，活塞不停地改变接触面，就会造成对气缸壁的拍击[8]。此外，由于活塞销的存在，活塞会绕活塞销有转动的效果，在活塞从缸套的一侧运动到另一侧的过程中，缸内压力产生的力矩还会使活塞产生绕活塞销的转动，这两种运动发生在气缸壁间，垂直于活塞的往复运动行程（主运动），因此合称为活塞的次运动。活塞的次运动产生对缸套的敲击，同时缸套会将受到的激励传到机体，特别是对于柴油机，由于其最大爆发压力高，活塞对缸套的敲击力也大，因此活塞敲击是柴油机最严重的机械振动激励源之一。在高速大负荷时，柴油机的表面振动基本上是由活塞敲击造成的。分析活塞和缸套之间的碰撞冲击力，除了可以为降低活塞敲击的具体措施提供理论参考外，还可以作为研究整机振动理论计算时的输入激励。

2. 活塞敲击噪声的特点

活塞敲击噪声的频率范围为 500～8 000 Hz。活塞对气缸壁的敲击发生在上止点和下止点附近，且以压缩上止点附近的敲击最为严重。敲击的强度主要取决于气缸的最高爆发压力和活塞与缸套之间的间隙，所以活塞敲击噪声既与燃烧有关，又与发动机结构有关。活塞的运动学是非常复杂的，而且几何的连续变化、气体力与惯性力的组合以及滑动面的复杂润滑使得活塞敲击更加复杂。

3. 活塞敲击噪声的传递路径

振动传递路径：活塞→气缸衬套→气缸壁→机体。噪声传递路径：气缸衬套→气缸→缸头→机体→缸盖。

4. 降低活塞敲击噪声的措施

（1）降低发动机转速。降低发动机转速也有利于增加燃油经济性与改进废气的排放。

（2）减小活塞与气缸的间隙，在活塞裙上镀锌减少一半间隙可以减少活塞总噪声 3.5 dBA[9]。

（3）减小活塞质量。

（4）采取活塞销孔偏置，即将活塞销孔适当地朝主推力面偏移 1～2 mm。图 2.2.3 所示为活塞偏置与噪声之间的关系[10]。活塞的偏置对发动机的噪声有减少的功能，可以减少 2 dBA 左右。

（5）采用在活塞裙部开横向隔热槽、活塞销座镶调节钢件、裙部镶钢筒，以及采用椭圆锥体裙的方式来减小活塞 40 ℃冷态配缸间隙。

（6）增大缸套的刚度，不仅可以降低活塞的敲击声，也可以降低因活塞与缸壁摩擦而产生的噪声。为了增加缸套的刚度，可以采用增加缸套厚度或增加加强筋的方法。

（7）改进活塞和气缸壁之间的润滑状况，增加活塞敲击缸壁时的阻尼，也可以减小活塞敲击噪声。

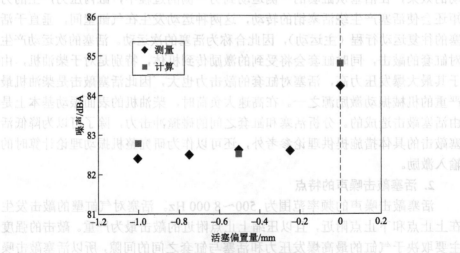

图 2.2.3　活塞偏置与噪声

(8) 弹性主轴承既可以改进燃烧引起的振动,又可以减少活塞敲击噪声。

活塞形状、尺寸、质量,活塞销偏置,活塞与缸套的间隙等设计参数对活塞敲击振动与噪声的影响,以及在设计中的选择是非常复杂的。例如,活塞销偏置会因为活塞的偏置引起润滑油的消耗增加,活塞与气缸套的间隙也可能达到极限而不能再增加[11]。

2.2.3 配气机构噪声

四冲程发动机一般采用凸轮和气门配气机构,该机构中包括凸轮轴、挺柱、推杆、摇臂和气门等零件。

1. 配气机构噪声产生的原理

这种机构的运动件间会产生多种形式的运动关系。凸轮与挺柱之间的相对滑移存在很大的摩擦力,从而激发起摩擦振动,同时也有撞击。由于考虑了传动零件的热膨胀,常温下在气门杆与摇臂之间必须留有气门间隙,开启气门时,摇臂越过气门间隙压迫气门杆运动就产生了撞击,打开的气门依靠弹簧的作用力恢复到关闭状态,在这些力的作用下,气门与气门座之间,摇臂与气门之间也将产生撞击。低转速时,气门机构的惯性力不大,可以看作多刚体系统,气阀按凸轮到从动件原有的运动规律动作,噪声主要来源于气阀开关时刚体的摩擦和碰撞。高转速运转时,气门机构的惯性力相当大,整个机构产生振动,增加了气门撞击的次数和力度,从而产生强烈的噪声。

2. 配气机构噪声的特点

进气噪声的频率范围为 50～5 000 Hz。配气机构噪声与气门机构的形式、气门间隙、气门落座速度、材料、凸轮型线、凸轮和挺柱的润滑状态、发动机的转速等因素有关。撞击产生的噪声的特点是其在配气机构噪声时间信号谱上产生突出的窄带峰值,这些峰值要比配气机构的基本运动噪声高得多,而在频域上显示若干窄带峰值[12]。

3. 配气机构噪声的传递路径

结构振动:配气系统机械撞击(摇杆与进气阀,挺杆与凸轮,正时齿轮之间,等等)→机体→机盖。空气噪声:配气机构振动产生噪声,通过空气传递到机壳,机壳通过振动与机壳结构将噪声传递到外面。

4. 降低配气机构噪声的措施

(1) 良好的润滑能减少摩擦,降低摩擦噪声。凸轮转速越高,油膜越厚,所以发动机高速运转时,配气机构的摩擦振动和噪声就不突出了。

(2) 减小气门间隙可减少摇臂与气门之间的撞击,但不能使气门间隙太小。采用液力挺柱可以从根本上消除气门间隙,降低噪声。

(3) 缩短推杆长度是减小系统质量、提高刚度的有效措施,顶置式凸轮轴取消了推杆，对减少噪声特别有利。

（4）合理设计气门弹簧，弹簧力必须足够大，以保证负加速度段不发生气门"飞脱"现象。

（5）凸轮轴承轴套可采用三层夹层结构，中间可以用弹性隔振层。

（6）凸轮系统的共振频率应该避免在 1 000 Hz，可以通过增加挺杆刚度与摇臂的刚度来实现。有发动机通过这样的改进而减少了 7 dB 的噪声[9]。

（7）凸轮轴进气系统的模态分离仍然是一个减少噪声、避免共振的非常好的措施。

2.2.4 曲轴扭振

扭转振动是大缸径发动机（$D>90$ mm）曲轴设计中最重要的问题之一。曲轴的扭转振动（简称曲轴扭振）最基本也是最重要的问题就是它的固有频率问题。

1. 曲轴扭振的原理

发动机曲轴振动的主要形式有扭转振动、弯曲振动和纵向振动。发动机运转时，曲轴会受到大小和方向做周期性变化的切向力，由于发动机曲轴一般采用全支承结构，弯曲刚度较大，所以其弯曲振动的固有频率较高，不会在发动机常用工作转速范围内产生共振。相比之下，由于曲轴较长，并存在多个曲柄，曲轴的扭转刚度较低，并且曲轴还装有转动惯量很大的部件，故曲轴扭转振动的频率较低，容易在工作转速范围内产生共振。由于扭转振动，曲柄连杆机构、齿轮传动机构均产生振动，形成冲击力，特别是当曲轴出现大的扭转共振峰值时，会给发动机带来较大噪声。

2. 曲轴扭振的特点

对于重卡发动机而言，它们的活塞系统与连杆机构的质量相对较大，这就增加了曲轴系统的合成惯性矩，因此将其 1 阶与 2 阶模态的固有频率降低到发动机转速的范围，这不是我们想要的结果。例如，日本 Isuzu 汽车公司的 Kimura 等对一台 9.8 L、4 冲程、6 缸、250 kW 直列柴油机的曲轴扭转振动问题进行了研究。他们计算出这台发动机的曲轴 1 阶固有频率为 126.6 Hz，而 2 阶固有频率为 225.1 Hz。发动机的共振转速 N_e 与曲轴的频率 f 以及谐波的阶次 n 的关系可以用下式表示[13]：

$$f = \frac{N_e \cdot n}{60} \quad (2.2.3)$$

通过计算可知，这款发动机曲轴扭转的 1 阶固有频率在 2 200 r/min 下只与发动机 3 阶以上的共振转速阶次相交，而 2 阶固有频率只与 6 阶以上的共振转速阶次相交。1 阶模态对应的 6 阶次谐波的共振转速是 1 266 r/min，对应的 4.5

阶次谐波的转速为 1 688 r/min，对应于 3 阶次振动的共振转速是 2 532 r/min，而对应于 1.5 阶次振动的共振转速是 5 064 r/min，而根据该发动机的试验结果，它的 4.5 阶次与 6 阶次振动是共振而 1.5 阶次与 3 阶次是非共振。另一款重卡的重型 6 缸直列柴油机曲轴的 1 阶固有频率是 165.9 Hz，而 2 阶固有频率为 328.8 Hz[14]。根据同样的计算，在 2 200 r/min 以下，1 阶共振频率只与 4 阶次以上的共振转速阶次相交。由此可以看到，重卡发动机的曲轴固有频率总是在发动机的运行转速范围之内。

3. 曲轴扭振的传递路径

曲轴扭振的传递路径为：曲轴→轴承/轴承座→机体/变速箱；曲轴→正时齿轮、进气系统；曲轴→正时皮带。

4. 降低曲轴扭振的措施

大量试验研究表明，曲轴扭振产生的噪声常常是决定发动机噪声的重要声源[15]。因此，扭转振动是发动机运行时必须考虑的重要因素。有很多降低发动机轴系扭转振动的方法，大致包括模态分离、配置减振器、减少输入系统的振动能量和简单回避等几方面的措施。

（1）模态分离就是小心地设计曲轴的扭转固有频率，使严重的共振转速远离工作转速或常用转速范围。基本方法是改变系统的转动惯量、扭转刚度及其分布规律。曲轴的固有频率还需要与发动机的阶次，包括半阶次的频率有足够的分离。API（American Petroleum Institute）标准规定，曲轴的计算扭转固有频率与任何主要的激励阶次至少要有 10% 的模态分离，许多情况下应该使用最小 15% 的模态分离以避免计算与实际系统的可能误差。图 2.2.4 所示为曲轴模态分离的示意图[16]。

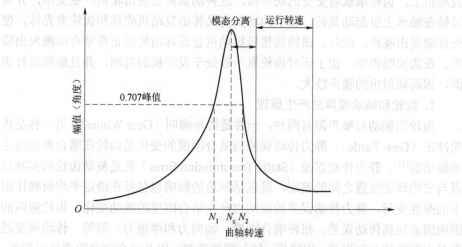

图 2.2.4　曲轴模态分离示意图

曲轴的扭转固有频率分离量的计算公式为

$$模态分离 = \frac{|N_{mc} - N_c|}{N_{mc}} \times 100\% \qquad (2.2.4)$$

$$放大系数 = \frac{N_c}{N_2 - N_1} \qquad (2.2.5)$$

式中，N_{mc} 为实际运行转数，N_c 为共振转数。

(2) 减少输入系统的振动能量主要是从改变系统的相对振幅矢量和入手，如改变点火顺序，采用不规则曲柄排列方式（但不规则曲柄排列的曲轴平衡性能较差，一般不采用），等等。

(3) 简单回避是指当扭振产生的应力超过持续运转许用应力时，可设置转速禁区，不允许在该禁区内持续运转，但可以快速通过。

(4) 配置减振器。减振器有两大类：增加系统阻尼以减小振幅，降低应力的阻尼减振器；利用子系统共振时的动力效应产生的反向力矩以减小与抵消共振力矩的动力减振器。现在很多厂家在动力减振器中加入阻尼作用，可以提高减振器的减振效果。

(5) 与变速箱的软连接。这些软连接可以吸收发动机产生的动力扭矩，从而保护被驱动的轴，如果可能可以将曲轴 1 阶扭转固有频率调节到低于发动机最小转速，这样就不需要对转速作任何限制了[16]。

2.2.5 齿轮和轴承噪声

传动齿轮的噪声是齿轮啮合过程中齿与齿之间的撞击和摩擦产生的[17]。在发动机上，齿轮承载着交变的动负荷，这种动负荷会使齿轮轴产生变形，并通过轴在轴承上引起动负荷，轴承的动负荷又传给发动机壳体和齿轮室壳体，使壳体激发出噪声。此外，曲轴的扭转振动也会破坏齿轮的正常啮合而激发出噪声。在齿轮噪声中，由于正时齿轮系一般处于发动机的前端，并且最靠近外表面，因而辐射出的噪声较大。

1. 齿轮和轴承噪声的产生原理

齿轮的振动与噪声源有两种，一种是齿轮啸叫（Gear Whine），另一种是齿轮冲击（Gear Rattle）。静力传动误差与啮合刚度的变化是齿轮在啮合界面的主要振动源[18]。静力传动误差（Static Transmission Error）就是被动齿轮的实际位置与它的理论位置之间的差别，既包括制造的影响也包括在给定平均荷载作用下的弹性变形。静力传动误差的波动也产生啮合刚度的波动变化。齿轮啸叫的影响因素包括传动误差、扭转啮合刚度、轴向力和摩擦力，等等。传动误差通常是由制造的几何误差，齿轮齿、轴与箱的变形，以及啮合刚度的变化引起的。

齿轮冲击噪声是由齿轮间隙造成的，齿轮在啮合时，齿轮齿尖有相对运动时导致失去接触，驱动齿轮会冲击被驱动齿轮而产生冲击与碰撞，从而产生冲击振动与噪声。另外，齿轮系统的转速及扭矩的波动，发动机曲轴与齿轮系统的扭转振动主导了齿轮冲击振动与噪声。发动机的荷载越高引起的齿轮啮合的冲击力就越大，因此齿轮冲击就越大，齿轮冲击振动与噪声就会随着荷载的增加而增加，所以在发动机满载条件下，齿轮冲击噪声变成了主要噪声源。当发动机低速运行时，由于燃烧噪声和机械噪声低，齿轮噪声变成更加可以感知到的噪声。

因此，降低正时齿轮罩处的辐射噪声是改善目前车用柴油机辐射噪声状况的一个有效途径。因为重型柴油机必须利用齿轮进行正时驱动和利用其他附件驱动，齿轮噪声在重型柴油机上显得尤为突出。通常，进一步提高齿轮的设计和制造精度对降低齿轮噪声收效甚微，但却带来制造成本大幅度提高的问题。降低传动齿轮噪声，总体上应该采用尽可能小的模数的齿轮，并要与所选用的材料和齿轮传递的荷载匹配，确保尽可能多的齿数参与啮合，从而使啮合缺陷引起的荷载冲击降低到最小。螺旋齿轮虽然可以减小啮合力，但却造成轴向力过大，这可能对正时齿轮罩辐射噪声更加不利。齿轮轴的弯曲刚度和齿轮轴与其轴承之间的间隙也是必须考虑的因素，在设计时不应该忽略，因为在考虑齿廓的局部形状时，这些因素将影响啮合点的位置。在高压油泵系统中，由于要产生高压而带来的反向扭矩很大，所以当油泵驱动轴驱动正时齿轮时，正时齿轮与它相邻的齿轮之间会产生来回的波动，从而使齿轮齿之间产生接触和分离，因此齿轮的冲击成为齿轮噪声产生的主要因素，其冲击能量正比于冲击速度。

2. 齿轮啸叫与齿轮冲击的原理

齿轮啸叫振动与噪声是齿轮在传动过程中由传动误差、啮合刚度的变化以及滑动摩擦力等引起的。

齿轮冲击噪声是由于啮合齿轮之间的间隙引起过度的振动、噪声与动荷载导致的。在所有的齿轮啮合系统中，齿间隙因为设计、制造误差或磨损而存在，最好在时间域中进行分析。图 2.2.5 所示为齿轮冲击的存在条件[19]。从该图可以看到，输出齿轮的阻力矩必须足够大以便克服输出齿轮的惯性力矩，才能保证不出现齿轮冲击振动与噪声。

3. 齿轮啸叫的特点

齿轮啸叫是一个齿轮动力问题。齿轮啸叫振动与噪声的特点是纯音调的，其频率与转速成正比。也就是说，它的噪声频谱是由一系列离散频率的正弦波组成的，它的基本频率就是啮合频率。基本啮合频率等于齿轮转速频率（Hz）乘以它的齿数，因此齿轮啸叫的频率一般比较高。齿轮啸叫是齿轮副的稳态振

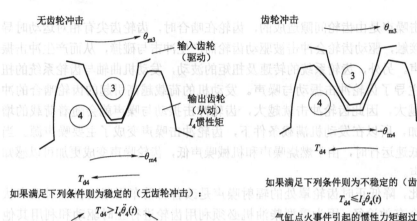

图 2.2.5　齿轮冲击的存在条件[19]

动,调频型的音调,其频率特性是它的齿轮啮合频率 f_m、啮合频率的谐波以及它的边带频率的组合。如果曲轴输入频率为 f_{s1}(Hz),其齿轮数为 N_1,正时齿轮的输出频率为 f_{s2}(Hz),其齿轮数为 N_2,我们应该观察到如下主要频率集合:轴频率及它们的谐波: $i \cdot f_{s1}$, $i \cdot f_{s2}$ (i=1,2,…);齿轮啮合频率及它们的谐波: $m \cdot f_m$ (m=1,2,…),$f_m=N_1 f_{s1}=N_2 f_{s2}$;边带频率: $m \cdot f_m \pm i \cdot f_{s1}$, $m \cdot f_m \pm i \cdot f_{s2}$ (i=1,2,…;m=1,2,…)。还有一些"魔鬼频率分量",主要是由于啸叫的非线性特性出现半阶波次,齿轮在切削与磨齿加工所产生的误差,比较容易通过阶次分析来进行诊断[20]。齿轮冲击噪声是宽频带噪声,因此其产生的根本原因分析与齿轮啸叫相比更复杂一些,也更困难一些。Optiz 曾经调查测试了 70 多个 10 kW 到 10 MW 变速箱在自由场的噪声[21](见图 2.2.6)。我们可以看到,对于重型卡车,传递齿轮的噪声在 70～90 dB 的范围内。根据他的结果可以得到使用机械传递功率来计算传递系统噪声的经验公式:

$$L_p \approx 10\log_{10}\left(\frac{\eta_a W_{机械}}{10^{-12}}\right)+10\log_{10}\left(\frac{Q}{4\pi r^2}\right) \quad (2.2.6)$$

式中,Q 为源方向性因子,r 为到变速箱的距离。图 2.2.6 展示了机械传递功率与声学效率对齿轮啸叫噪声的影响。

4. 齿轮冲击特点

齿轮冲击则是齿轮间隙引起的单边与双边冲击以及齿轮齿的分离,它的表现形式是周期性的瞬态响应。一般来讲,齿轮冲击是一个动力系统问题,本质上是非线性振动噪声问题。典型齿轮冲击角加速度信号的特性如图 2.2.7 所示。

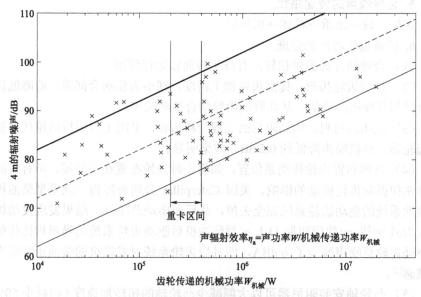

图 2.2.6　机械传递功率与声学效率对齿轮啸叫噪声的影响
（图中粗实线表示上述方程中 $\eta_a=2\times10^{-6}$，虚线表示 $\eta_a=2\times10^{-7}$，细实线表示 $\eta_a=2\times10^{-8}$）

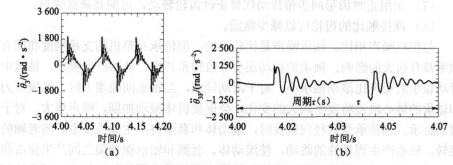

图 2.2.7　典型齿轮冲击角加速度信号的特性[22]
（a）计算机模拟；（b）将图（a）的信号过滤后的信号

我们可以非常清楚地看到，齿轮冲击振动的特点是：当齿轮冲击时，有一个非常尖锐的脉冲波，紧跟着这个脉冲波是振幅呈指数性衰减的正弦波，然后如此往复。齿轮冲击受到齿轮间隙的影响，重型柴油机的齿轮间隙一般在 0.08～0.30 mm。在低间隙的情况下，齿轮冲击随着齿轮间隙的增加而增加。但齿轮冲击在大的间隙水平时会突然降低，因为常扭矩装置（如水泵与发动机）的齿轮的加载会消去这些齿轮的冲击[22]。

5. 齿轮噪声的传递路径

齿轮→轴→轴承→机体→齿轮罩。

6. 降低齿轮噪声的措施

（1）合理地分离齿轮扭转固有频率与曲轴运行频率。

（2）控制齿轮齿形，提高齿轮加工精度，减小齿轮啮合间隙，即降低齿轮啮合时相互撞击的能量，从而降低齿轮啮合传动噪声。

（3）采用新材料，如高阻尼的工程塑料齿轮，采用工程塑料齿轮代替原钢制齿轮后，整机噪声降低约 0.5 dB，效果明显。

（4）合理布置齿轮传动系位置，如将正时齿轮布置在飞轮端，可有效减少曲轴系扭振对齿轮振动的影响。美国 Caterpillar 公司曾经将一款重型柴油机前面辅助系统的驱动齿轮系统完全去掉，从后面驱动凸轮轴，结果发现发动机噪声大为减少[23]。一款康明斯 11 L 重型柴油机后驱动齿轮系统的噪声相比传统的前驱动齿轮总噪声减少了 6 dBA，而且后齿轮系统对发动机的喷油正时噪声并不敏感[3]。

（5）凸轮轴安装阻尼器可以大幅减少凸轮轴的扭转加速度（约减少 50%），从而减少齿轮系统的噪声[3]。

（6）具有隔振器的曲轴齿轮，在满载时可以减少噪声 6 dBA。

（7）采用正时齿形同步带传动代替正时齿轮转动，可明显降低噪声。

（8）高接触比的齿轮可以减少激励。

与整机噪声相比，轴承噪声是比较小的。但轴承对整机的支承刚度和固有频率却有很大的影响，轴承的振动还会导致轴系共振，从而产生噪声。轴承中滑动轴承的噪声比滚动轴承小。对于滑动轴承，当轴承间隙增大时，油膜压力和轴承的轴心轨迹将发生较大的变化，会促使机体振动加剧，噪声增大。对于滚动轴承，当轴承受到径向载荷时，滚动体和套圈将产生弹性变形。随着轴的旋转，轴心产生周期性的跳动，使滚动体、套圈和轴承保持架之间产生撞击和摩擦声。采取提高轴承套圈两端面及外圆表面等基准面的加工精度，严格控制套圈滚道的圆度、波纹度、粗糙度和滚道的表面形状，提高轴承工作表面的表面质量和装配等方式，可以有效降低轴承噪声。

2.2.6 进气系统噪声

卡车进气系统在适当的时机为发动机提供燃烧所需要的新鲜、干净、适当数量的空气。

1. 进气噪声产生的原理

发动机进气阀不断地开与闭产生沿着进气系统管线的进气压力脉冲波动，空气在这个过程中经过进气系统的所有管线部件。进气噪声是指发动机工作时，高速气流经空气滤清器、进气管、气门进入气缸，在气流流动过程中会产生一种强烈的空气动力噪声，同时，发动机内的噪声也会通过进气管线向外辐射，因此进气系统的噪声有时比发动机本身的噪声还要高。进气噪声随着发动机转速的提高而增强，与负荷的变化无关，其成分主要包括周期性压力脉动噪声、涡流噪声、气缸的霍尔姆兹共振噪声和进气管的气柱共振噪声。

2. 进气噪声的特点

管口噪声是噪声源（发动机）与管路中各种共振模态的结合，它是发动机阶次的和，而且受到管线中共振的影响。进气噪声主要是低频的音调声音，与发动机的运行转速及运行阶数相关，特别是发动机的点火阶次，在进气噪声中占有主要成分。

3. 进气管路的减噪原理

管路中的共振频率为

$$f_n = \frac{nc_0}{2L} \tag{2.2.7}$$

式中，f_n 为共振频率，n 为模态阶数，c_0 为声速（m/s），L 为管长（m）[24]。一般的重卡进气系统管路（1.5 m）的 1 阶模态 f_1 为 110 Hz 左右。当发动机的阶次与管路中的频率耦合时，就会产生一个共振。其模态形式如图 2.2.8 所示，而管中的噪声如图 2.2.9 所示。

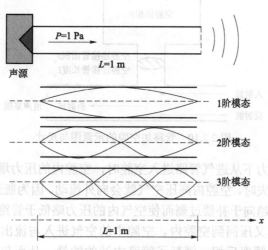

图 2.2.8 管长为 1 m 的发动机进气管路模态

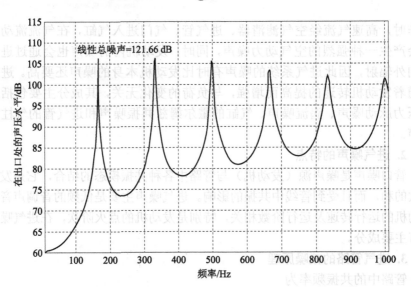

图 2.2.9　发动机进气系统管路出口处声压（无谐振腔）[25]

两图表明，进气管的声基本上是以第一频率为基本频率，以及其整数倍的谐波的叠加。

当管路中加上一个旁支管或谐振腔时，在谐振器安装处管路截面出现了突变，因此该处会出现声波的折射与反射，如图 2.2.10 所示。

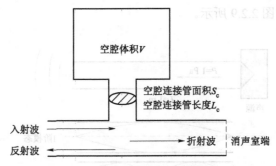

图 2.2.10　管路加空腔的示意图与尺寸

当空气在压力下从进气管路进入空腔时，空腔内的压力增加。当将空气压入空腔的压力消失时，空腔内高压空气就会向外流动。因为瓶颈中空气的惯性，向外流动的空气趋向于补偿过剩而使空气内的压力略低于管路中的压力，从而使管路中的空气又压回到空腔内。空腔中的空气进入与流出的频率刚好与管路中的压力波的频率反相，消耗了管路中波的能量，从而起到减少噪声能量的作用。

这个空腔对应的固有频率为

$$f_r = \frac{c}{2\pi}\sqrt{\frac{S_c}{VL_c}} \qquad (2.2.8)$$

式中，c 为在介质中的声速。

在这个截面突变处的声传递损失 STL 可以表示为

$$STL = 10\log_{10}\left[1 + \left(\frac{\sqrt{\frac{S_c V}{L_c}}}{\dfrac{2S_c}{\dfrac{f}{f_r} - \dfrac{f_r}{f}}}\right)^2\right] \qquad (2.2.9)$$

从式（2.2.9）中可以看到，当频率为 f_r 时，谐振腔的声传递损失最大，如图 2.2.11 所示。

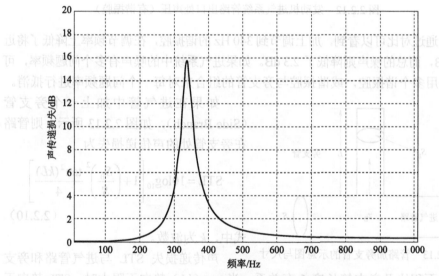

图 2.2.11 带有谐振器管路的声传递损失

从图 2.2.11 可以看到，声传递损失 STL 在 2 阶频率 340 Hz 时有一个峰值，这个声传递损失的峰值特征被用来抵消进气管路中在某一个频率上噪声的峰值。

减振的第一步是发现管路中峰值的频率。从图 2.2.9 中可以看到，170 Hz 与 340 Hz 是管路中第一与第二个固有频率。如果想抵消第二个固有频率的噪声，那么在原来的进气管路上加上具有上述固有频率 340 Hz 的谐振腔，就相当于将图 2.2.9 与图 2.2.11 叠加在一起，从而有图 2.2.12。

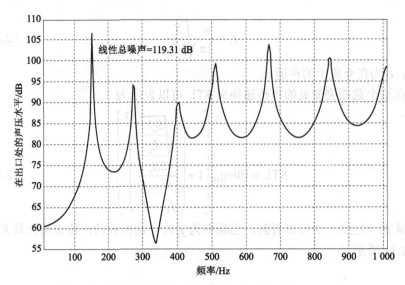

图 2.2.12　发动机进气系统管路出口处声压（有谐振腔）

通过对比可以看到，加上调节到 340 Hz 的谐振腔，在调节频率上降低了将近 50 dB，而总的噪声则降低了 2.3 dB。如果进气系统中的噪声有多个问题频率，可以采用多个谐振腔，或谐振腔与旁支管的组合来对每一个问题频率进行抵消。

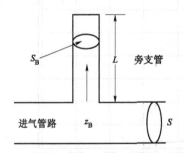

图 2.2.13　管路加旁支管的示意图与尺寸

如果在进气管中加上一个旁支管（Side Branch），如图 2.2.13 所示，则管路在旁支管处的声传递损失为

$$STL = 10\log_{10}\left[1+\left(\frac{S_B}{S}\right)^2\frac{\tan^2(kL)}{4}\right] \quad (2.2.10)$$

式中，k 为波数。

声传递损失 STL 与进气管路和旁支管的面积比及旁支管长度 L 有关系。当 $\tan(kL)$ 趋向无限大时，STL 趋向无限大：

$$kL = \frac{\omega L}{c} = n\frac{\pi}{2} \quad (2.2.11)$$

或

$$f_n = \frac{nc}{4L} \text{ 或 } L = \frac{nc}{4f} = n\frac{\lambda}{4} \quad (n=1,\ 2,\ \cdots) \quad (2.2.12)$$

式中，λ 为波长。也就是说，要想旁支管得到最大的声传递损失，其长度必须是对应于产生问题频率波长的 1/4，这个消声器可以在很窄的频带频率内起到消声的作用。

第三种形式的消声器是扩张室,即在管路中有突然的面积扩大或缩小,如图 2.2.14 所示。

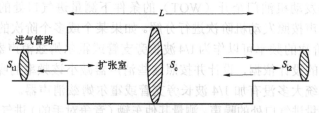

图 2.2.14　管路加扩张室的示意图与尺寸

在进气管路与扩张室交接的地方,面积发生突变,入射波在此发生反射与折射,其声传递损失为

$$\text{STL} = 10\log_{10}\left\{\frac{1}{4}\left[4\cos^2(kL) + \left(m + \frac{1}{m}\right)^2\sin^2(kL)\right]\right\} \quad (2.2.13)$$

式中,m 为扩张比或面积比,$m = S_{t2}/S_{t1}$。

声传递损失取最大值的条件为

$$\sin(kL) = \pm 1 \text{ 或 } L = \frac{2n-1}{4}\lambda \quad (n=1, 2, \cdots) \quad (2.2.14)$$

从图 2.2.15 中可以看到,最大声传递损失发生在 $f_n=(2n-1)c/(4L)$,即 186 Hz,558 Hz,…;而最小值发生在 $f_n=(n-1)c/(2L)$,即 0,372 Hz,…。

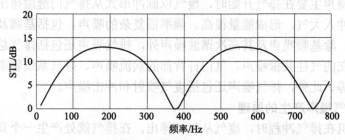

图 2.2.15　长度为 457 mm,面积比为 9 的扩张室声传递损失

霍尔姆兹谐振腔与 1/4 波长旁支管还有其他应用上的变化,例如,将进气管路插入扩张腔中一部分,或者在扩张腔中再加一个扩张腔,等等。

4. 进气噪声的传递路径

进气口→管线→壳辐射噪声,发动机产生的声学激励波通过进气系统大面积的平表面以及通过进气口辐射到外面。

5. 进气噪声的控制措施

（1）合理设计和选用空气滤清器。合理设计进气管道和气缸盖进气通道，减少进气系统内压力脉动的强度和气门通道处的涡流强度。

（2）在发动机油门全开（WOT）的条件下测量进气口处的噪声，然后将测量的噪声按照发动机阶次进行分解。如果某个或多个阶次的噪声占主要地位，这些阶次的频率可以作为1/4波长旁支管或霍尔姆兹消声器（Helmholtz Resonator）的设计依据，设计并按照这些消声器减小该频率的噪声。国内重卡的进气系统大多没有加1/4波长旁支管或霍尔姆兹消声器。

（3）测量进气口处的噪声。测量其他车辆（竞争对手的）进气系统的噪声，根据对标数据及其他对标准则，建立进气系统的噪声目标。该目标一般是以发动机转速为横坐标、进气口噪声为纵坐标的一条直线。

（4）在进气系统管道中附加吸声材料，提高进气系统的吸声能力。

（5）重卡的进气系统在长度上通常要比乘用车的进气系统长，而且进气系统包括高位引气管、过渡管、过滤器等。这些部位相接的截面积可以是变化的，使噪声通过这些变化截面积时产生声传递损失，减少噪声。

（6）大多数中国重卡的进气系统没有设置1/4波长旁支管与霍尔姆兹谐振器。这个领域有许多工作可以去做。扩张室、1/4波长旁支管与霍尔姆兹谐振器的组合可以用于重卡进气管路的设计中，或使用它们作为工程解决方法解决现有设计中存在的噪声问题。

2.2.7　排气系统噪声

排气噪声主要在排气开始时，废气以脉冲形式从排气门缝隙排出，并迅速从排气口冲入大气，形成能量很高、频率很复杂的噪声，包括基频及其高次谐波的成分。除基频噪声及其高次谐波噪声外，排气噪声还包括排气总管和排气歧管中存在的气柱共振噪声、气门杆背部的涡流噪声、排气系统管道内壁面的紊流噪声等。此外，排气噪声还包括废气喷射和冲击噪声。

1. 排气噪声产生的原理

发动机在排气冲程时，废气从气缸排出，在排气阀处产生一个真空腔。燃烧气体从气缸中突然排出，在排气阀处产生低于大气压力的一个压力降，从发动机气缸排到排气系统的废气产生一个压力脉冲，该脉冲从气缸的排气阀处开始传播，在排气管的自由端反射一部分回排气阀，遇到排气阀又反射回排气管，但每次反射的波的幅值都会减小。

2. 排气噪声的特点

因为声速是温度的函数，所以排气噪声受排出气体的高温影响，排气系统直接与发动机气缸相通，因此其噪声水平比较高。排气是与发动机的燃烧循环相关联的，而且排气是突然的释放，因此有脉冲的特性。排气噪声的频谱永远包含很强的与发动机点火频率相关的音调，这也是排气噪声频谱中最强的频率分量。气缸点火频率（Cylinder Firing Rate，CFR）为转速/120 Hz。发动机点火频率（Engine Firing Rate，EFR）为 $n*$转速/120 Hz（n 为气缸数），外加气缸与发动机点火频率成整数倍或 50%的谐波分量。另外排气噪声与发动机的荷载有密切关系，荷载越大，排气噪声越大。图 2.2.16 所示为没有经过消声的排气管噪声。

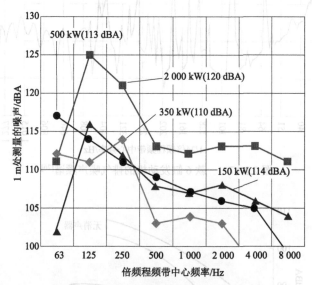

图 2.2.16　没有经过消声的排气管噪声[26]

没有消声的排气噪声的频谱特点是宽频的，而且主要的高分贝噪声的频率分量在低频端，而且总的噪声水平都在 110 dBA 以上，如图 2.2.17 所示。

该发动机的第一阶气缸点火频率（CFR）为 1 800/120=15 Hz。第一阶发动机点火频率（EFR）为 6*1 800/120=90 Hz。测量的噪声中第二、四阶气缸点火频率，第一、二、三阶发动机点火频率是主要的频率分量的峰值。这些主要频率都不大于 270 Hz。

所有的车辆都在排气系统上安装了消声器，美国运输部曾经测量了消声器的消声能力，如图 2.2.18 所示。可见消声器在 15 m 处的消声能力在 18～20 dBA[27]。

鉴于尾气排放标准的低排放要求，卡车安装了颗粒捕集器以及选择性催化还原器（Selective Catalytic Reduction，SCR）。这些装置对减少排气系统的噪声也是有帮助的。使用颗粒捕集器，发动机满载时最高可以减少 16 dB，在 40%荷载时可以减少 10 dB，颗粒捕集器噪声减少与消声器相比最大可以达到 5%[28]。

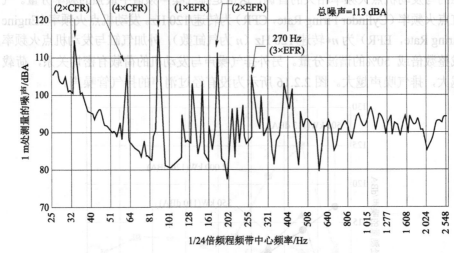

图 2.2.17　一款 6 缸发动机的排气噪声频谱[26]

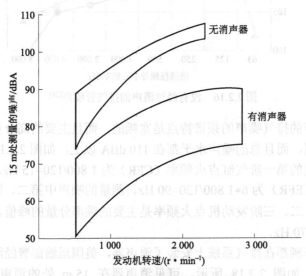

图 2.2.18　消声器的消声能力[27]

陈博士使用穿孔管与穿孔板作为消音元件，既可以减少 NO_x 的排放又可以减少噪声，集成的 SCR+消声器比原消声器的消声效果更好。根据他的试验，一款船用发动机排气辐射噪声为 111 dBA，引入 SCR+消声器，噪声减小到 90 dBA[29]。

发动机消声器的插入损失是衡量消声器声学性能的一个指标。一般卡车的消声器插入损失在 12～20 dB，比较好的消声器的插入损失在 20～35 dB。

3. 降低排气噪声的措施

(1) 从排气系统的设计方面入手,如合理设计排气管的长度与形状,以避免气流产生共振和减少涡流。

(2) 废气涡轮增压器的应用可降低排气噪声,但最有效的方法还是采用高消声技术,使用低功率损耗和宽消声频率范围的排气消声器。

(3) 在设计消声器时,应该根据发动机排气系统出现峰值的问题频率进行设计,利用 1/4 波长旁支管和霍尔姆兹共振谐振腔的减振原理,减少发动机排气系统的噪声,这是一种非常有效的降低排气系统噪声的工程解决方法。图 2.2.19 所示为霍尔姆兹谐振腔对某发动机排气系统 4 阶噪声的消声效果。霍尔姆兹谐振腔在排气系统中不但降低了排气噪声,还改进了人们对排气系统噪声的主观感受。

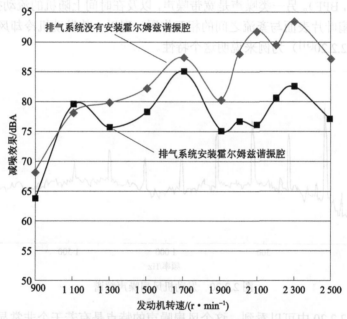

图 2.2.19　霍尔姆兹谐振腔对发动机排气系统的减噪(4 阶)

(4) 在消声器中附加吸声材料,进一步减少排气管中的噪声。

(5) 采用低噪声消声器[30],可以减少重卡加速噪声近 3.0 dBA。

2.2.8　风扇系统噪声

1. 风扇噪声产生的原理

风扇噪声是发动机中不可忽视的噪声源,尤其是风冷发动机更为突出,在高速全负荷时甚至和进排气噪声不相上下。它主要是空气动力噪声,由旋转噪声和涡流噪声所组成。旋转噪声是由旋转叶片周期性地打击空气质点，引起空气的压力脉动所产生的。涡流噪声是由于风扇旋转时使周围的空气产生涡流，这些涡流又因黏滞力的作用分裂成一系列独立的小涡流，这些涡流和涡流的分裂会使空气发生扰动，形成压力波动，从而激发出噪声。涡流噪声一般是宽频带噪声。发动机的风扇噪声，在低速运转时涡流噪声占优势，高速时旋转噪声占优势，风扇的转速越高，直径越大，风扇的扇风量就越大，其噪声也越高；风扇的效率越低，消耗功率越大，风扇噪声越大。

2. 风扇噪声的特点

风扇噪声分为两个基本类型，而且这两个类型都与力的波动相关。离散频率噪声，涉及周期性的流动扰动。例如，每当一个叶片通过某一个固定点时，空气压力都会变动，这个现象的标志性特点是叶片的通过频率（Blade Passing Frequency, BPF）。另一类噪声是宽带噪声，以及在时间上随机的流动扰动噪声，例如，风扇叶片表面与紊流之间的相互作用。现以一款发动机冷却风扇的噪声测量（图 2.2.20[31]）为例来说明这个特性。

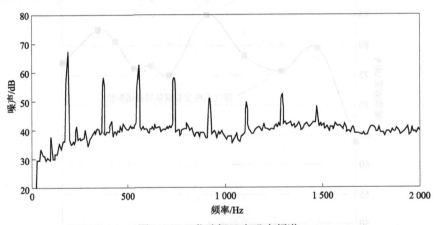

图 2.2.20　发动机风扇噪声频谱

从图 2.2.20 中可以看到，这个风扇噪声的特点是有若干个非常显著的离散频率，代表着叶片的通过频率。第一阶叶片通过频率是 185 Hz，直到 8 阶的叶片通过频率都有显示。而风扇的整个频谱是宽带噪声谱。在第一阶叶片通过频率 185 Hz 的噪声峰值是 66.8 dB，比平均的宽带频谱的噪声 40 dB 高出近 27 dB。

一般重卡的发动机风扇噪声不应该高于 74.5 dBA，公交客车的风扇噪声不超过 65 dBA[32]。

3. 降低风扇噪声的措施

（1）适当控制风扇转速，风扇噪声随转速的增大远比其他噪声大。在冷却要求已定的条件下，为降低转速，可在结构尺寸允许的范围内适当加大风扇直径或者增加叶片数目；充分运用流体力学理论设计高效率的风扇，就可能在保证冷却风量和风压的前提下降低转速。

（2）采用叶片不均匀分布的风扇，叶片均匀分布往往会产生一些声压级很高的调节器成分。当叶片不均匀布置后，一般可降低风扇中那些突出的线状频谱成分，使噪声频谱较为平滑。

（3）用塑料风扇代替钢板风扇，能达到降低噪声和减少风扇消耗功率的效果，但目前成本还稍高于钢板风扇。还可采用一种安装角可以变化的"柔性风扇"，这种风扇叶片用很薄的钢板或塑料制造，当风扇转速提高后，由于空气动力的作用，叶片扭转变平（安装角变小），于是风扇消耗功率和噪声都减小；转速降低时，由于空气动力作用小，叶片的扭转变小，保证了足够的风量。

（4）在车用发动机上采用风扇自动离合器。试验表明，在汽车行驶中需要风扇工作的时间一般不到10%，因此，装用风扇离合器不仅可使发动机经常处在适宜温度下工作和减少功率消耗，同时还能达到降噪的效果。

（5）风扇和散热器系统的合理设计。诸如发动机和风扇的距离、风扇与散热器的距离、风扇和风扇护罩的位置及护罩的形状、空气通过散热器的阻力等都会对冷却风量的充分利用产生影响。合理布置和设计都有可能达到降低风扇转速的目的。

（6）叶片通过频率需要与风扇的第一阶旋转模态有足够的分量。风扇转速需要与发动机的点火频率分离。

进气和排气噪声与由发动机附件（风扇、发电机、水泵、油泵、起动机等）引起的噪声可看作单独的问题。

2.2.9 发动机机体辐射噪声

1. 发动机机体辐射噪声产生的原理

发动机机体也是一个噪声的辐射体，发动机的燃烧及机械激励使发动机机体产生振动，这些振动通过机体传到发动机表面。发动机表面的振动激励了与它交接的空气，形成振动波向表面之外传播，形成声学近场。这些波向外传播形成声学远场，变成发动机辐射的噪声。

ISO 10816–3 振动监测评估标准规定，对于重卡发动机（<300 kW），在正常使用范围内机体的振动速率 RMS 值不应该大于 7.1 mm/s。

2. 发动机机体辐射噪声的特点

发动机机体的振动型式可以分为两种：梁弯曲振动模式与板振动模式。梁弯曲振动模式是发动机两侧的机体以同相位运动，而板振动模式是发动机两侧的机体以独立的方式进行振动。

直列发动机的机体，其基本弯曲频率可以用以下经验公式进行估计[33]：

$$f = \frac{225}{l^{1.5}} \text{（Hz）} \quad (2.2.15)$$

式中，l 为机体长度（m）。

发动机机体还有高于基本振动频率的高阶共振模式。梁弯曲振动模式与板振动模式，这两类共振模式的频率会有一些重叠。对于重卡的直列发动机而言（10～14 L），机体的基本弯曲频率在 200～250 Hz 范围内，中卡发动机（6～8 L）的机体弯曲频率在 300～350 Hz 范围内，而小型 4 缸柴油机的机体弯曲频率在 600～800 Hz。一般来讲，机体弯曲频率越高，辐射的噪声就越大。

发动机机体的振动特点可以用其频率响应函数来刻画。图 2.2.21 所示为一款直列 4 缸柴油机机体的试验数据与边界单元法模拟的比较[34]。

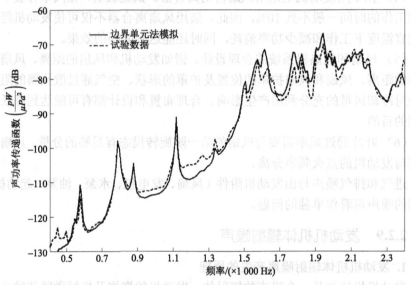

图 2.2.21　发动机机体声功率传递函数

从图 2.2.21 可以看到，发动机机体的声功率传递函数在 600 Hz、800 Hz、1 100 Hz 处有峰值，可能对应着机体的弯曲或扭转共振频率，1 500 Hz 以上的峰值高于 1 500 Hz 以下的峰值，这说明机体在高频时声传递更大，需要在设计上减少高频的噪声辐射。

3. 发动机机体辐射噪声的测量

根据发动机机体的噪声辐射理论，可以对发动机机体的辐射噪声进行测量。测量的方法就是根据发动机系统或部件的物理界面的表面进行分割，使用包装技术分别对这些分割的表面区域进行测量，以便获得各个系统对总的辐射噪声的贡献，如图 2.2.22 所示[35]。

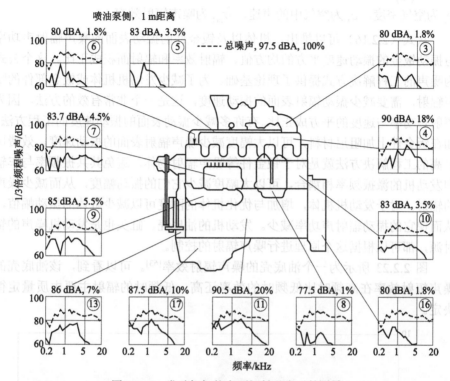

图 2.2.22　发动机机体表面辐射噪声贡献测量

从图 2.2.22 可以看到，该机体的总辐射噪声为 97.5 dBA，三个最大的贡献系统是曲轴箱侧板（90.5 dBA），占 20%；进气歧管（90 dBA），占 18%；油底壳（87.5 dBA），占 10%。一旦确定了最大贡献者，最有效的发动机噪声减少措施就是将这些最大贡献者的辐射噪声降下来。在改进了所有的最大贡献者后，剩下了许多贡献小的部件，如果单独改进一个部件，只有很小的总噪声的改进；如果全部改进，就有 30%的噪声改进。这就意味着改进单一发动机部件的结果是总的发动机噪声改进不会超过 5 dBA。

4. 降低发动机机体辐射噪声的措施

在承受荷载的发动机机体上采取措施减少噪声，包括通过加强机体的刚度与阻尼的方式改变机体的共振频率，对于不承受荷载的部件，可以使用隔振的方式减少结构振动。

当发动机机体工作时，发动机表面产生振动，这些振动表面产生辐射噪声。辐射噪声的声功率为[32]

$$W_{\text{rad}} = \sigma_{\text{rad}} \langle v_n^2 \rangle \rho_c c_o S \qquad (2.2.16)$$

式中，$\langle v_n^2 \rangle$ 为辐射振动表面的空间时间平均均方振动速度平方，S 为辐射面积，ρ_c 为空气密度，c_0 为空气中的声速，σ_{rad} 为噪声辐射效率。

从式（2.2.16）可以推出，机体以及钣金件的振动表面的噪声辐射声功率与振动钣金的振动速度平方的均方值、辐射效率和辐射面积成正比。这个公式为噪声的工程解决方式提供了理论基础。为了减少发动机机体或钣金部件的噪声辐射，需要减少振动辐射表面的振动速度，这是一个非常有效的方法，因为辐射声功率与速度的平方成正比。有许多减少振动表面的振动速度的工程方法，如在钣金件上加阻尼材料，可以大幅度减少噪声辐射表面的振动速度。效费比最高的工程解决方法就是对于钣金件等噪声辐射物体，避免其共振频率与车辆和发动机的激振频率相耦合，可以大幅度减少它们的振动幅度，从而减少噪声的辐射。对于发动机机体，增加与优化机体的刚度可以减少缸体的振动幅值，从而使它的振动辐射声功率减少。发动机的油底壳、缸头也是发动机噪声的辐射源，都可以根据这个原理进行噪声辐射的控制。

图 2.2.23 所示为一个油底壳的噪声辐射效率[63]。可以看到，该油底壳的噪声辐射效率在高频时比低频时的效率还高，低频时的辐射主要由质量定律决定。

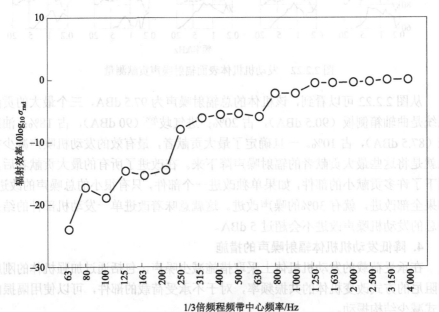

图 2.2.23 某油底壳的噪声辐射效率

油底壳减少噪声辐射的方法有几种：增加油底壳的阻尼特性，减少其表面的振动速度，如贴阻尼片等。在油底壳上加筋可以增加它的刚度，从而减少表面的振动速度。另一种方式是增加油底壳的声传递损失。增加油底壳材料的表面质量密度，可以增加它的声传递损失。选择辐射效率低、声传递损失高的油底壳材料也是优化设计的选项。

图 2.2.24 所示为某一隔振式的阀罩与油底壳的隔振方式以及隔振后的减振效果[36]。我们可以看到，在 1 000 Hz 以上噪声降低了 10 dBA 左右。而且这种减噪方式对现有的发动机降低噪声是一个很好的方法，因为不需要太多的后设计改变。其他方面的油底壳优化设计参见文献 [37]。

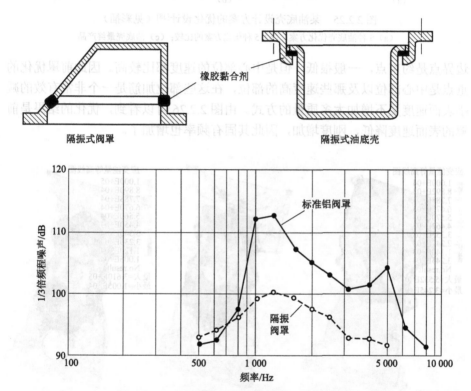

图 2.2.24　某隔振式阀罩与油底壳的减噪效果[36]

图 2.2.25 所示为一个比较经典的油底壳优化设计案例[38]。该油底壳选用 5 种方案进行优化，优化的目标是用最小的质量获得最小的辐射噪声。图 2.2.25（a）中红箭头是每一个方案的优化重点；图 2.2.25（b）是 5 种方案的性能对比，即每个方案的辐射噪声与质量的对比；图 2.2.25（c）是最后选用的方案。该方案采用 3 层的钢结构增加油底壳的声传递损失以及减少油底壳的辐射噪声，而且质量是最小的。

发动机前罩的设计或改进也是根据这个方法进行的。改进的原则是降低发动机前罩表面的速度。如图 2.2.26 所示，前罩每个点的速度都不一样，尤其是

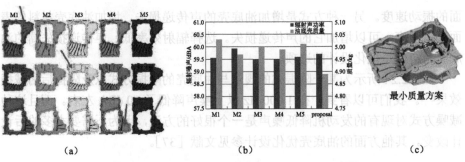

图 2.2.25　某油底壳设计方案的优化设计[38]（见彩插）
(a) 5 种油底壳优化方案；(b) 5 种优化方案的比较；(c) 油底壳最终产品

边界点是约束点，一般很低，但是中心部位的速度都比较高。因此前罩优化的重点是中心部位以及那些速度高的部位，在这些部位加筋是一个非常有效的减小表面速度又不增加太多质量的方式。由图 2.2.26 可以看到，优化的结果是前罩的表面速度降低，刚度增加，因此其固有频率也增加了。

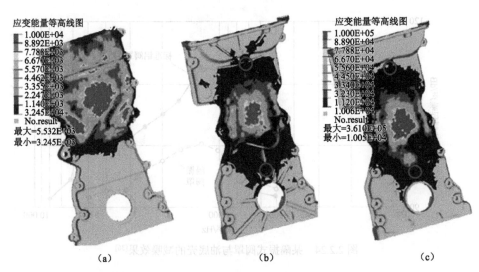

图 2.2.26　发动机前罩的改进结果[38]（见彩插）
(a) 原始设计：1 282 Hz；(b) 设计改进：2 472 Hz；(c) 最终产品：2 257 Hz

　　油底壳与发动机前罩的制造过程非常复杂，承受的荷载条件也非常复杂，而且这些部件对客户来讲至关重要，一旦失败会毁掉贵重的发动机并且导致高额保修成本。所以发动机与卡车的制造商都不愿意花时间、精力与金钱去研究用复合材料与塑料材料替换它们。第一个开发热塑复合材料油底壳的卡车主机厂是德国的戴姆勒 AG，还有模具/材料厂商，历经 5 年于 1998 年投入生产。该油底壳使换油间隔扩展 50%，减少了维护成本，延长了发动机寿命，噪声减少 1 dBA，完全没有腐蚀，质量减小 50%，减少了运营者全寿命运行周期的成本（Total Cost of Ownership）。复合材料的前端盖或发动机缸盖的开发需要主机厂、材料供应商、模具供应商的共同努力（开发 3 年，商业推广 3 年），设计生产并商业化热塑复合材料油底壳的困难在于，新油底壳需要很长一段试验时间，并且需要进行车辆试验验证与生产确认。石头冲击（100 g 钢球以 113 km/h 冲击），-40 ℃高冷条件，长期处于热油下的老化，生物柴油与钙氯盐的腐蚀，油密封与裂纹漏油问题都需要严格验证[39]。一般来讲，只是更换油底壳的经济性还不如将各种部件（油路、油隙托盘、过滤器、泵等）集成到油底壳上更具有经济性，更能实现商业化，这样的集成可以减少安装成本，降低系统一半质量，当然也可以减少振动，改进 NVH 性能。

不同材料的刚体的辐射噪声是不一样的。复合材料与三明治式的材料要比铝/钢有 NVH 的优势。从图 2.2.27 可以看到，聚乙烯、橡胶/复合材料与三明治形式的材料在高频段噪声降低都比较大，这样的声学特性可以改变发动机的声品质问题。

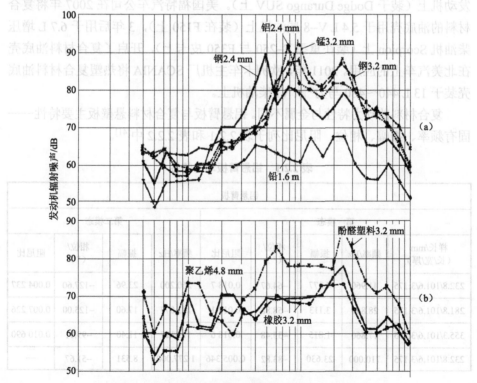

图 2.2.27　发动机体侧面不同材料对噪声的影响[40]
（a）金属；（b）塑料

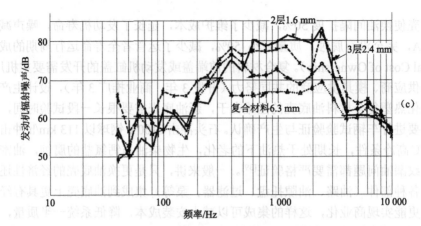

图 2.2.27　发动机体侧面不同材料对噪声的影响[40]（续）
(c) 三明治式材料

热塑复合材料油底壳最早在 1998 年用于奔驰八类（Class 8）重型卡车 Actros 上。2005 年，BASF 与 Dana Corp 将复合材料的油底壳用于克莱斯勒的 3.7 L V-6 发动机上（装于 Dodge Durango SUV 上）。美国福特汽车公司在 2007 年将复合材料的油底壳用于 5.4 L V-8 柴油机上（装在 F150 上），3 年后用于 6.7 L 增压柴油机 Scorpion 上（装在重型 F-250 与 F350 皮卡上），开启了复合材料油底壳在北美汽车上的应用。2011 年，欧洲卡车主机厂 SCANIA 将热塑复合材料油底壳装于 13 L 440～480 马力①欧 VI 柴油机上。

复合材料的动力特性与金属不同。铝悬臂板与复合材料悬壁板主要特性——固有频率、振幅、相位、阻尼比列于表 2.2.1 和表 2.2.2 中[41]。

表 2.2.1　铝悬臂板动力特性

样长/mm（长/宽/厚）	铝悬臂板							
	第一模态				第二模态			
	频率/Hz	振幅	相位/(°)	阻尼比	频率/Hz	振幅	相位/(°)	阻尼比
232.8/101.6/3.175	41.960	4.277	-64.67	0.018 7	260.200	23.96	-127.60	0.004 237
281.8/101.6/3.175	28.854	3.113	-58.88	0.017 1	181.077	17.60	-125.00	0.007 226
355.3/101.6/3.175	17.860	1.815	-35.48	0.018 6	113.127	11.40	-99.91	0.010 690
232.8/101.6/3.175	710.000	23.630	-83.82	0.005 346	1 277.000	8.531	-51.67	—

① 1 马力=0.735 kW。

续表

铝悬臂板								
第三模态				第四模态				
样长/mm（长/宽/厚）	频率/Hz	振幅	相位/(°)	阻尼比	频率/Hz	振幅	相位/(°)	阻尼比
281.8/101.6/3.175	497.032	18.210	−96.76	0.004 893	946.568	7.685	−76.81	0.015 211
355.3/101.6/3.175	315.206	18.920	−124.10	0.003 754	614.855	24.84	−120.60	0.003 168

表 2.2.2 复合材料悬臂板动力特性

复合材料悬臂板								
第一模态				第二模态				
样长/mm（长/宽/厚）	频率/Hz	振幅	相位/(°)	阻尼比	频率/Hz	振幅	相位/(°)	阻尼比
232.8/101.6/1.22	35.80	1.81	−31.80	0.015 2	218.042	4.747	−83.51	0.012 562
281.8/101.6/1.90	23.82	1.70	−26.49	0.015 4	146.817	9.514	−82.73	0.007 882
355.3/101.6/1.24	14.75	1.38	−14.98	0.019 6	93.108	5.849	−87.46	0.009 551
第三模态				第四模态				
样长/mm（长/宽/厚）	频率/Hz	振幅	相位/(°)	阻尼比	频率/Hz	振幅	相位/(°)	阻尼比
232.8/101.6/1.22	386.437	2.25	−44.30	0.014 426	492.584	2.716	−46.64	0.012 222
281.8/101.6/1.90	333.671	3.72	−72.30	0.016 362	391.097	5.989	−74.08	0.005 451
355.3/101.6/1.24	244.337	7.94	−78.95	0.007 699	399.386	3.134	−71.22	0.024 114

从固有频率来看，尽管第一阶、第二阶的频率都差不多，但第三阶、第四阶铝板的固有频率就开始大大高于复合材料板，复合材料板的第三阶固有频率（386.437 Hz）仅是铝板第三阶固有频率的一半（710.000 Hz）多一点，而第四阶铝板的共振频率为 1 277.000 Hz，而复合材料板第四阶共振频率仅是 492.584 Hz。也就是说，铝板的高频比较活跃，而复合材料板的低频特性比较活跃。复合材料板的模态的振幅要比同样阶次的铝板的低得多。这就意味着复合材料板相比铝板有比较低的固有频率。除了个别点外，复合材料的阻尼比要比铝板大得多。综合这些特性，热塑复合材料的频率响应比铝要低，阻尼更大，共振频率更低，更适合低频声品质。

现代汽车与杜邦合作设计，开发生产了 2.0 L 汽油发动机的正时前端盖，如图 2.2.28 所示[42]。

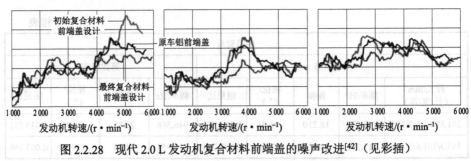

图 2.2.28 现代 2.0 L 发动机复合材料前端盖的噪声改进[42]（见彩插）

从图 2.2.28 可以看到，在不同阶次的情况下，复合塑料发动机前罩的噪声比原来的铝前端盖改进了许多。热塑材料还用于发动机盖上。福特汽车公司的 F150 皮卡使用的 5.4 L V-8 汽油发动机盖采用了热塑复合材料替代铝或锰金属发动机盖，如图 2.2.29 所示[43]。

从图 2.2.29 中可以看到，热塑复合材料的发动机罩与铝/镁发动机罩相比，中高频（大于 1 000 Hz）时热塑复合材料的振动传递率要比铝/镁材料大很多，也就是说热塑材料的高频声品质应该好于铝/镁发动机罩。

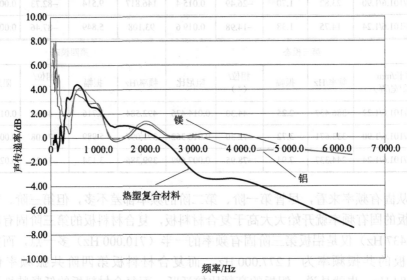

图 2.2.29 F150 5.4 L 发动机热塑复合材料发动机罩的声传递率[43]

机体辐射噪声还可以通过安装减振隔声板的方式降低发动机辐射噪声，如图 2.2.30 所示。

这个解决方案提供了 5 种设计（图 2.2.30 下）。其中两种是直接安装金属板，金属板与机体的距离为 16 mm，直接刚性连接到机体上（方案①、②）。第③种方案与前两种相近，但金属板是通过发泡橡胶连接到机体上的。第④种方案增加了到机体表面的距离。第⑤种方案是在第④种方案上加厚了金属板，并在连接中加了橡胶支撑。每种方案的隔声效果用插入损失来衡量（图 2.2.30 上）。我们可以看到，第①种方案几乎没有什么效果。200 Hz 时板的弯曲共振频率引起了负插入损失。第②种方案的三明治结构相对于第①种方案有了很大改进。630 Hz 时改进了 10 dB，第一阶弯曲共振频率上因为结构中的阻尼作用也有相应的改进。在第③、④、⑤种方案中，隔振板与机体的橡胶连接与密封对增加方案的插入损失有非常好的效果。根据双墙减振的理论，减振板与机体之间应该加吸声材料才能使双墙结构的传递损失达到更大而不会出现空气与减振板之间的共振现象。

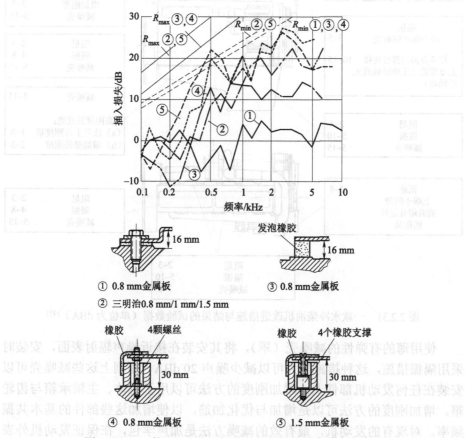

① 0.8 mm金属板
② 三明治0.8 mm/1 mm/1.5 mm
③ 0.8 mm金属板
④ 0.8 mm金属板
⑤ 1.5 mm金属板

图 2.2.30 一款 5 L 水冷 6 缸柴油机曲轴箱噪声减少方案[44]

我们都想知道改进现有发动机噪声的最大限度能够达到多少。这个问题也有人在研究。图 2.2.31 所示为一直列柴油机单个部件采取经典的减噪措施时对发动机辐射噪声产生的可以达到的影响，单位为 dBA。如果采用加盖措施并增加阻尼，进气歧管与油底壳可以减少噪声 2~3 dBA。在阀盖，进气歧管，主轴承箱、盖以及油底壳上采用隔振措施一般会取得很好的结果，但在齿轮与曲轴皮带上效果一般。如果在进气歧管上采用隔振措施，最高减噪可以达到 10 dBA。

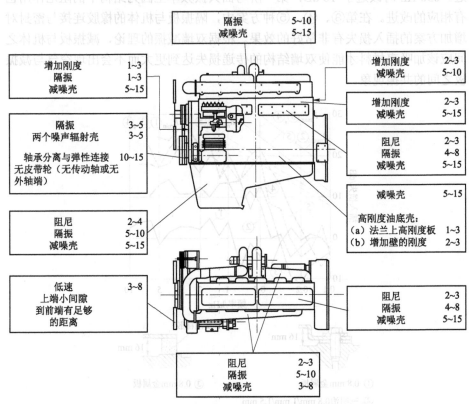

图 2.2.31　一款水冷柴油机改进措施与结果的试验数据（单位为 dBA）[45]

使用薄的有弹性的减噪壳（罩），将其安装在接近噪声辐射表面，安装时采用隔振措施，这种措施最大可以减少噪声 20 dBA。原则上这些减噪壳可以安装在任何发动机部件上。增加刚度的方法可以用于机体、主轴承箱与齿轮箱。增加刚度的方法可以是增加与优化加筋，以便增加这些部件的基本共振频率。对现有的发动机，最有效的减噪方法是加声学包，在保证发动机外表的冷却功能的情况下，设计声学包，覆盖某些发动机表面上那些大的噪声辐射表面。

由图 2.2.32 可以看到，最有效的声学减噪方法是使用减噪罩，可以减少将近 10 dBA 的噪声。

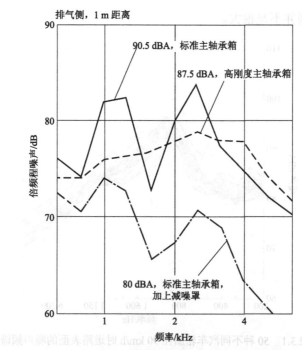

图 2.2.32　水冷柴油机各种不同主轴承箱的声学改进措施[45]

2.3　卡车的轮胎与路噪声

轮胎噪声是由车辆的轮胎与道路表面之间的滚动、滑动及摩擦的相互作用而产生的。带有挂车的重卡在高速公路上以不变的速度行驶，当速度超过 40 km/h 时，轮胎/路噪声超过发动机噪声成为主导噪声源。这就意味着即便在市区运行，带有挂车的重卡的轮胎/路噪声仍然是主要噪声。对于噪声规范与制造一致性管理比较严的国家和地区，如欧洲/日本，中、轻卡介于乘用车与重卡轮胎/路噪声之间，相差不太大。对于规范比较松的国家和地区，如美国、非洲，情况会相当不一样[46]。

2.3.1　轮胎/路噪声的特点

轮胎的花纹、材料、宽度不尽相同，而且制造商都特别设计花纹的随机性，使轮胎/路噪声不出现单一的音调。但出人意料的是，这些汽车轮胎的噪声频率谱却不是宽带的，在 800～1 000 Hz 上有峰值，70%的声能在这个 1 000 Hz 的频率带中；超过 1 000 Hz 后，噪声开始降低，如图 2.3.1 所示[47]。低频时噪声的范围在 5 dBA 左右，大部分频率范围内各轮胎的噪声在 10 dBA 左右。说明不同的轮胎差别并不是很大。

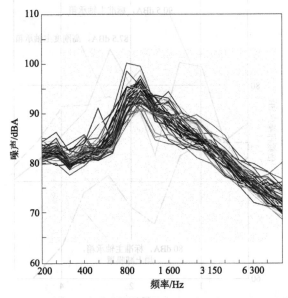

图 2.3.1　50 种不同汽车轮胎在 90 km/h 时道路表面的噪声频谱

造成这种 1 000 Hz 峰值的原因是多种现代轮胎特征的组合：轮胎花纹尺寸，在花纹纵向"管"中的空气共振，空腔的霍尔姆兹共振现象，切向轮胎的共振，横向沟槽的空腔共振，轮胎的花纹结构噪声传递性能与路面之间的距离，等等。

轮胎噪声特性：每个轮胎所产生的噪声都不一样，不同轮胎的噪声差别很大。安静的轮胎不一定成本就高，低噪声的轮胎成本也可以很低。轮胎辐射的噪声一般集中在 1 000 Hz 倍频程内。有时也考虑音调的修正[47]。

传递路径：平头重卡前轮轮胎的噪声主要是通过地板、车门与车窗传递到驾驶室内，后轮轮胎噪声主要是通过驾驶室地板与后围传递到驾驶室内。不同的轮胎花纹对轮胎产生的噪声相差很大。

车辆运行的速度也影响轮胎的噪声。对于轮胎噪声的试验方法是，将车辆加速到一定速度，然后关掉发动机并将离合器置于中立位置（空调系统也要关掉），让车辆以某个速度通过麦克风的位置，这样测定的噪声值就是纯粹的轮胎噪声[27]。图 2.3.2 所示为卡车轮胎噪声。

从图 2.3.2 可以看到，轮胎噪声随着车辆运行速度的增加而增加。筋型轮胎的 A 是最安静的轮胎，在 90 km/h 的速度时，噪声峰值为 72 dBA，而且不同花纹的轮胎产生的噪声是不同的，例如，最好的横纹轮胎比最差的筋型轮胎的噪声在 90 km/h 时相差近 5 dBA。另外，当轮胎出现磨损时，轮胎产生的噪声

第 2 章 卡车的噪声源及控制策略

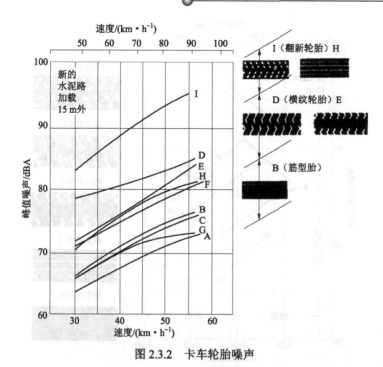

图 2.3.2 卡车轮胎噪声

会变得更大。因为这个测量是在 15 m 处进行的，加速噪声法规规定的测量距离是 7.5 m，所以测算成 7.5 m 的结果应该在这些噪声数值上加 6 dBA，那么轮胎 I 与 D 在 48 km/h 时都超过 83 dBA，也就是说不计算发动机噪声，这个卡车的加速噪声已经超标了。可见选取安静的轮胎的重要性。

轮胎的磨损程度也影响轮胎噪声。从图 2.3.3 中可以看到，几乎所有的轮胎发出的噪声都随着花纹深度的减少而增加（除了翻新轮胎 I）。即使最安静的轮胎 B，随着磨损的增加其噪声峰值也增加了近 5 dBA。

另外，轴荷的增加也影响到轮胎的噪声。从图 2.3.4 中可以看到，轴荷增加，所有的轮胎噪声都随之增加，从空载到州法规所允许的最大轴荷的最大轮胎噪声增加 7 dBA（横纹轮胎 F），即使最安静的轮胎（筋型轮胎 A）也增加了近 2 dBA。

图 2.3.5 所示噪声是一卡车在速度为 80 km/h 时产生的噪声窄带频谱。基本频率 360 Hz 以及它的谐波 720 Hz 是主要的频率分量，在这两个主要频率之间还有一些由于小的花纹以及路表面结构所产生的宽频带噪声。图 2.3.6 所示为卡车在热混合沥青路面噪声的频谱[48]。

图 2.3.6 中的年份为路面铺设的时间，数字代表路段。卡车噪声是在美国 4 个不同州的路段中测量的。从这个卡车在热混合沥青路面的噪声频谱可以看到，路面噪声是宽带频谱，但主要的频率分量都不大于 1 200 Hz。

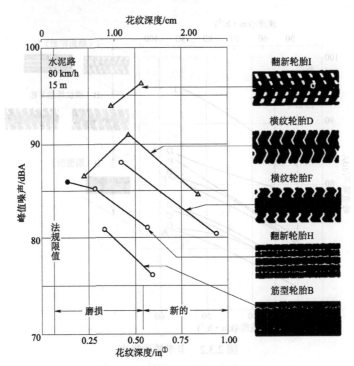

图 2.3.3　磨损对轮胎噪声的影响

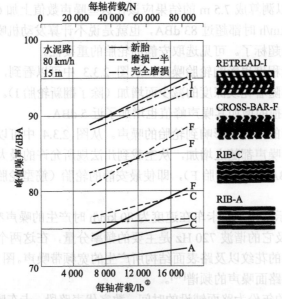

图 2.3.4　轴荷对轮胎噪声的影响

① 1 in=25.4 mm。
② 1 lb=0.453 6 kg。

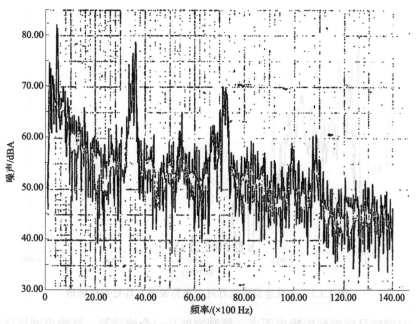

图 2.3.5　卡车轮胎噪声的频谱[27]

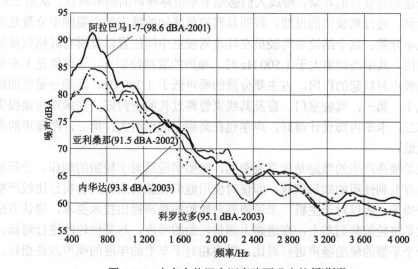

图 2.3.6　卡车在热混合沥青路面噪声的频谱[48]

Reif 等为了研究卡车驾驶员对于噪声的暴露以便制定相应的保护卡车驾驶人员健康的政府法规，选用了 58 辆卡车，不同道路、不同货物、不同时间的实际商业运行时，测量实际商业驾驶员左右耳及驾驶室中心位置的噪声。图 2.3.7 所示为一个非常有代表性的驾驶员右耳处感知的噪声的频谱[49]。

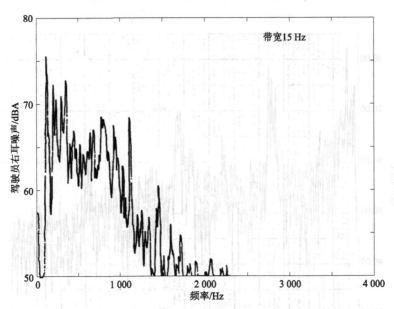

图 2.3.7　在高速公路运行时卡车驾驶员右耳处噪声频谱

对驾驶员感受到的噪声而言，驾驶室就是一个滤波器，路噪声通过这个滤波器传递到驾驶员的耳朵，形成人们感知卡车道路噪声的频率特点。从图 2.3.7 可以看到，通过驾驶室的过滤，很明显驾驶员感知的噪声的主要频率分量是离散的频率分量。这个结论对驾驶员左耳及驾驶室中间位置以及所有其他驾驶条件都适用。其中当频率大于 1 500 Hz 时，噪声的衰减特别大，这可能是卡车驾驶室的吸声材料起的作用，占主要分量的噪声低于 1 200 Hz。高频分量低的原因有几个：第一，驾驶室门、窗及其线束管路过孔的密封好，高频声传递损失高；第二，卡车内饰设计得好，声学包在高频起的作用大；第三，路噪声的高频分量低。

轮胎噪声产生的激励是非常复杂的，轮胎供应商对于轮胎的制作、分析都视为具有专利性质的知识产权，即使对使用他们轮胎的主机厂也实行比较严格的保密措施。所以对于主机厂来说需要对轮胎的噪声提出技术要求，确认方法之一就是将轮胎装到车上，在道路上测量轮胎的噪声，与其他轮胎进行对标，与前一个车型的轮胎噪声进行对比，提出相对于车型的年度的噪声改进指标。

2.3.2　欧盟的轮胎类型批准

为了限制与减少车辆对环境的噪声污染，欧盟花费 13 年的时间建立起轮胎噪声的试验方法、限值与实验室，并发布了法规，所有在道路上行驶的车辆的轮胎都必须经过类型批准（Type Approval），必须满足对轮胎的噪声要求。欧盟轮胎类型批准最开始时由 EEC92/23[50]确定，在这个法规草稿中没有轮胎噪声限值，直到 2001 年对这个法规进行修订时才加入噪声限值 2001/43/EEC[51]，而在 2005 年条件才成熟，并开始实施[46]，如图 2.3.8 所示。

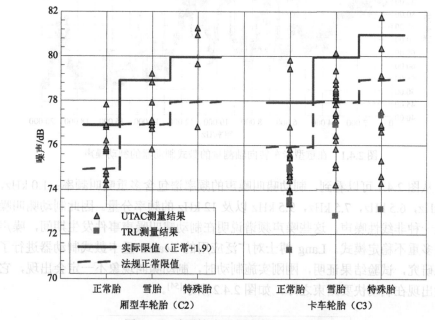

图 2.3.8 欧盟轮胎噪声限值[52]（见彩插）

图 2.3.8 中，实线代表实际限值，即法规限值+1.9 dB，因为测量的误差比较大；虚线代表法规正常限值，很显然，卡车轮胎的限值比厢型车轮胎噪声限值要宽松一些，雪胎比正常轮胎要宽松一些，特殊轮胎噪声限值最宽松。图 2.3.8 中还有采用两种方法测量的轮胎噪声值。我们可以看到欧洲绝大多数的轮胎满足法规的噪声限值。

2.4 制动噪声

卡车、城市公共汽车及校车的乘客都有感受到高制动噪声的经历。制动噪声的主要问题是制动啸叫噪声（Brake Squeal）与制动颤振噪声（Creep Groan）。

2.4.1 制动啸叫噪声

1. 制动啸叫噪声的特点

制动啸叫噪声的特点是噪声的频谱中包含许多高频率。图 2.4.1 所示为一款重型卡车的鼓式制动器制动时所测量的噪声[53]。

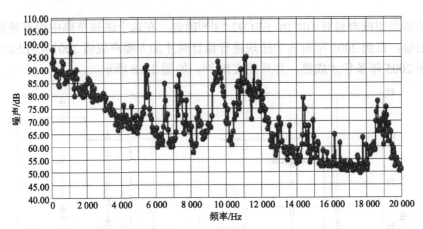

图 2.4.1　在重型卡车转向轴测量的鼓式制动器的制动噪声

从图 2.4.1 可以看到，制动啸叫噪声的频率谱包含多重啸叫频率：1.0 kHz，5.5 kHz，6.5 kHz，7.5 kHz，9.5 kHz 以及 12 kHz 的频率分量。因此制动啸叫噪声是一种非线性噪声，这些噪声频谱说明在制动啸叫噪声事件发生期间，噪声存在多重不稳定模式。Lang 博士对广泛应用的 Scania 重卡鼓式制动器进行了深入研究，试验结果证明，刚刚实施制动时，制动啸叫现象不一定会出现，它一般出现在制动快要结束之际，如图 2.4.2 所示[54]。

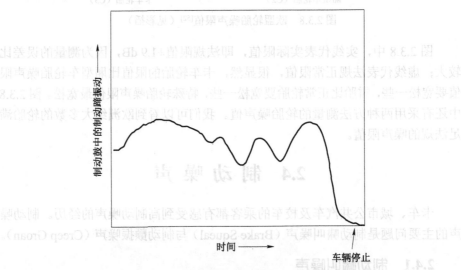

图 2.4.2　Scania 制动鼓的制动蹄在啸叫频率上的振动

从图 2.4.2 可以看到，当车辆运行在 50 km/h 实施制动时，制动蹄的振动在开始实施制动时基本上是个常量，制动产生的摩擦能量用来转换巨大的

第 2 章 卡车的噪声源及控制策略

车辆运行动能使车辆减速。当车辆运行速度降低时动能降低，而制动蹄还保持着同样的压力，制动蹄与制动鼓之间的摩擦就显现出粘滑（Stick–Slip）现象，造成制动力开始波动而且在快要停车时这种波动较大，产生制动啸叫噪声。

图 2.4.3 所示为 Lang 博士测量的 Scania 重卡的鼓式制动器的制动啸叫噪声[54]。

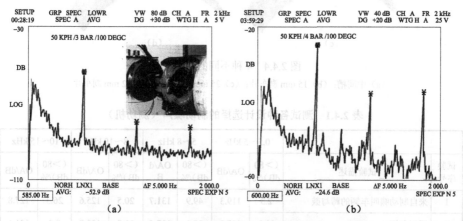

图 2.4.3　Scania 重卡鼓式制动器的制动啸叫噪声（见彩插）
(a) 车辆的制动啸叫频谱，3 bar①制动压力；(b) 车辆的制动啸叫频谱，4 bar 制动压力

从图 2.4.3 可以看到，该款重卡的鼓式制动器的制动啸叫噪声的频率都是高频，而且有多重频率峰值，第一阶频率在 580～600 Hz。

Lang 博士还测量了不同制动鼓的固有频率与振型，他发现有些制动鼓的固有频率可以与制动啸叫的固有频率重合，有些没有重合，说明制动啸叫噪声的非线性特征。

2. 制动啸叫噪声的控制策略

增加制动蹄的刚度几乎不会减少制动系统在 5～6 kHz 范围的负阻尼系数（负阻尼会增加啸叫），对 7～8 kHz 的噪声有所改进，但不能消除。在制动蹄板与摩擦片间加压力敏感黏着剂可以减少系统的负阻尼，特别是高频频域（6 kHz）。但大于 5 kHz 的啸叫只能使用 5% 的阻尼才能消除，而这样的阻尼极难实现。刹车片是一个非常重要的产生与消除制动噪声的因素。图 2.4.4 所示为 4 种不同刹车片的设计选择。

对各种不同设计的噪声测试结果总结记录在表 2.4.1 中。

---
① 1 bar=10^5 Pa。

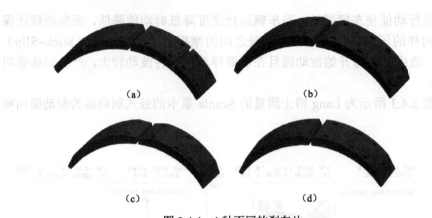

图 2.4.4 4种不同的刹车片

(a) 中间槽；(b) 15 mm 刹车片；(c) 25 mm 刹车片；(d) 32 mm 刹车片

表 2.4.1 测试各种设计选择的制动噪声（测功机）

试验序号	试验描述	0.5～5 kHz (>80 dB)/%	OA/dB	5～8 kHz (>80 dB)/%	OA/dB	8～10 kHz (>80 dB)/%	OA/dB	10～15 kHz (>80 dB)/%	OA/dB
1	来自制动啸叫车辆的蹄与鼓	2.3	119.3	49.9	131.7	20.5	125.6	26.3	127.8
2	原型车辆	31.8	137.9	28.1	137.6	21.2	133.8	9.0	131.1
3	已知安静摩擦材料制造的刹车片	4.0	109.5	1.5	120.8	45.7	136.0	31.8	130.3
4	商用黏结剂涂层	25.7	129.4	18.1	133.0	1.5	115.7	1.4	109.4
5	衬垫材料层	6.7	132.8	71.3	139.6	9.8	129.9	3.5	124.5
6	盘式制动薄片材料层	37.1	138.4	44.0	135.7	1.3	117.3	6.0	126.2
7	0.127 mm 压力敏感黏结剂	8.0	126.4	4.9	124.2	63.5	134.0	0.4	107.0
8	0.635 mm 压力敏感黏结剂	19.3	126.1	0.1	83.3	6.4	119.9	0.1	94.9
9	0.202 3 mm 压力敏感黏结剂	20.5	125.0	9.3	128.0	10.2	125.2	0.3	105.9
10	0.304 8 mm 压力敏感黏结剂	23.8	134.1	10.0	128.5	5.6	125.6	0.4	98.9
11	刹车片加中间槽	17.5	132.8	29.4	137.7	21.9	134.2	18.8	134.3
12	15 mm 刹车片	18.5	133.9	53.5	138.6	4.8	123.7	0	
13	25 mm 刹车片	75.0	141.3	3.4	117.3	0.8	108.0	0.2	98.0
14	32 mm 刹车片	54.1	138.7	2.3	103.6	0.8	101.6	0	

试验 1 显示出车辆的制动噪声主要在 5 kHz 以上，特别是 5～8 kHz。基础车型的制动噪声，试验 2 的噪声在低于 10 kHz 的频率范围内。试验 3 测试已知

的安静摩擦材料的刹车片，可以看到 5～8 kHz 的噪声很低。试验 4～6 测试商业上能够买到的衬垫与黏结剂材料。这些材料仅对 8 kHz 以上的噪声有改进，缺点是这些黏结剂一旦涂上就很难去掉，很难重新使用制动蹄。试验 7～10 是评估不同厚度的压力敏感黏结剂。尤其是试验 8，是 5 层标准的 0.127 mm 黏结剂叠在一起，虽然效果是最好的，但生产上是不可行的。试验 11～14 是评估不同的制动片形状。中心加槽在 5 kHz 以上没有改进，15 mm 的刹车片只是改进了 8 kHz 以上的噪声，25 mm 的刹车片提供了 5 kHz 以上噪声的很大改进。这些试验结果得到了整车试验的确认，最终确认 25 mm 刹车片是这款重卡效费比最高的减少制动啸叫的设计选择[53]。

2.4.2 制动颤振噪声

制动颤振噪声（Brake Groan Noise，或称 Creep Groan Noise）是低速运行时车辆刹车时产生的高强度、低频率的噪声，它也会在冷制动及高湿度的情况下出现。通常只会在短时间存在，但有经验的驾驶员可以有目的地控制刹车踏板产生颤振噪声并使它历经几秒钟[55]。

1. 制动颤振噪声的特点与产生机理

颤振噪声的频率特点是 100～500 Hz。颤振噪声是由装在制动蹄上的摩擦片与制动鼓内表面之间的粘滑运动引起的。若干个准谐波振动或不稳定的不同强度的振动脉冲序列的叠加是这种噪声的主要特性，因此这种噪声的特点是非线性激励与非线性传递机制，如图 2.4.5 所示。

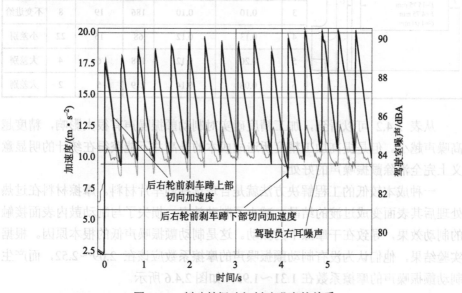

图 2.4.5 制动鼓振动与制动噪声的关系

从图 2.4.5 可以看到，制动蹄的振动形式完全符合粘滑运动的特点。噪声的波动形式与制动蹄的振动形式完全一样，振动与噪声的第一阶频率都是 3 Hz 左右，而且相位基本相同。驾驶员感受到的噪声在 85 dBA，还是相当高的，已经达到了听力破坏的门槛值。刹车蹄的切向振动与驾驶员所听到的噪声有着直接的关联性。

重卡的制动鼓产生的制动噪声，在新车上可以出现，在交付运行的车辆中也可以出现。当这种噪声出现时，车辆结构与悬挂会有很严重的噪声与振动，而且这种噪声与振动的强度比较大，容易引起大量的客户抱怨，而产生高保修期成本。

2. 制动颤振噪声的控制策略

人们通常认为制动鼓的加工精度是产生颤振噪声的原因，探索提高加工精度来解决颤振噪声问题。表 2.4.2 所示为制动鼓加工精度对颤振噪声的影响。

表 2.4.2 制动鼓加工精度对颤振噪声的影响

使用高进给速度加工 B、D 表面，其他表面的加工使用低进给速度

加工表面	第一加工进给速度/[mm·(r·min^{-1})$^{-1}$]	第二加工进给速度/[mm·(r·min^{-1})$^{-1}$]	测试车辆数	制动颤振噪声车辆数	比例/%	进给速度的应用
1	0.13	0.12	1 404	561	40	小差别
2	0.14	0.10	812	29	4	小差别
3	0.10	0.10	186	19	8	不变进给
4	0.13	0.12	68	15	22	小差别
5	0.20	0.12	138	6	4	大差别
6	0.08	0.14	219	5	2	大差别

$A=B=C=D=12$ mm
$E=15.75$ mm
$F=4.75$ mm
$G=4.00$ mm

从表 2.4.2 可以看到，加工精度确实对制动颤振噪声有很大影响，精度越高噪声越小。但是提高加工精度所造成成本的升高并不能获得在统计的明显意义上完全消除颤振噪声的好处。

一种成本较低的工程解决方法就是合理选择刹车片材料。摩擦材料在过热处理后其表面变成过渡的结晶，减小了制动效率，损失了与制动鼓内表面接触的制动效果，导致在干摩擦下的振动。这是制动颤振噪声低的根本原因。根据实验结果，他们认为没有制动颤振噪声的摩擦系数应该在 2.09~2.52，而产生制动颤振噪声的摩擦系数在 1.31~1.95，如图 2.4.6 所示。

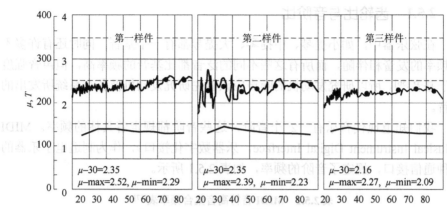

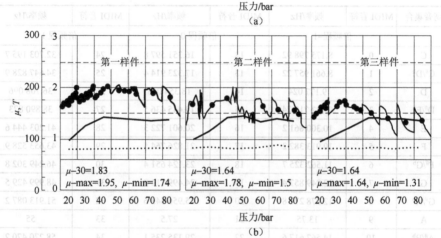

图 2.4.6 摩擦系数、温度与制动压力的测量比较
（a）无颤振制动；（b）颤振制动

2.5 噪声与音乐

噪声与音乐在声学上没有根本的物理差别，差别在于人们对它们的主观感受。对于噪声来讲，是人们对听到的声音感到难受，而对于音乐来讲，是人们对听到的声音感到愉悦。即便对于音乐，人们的感受也是不一样的，如重金属音乐，也是有人喜欢有人厌恶。人们对声音的喜好厌恶有许多影响因素，其中最重要的因素就是频率。比如，当一个新手学二胡或小提琴，手法还不能拉出准确的音阶时，拉出的音调就比较难听，因为这些音符发生在不是令人感动愉悦的频率上。

2.5.1 齿轮比与音阶比

在弦乐器中，如小提琴、中提琴、大提琴都有一个基音，同时还有许多不同频率的发音相伴随，而所有这些不同的泛音都比基音的频率高，但声音强度低于基音[56]。所以研究发动机的噪声应该首先研究发动机及各个系统所发出的基音。

我们知道现代音乐有 12 个音阶，这些音阶都规定着具体的频率。MIDI（Musical Instrument Digital Interface，乐器数字化接口），作为制造电子乐器的一种通信接口，规定了音阶的频率，如表 2.5.1 所示。

表 2.5.1 MIDI 音符高音集合频率表[57]

高音集合	MIDI 音符	频率/Hz	MIDI 音符	频率/Hz	MIDI 音符	频率/Hz
	倍频程−1		倍频程 0		倍频程 1	
C	0	8.175 798 92	12	16.351 597 8	24	32.703 195 7
C#/Db	1	8.661 957 22	13	17.323 914 4	25	34.647 828 9
D	2	9.177 024	14	18.354 048	26	36.708 096
D#/Eb	3	9.722 718 24	15	19.445 436 5	27	38.890 873
E	4	10.300 861 2	16	20.601 722 3	28	41.203 444 6
F	5	10.913 382 2	17	21.826 764 5	29	43.653 528 9
F#/Gb	6	11.562 325 7	18	23.124 651 4	30	46.249 302 8
G	7	12.249 857 4	19	24.499 714 8	31	48.999 429 5
G#/Ab	8	12.978 271 8	20	25.956 543 6	32	51.913 087 2
A	9	13.75	21	27.5	33	55
A#/Bb	10	14.567 617 6	22	29.135 235 1	34	58.270 470 2
B	11	15.433 853 2	23	30.867 706 3	35	61.735 412 7
	倍频程 2		倍频程 3		倍频程 4	
C	36	65.406 391 3	48	130.812 783	60	261.625 565
C#/Db	37	69.295 657 7	49	138.591 316	61	277.182 631
D	38	73.416 192	50	146.832 384	62	293.664 768
D#/Eb	39	77.781 745 9	51	155.563 492	63	311.126 984
E	40	82.406 889 2	52	164.813 779	64	329.627 557
F	41	87.307 057 9	53	174.614 116	65	349.228 231
F#/Gb	42	92.498 605 7	54	184.997 211	66	369.994 423
G	43	97.998 859	55	195.997 718	67	391.995 436
G#/Ab	44	103.826 174	56	207.652 349	68	415.304 698
A	45	110	57	220	69	440
A#/Bb	46	116.540 94	58	233.081 881	70	466.163 762
B	47	123.470 825	59	246.941 651	71	493.883 301

续表

高音集合	MIDI 音符	频率/Hz	MIDI 音符	频率/Hz	MIDI 音符	频率/Hz
		倍频程 5		倍频程 6		倍频程 7
C	72	523.251 131	84	1 046.500 26	96	2 093.004 52
C#/Db	73	554.365 262	85	1 108.730 52	97	2 217.461 05
D	74	587.329 536	86	1 174.659 07	98	2 349.318 14
D#/Eb	75	622.253 967	87	1 244.507 94	99	2 489.015 87
E	76	659.255 114	88	1 318.510 23	100	2 637.020 46
F	77	698.456 463	89	1 396.912 93	101	2 793.825 85
F#/Gb	78	739.988 845	90	1 479.977 69	102	2 959.955 38
G	79	783.990 872	91	1 567.981 74	103	3 135.963 49
G#/Ab	80	830.609 395	92	1 661.218 79	104	3 322.437 58
A	81	880	93	1 760	105	3 520
A#/Bb	82	932.327 523	94	1 864.655 05	106	3 729.310 09
B	83	987.766 603	95	1 975.533 21	107	3 951.066 41
		倍频程 8		倍频程 9		
C	108	4 186.009 05	120	8 372.018 09		
C#/Db	109	4 434.922 1	121	8 869.844 19		
D	110	4 698.636 29	122	9 397.272 57		
D#/Eb	111	4 978.031 74	123	9 956.063 48		
E	112	5 274.040 91	124	10 548.081 8		
F	113	5 587.651 7	125	11 175.303 4		
F#/Gb	114	5 919.910 76	126	11 839.821 5		
G	115	6 271.926 98	127	12 543.854		
G#/Ab	116	6 644.875 16				
A	117	7 040				
A#/Bb	118	7 458.620 18				
B	119	7 902.132 82				

这个表分为 11 个倍频程，倍频程−1 到倍频程 9。每个倍频程用一个高音集描述，而每一个高音集合（Pitch Class）包括 12 个音符，以 C 开始以 B 结束，中间还包括升调#与降调 b，每个音符对应一个频率。在每个高音集合中的 12 个音符的频率是根据 12 平均律（Equal Temperament）[58]确定的，即把一组音（大度）分成 12 个半音音程，各组相邻的两个音符的频率之比是完全相等的，或者说是将一个倍频程按频率等比例地分成 12 份，每一个等份称为一个半音。MIDI 的音符计算公式如下[59]：

$$f_n = f_0 a^n = f_0 \cdot 2^{\frac{n}{12}} \tag{2.5.1}$$

式中，f_0 为一个固定音符的频率，是计算任何音符频率的参考频率，通常选中央 C 上面的 A_4，$f_0 = 440\,\mathrm{Hz}$；n 为从该音符到固定音符的半音个数；f_n 为到固定音符 f_0 有 n 个半音距离的音符频率；a 为 12 平均律的分割常数，$a = 2^{\frac{1}{12}} = 1.059\,463\,094\,359$。

根据这些音符的分割规则，高一阶的高音集合中的一个音符的频率比低一阶的高音集合对应的音符频率低 50%，例如 C4，即中央 C（MIDI 音符#60）的频率是 261.625 565 Hz，而 C5（MIDI 音符#72）的频率为 523.251 131 Hz，它们的频率比为 2。另一个特点是，两个相邻的频率之比为 $1.059\,463\,094\,359 = a = 2^{\frac{1}{12}}$。

发动机的驱动源是曲轴，曲轴通过齿轮系统驱动其他辅助系统，如进排气系统、水泵、燃油泵、润滑油泵、空压机、转向助力、发电机，以及其他辅助系统。这些辅助系统的旋转运动导致系统振动，而这些振动是产生噪声的根源。所以要研究这些系统的振动频率，特别是它们的基频，以对这些系统的噪声有一个最基本的理解。一个经典的重型卡车的发动机齿轮系统，如图 2.5.1 所示[60]。

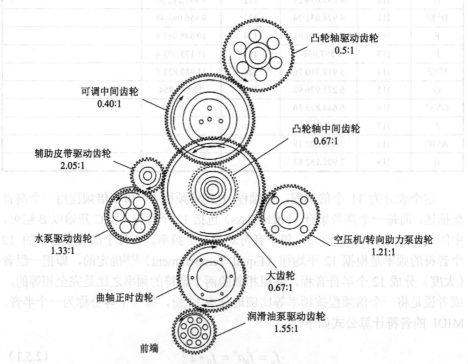

图 2.5.1　底特律柴油机的 60 系列前端齿轮

所有的辅助系统都是曲轴齿轮通过齿轮的直接啮合或通过中间齿轮与曲轴齿轮啮合而实现转动的，因此辅助系统的旋转频率都与发动机曲轴的一阶次频率直接相关：

$$f_m = n_m f_0 \tag{2.5.2}$$

式中，f_m 为第 m 个辅助系统的旋转频率（Hz）；n_m 为第 m 个辅助系统齿轮相对于曲轴齿轮的齿轮比；f_0 为曲轴齿轮的旋转频率：

$$f_0 = \frac{发动机转速（r/min）}{60}(Hz) \tag{2.5.3}$$

比较式（2.5.1）与式（2.5.2），如果将发动机常用转速的频率设计成 MIDI 音符的固定频率，把辅助系统的齿轮比设计成 12 平均律分割常数 $2^{\frac{n}{12}}$ 的 n 次方（n 可以是正整数或负整数，$n = \pm 1, 2, \cdots$），那么可以期望曲轴与辅助系统在常用转速时相当于演奏着一个和声的音乐。4 缸柴油机的发火频率是 1 阶次频率的 2 倍，因此发火频率刚好是高于 1 阶次频率的一个倍频程，即刚好高八度。6 缸柴油机的发火频率是 1 阶次的 3 倍，近似于 1 阶次的 $2^{\frac{19}{12}}$。所以我们可以用 1 阶的频率作为固定频率 f_0 计算各系统的旋转频率。

底特律柴油机（Detroit Diesel Corporation）60 系列的怠速转速为 600~850 r/min，6 缸 12.7 L 车用柴油机，以 600 r/min 转速为例，发火频率及各系统频率如表 2.5.2 所示。

表 2.5.2　DDC-6067-WK 60 系列怠速发火频率及各系统频率

项目	齿轮比	n	$2^{\frac{n}{12}}$	辅助设备基本频率/Hz	对应 MIDI 音符	对应 MIDI 频率/Hz	实际频率与音符频率之差/Hz	高音集合
固定频率 f_0				10	4	10.300 9	-0.300 9	E_{-1}
凸轮轴齿轮	0.50	-12	0.500	5		5.150 5	-0.150 5	
空压机/转向助力齿轮	1.19	3	1.189	11.9	6	12.249 9	-0.349 9	G_{-1}
水泵	1.34	5	1.335	13.4	9	13.750 1	-0.350 1	A_{-1}
润滑油泵	1.49	7	1.498	14.9	10	15.433 9	-0.533 9	B_{-1}
燃油泵齿轮	1.95	11	1.888	19.5	15	19.445 5	0.054 5	$D_0^\#/E_0^b$
辅助皮带齿轮	2.41	15	2.378	24.1	19	24.499 8	-0.399 8	G_0
发火频率		19	2.997	30	23	30.867 8	-0.867 8	B_0

从表 2.5.2 可以看到，底特律柴油机的这款发动机的齿轮比几乎完全按照音符频率比设计，而且所获得的辅助系统的 1 阶转动频率完全是 MIDI 的音符

频率。如果仔细考察曲轴一阶（固定频率）、空压机/转向助力齿轮与润滑油泵的频率，这三个频率分别是 E、G、B 音符，恰好是音乐理论中经典的 E 小调三和弦（Minor Triad）[61]，如图 2.5.2 所示。

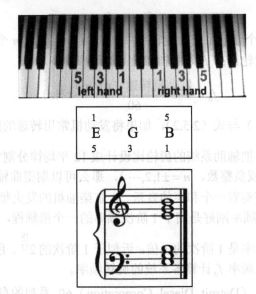

图 2.5.2　E 小调三和弦及其钢琴表现形式

对于燃油泵、辅助皮带与发动机发火频率这三个频率 E^b、G、B，则是经典的 E^b 增三和弦（Augmented Triad）。另外，表 2.5.2 中展示出空压机/润滑油泵的频率与辅助皮带/发火频率刚好差八度，使频率更丰富，听起来音色更好。根据这些分析，这些现象不应该是一种耦合现象，而是一个有目的的设计。

对于高阶次发动机的谐振噪声，它们是我们计算的发动机基础音阶的整数倍，也就是说只要基础阶次是 MIDI 的音阶，那么它们的高阶噪声就是基础音阶的整数倍。

有些发动机的噪声确实很大，但听起来很愉悦；有些发动机噪声尽管很低，但听起来却很不舒服。通常发动机的噪声应尽量减少，如果我们将发动机曲轴中各个常用的转速都设计成对应于某个 MIDI 的频率而且辅助系统的转速按上述音符频率比进行设计，那么发动机各系统的转动频率就是各组音符的合音了。

2.5.2　音色与频率谱

音色（Timbre）是人们对音符、声音或音调的主观感觉声品质。发声体的材料与结构不同，发出的声音的音色就不一样，人们可以通过这些音色的不同特点去分辨不同发声体的发声特色[62]。发动机发出声音的根源与噪声辐射机理比较复杂，音色也比较复杂。发动机的噪声包括燃烧噪声和机械噪声，而且噪声声源较多，产生噪声的机理也不一样，导致其频谱也不尽相同。当人们评判发动机噪声时，会去听发动机噪声的音色，根据音色作出发动机噪声好坏的判断。比如，当人们听到低频噪声时会觉得发动机声音比较沉闷，而听到高频噪声时觉得发动机声音比较清脆，对不同的频率范围的噪声给出不同的评价结果。

发动机的噪声频谱对人们的主观评价有很大影响。发动机噪声的频谱是各种发动机声源发出的不同频率的音调，以不同的递变，按照一定的比例混合在一起而形成的声学特性。发动机的噪声是通过机体、机头、油底壳、前盖、飞轮壳等表面将噪声辐射到与其相邻的环境中。这些表面的材料、结构、几何形状、刚度都可能不一样，因此它们辐射的噪声也不尽相同。另外，活塞敲击、燃烧噪声、进气噪声、排气噪声、润滑/燃油/水/空调/转向助力/辅助皮带等辅助设备产生的噪声机理又不相同，就是这些材料、结构、几何形状、刚度的不同与噪声机理的差别形成了辐射噪声不同的音色特性。

人耳的听力一般对高频比较敏感，而对低频很不敏感。如果发动机的高频比较高而低频比较低，人们感觉发动机有些金属敲击声，而对低频沉闷的声音却觉得比较耐听。

图 2.5.3 所示为两款发动机前端的噪声频谱比较。

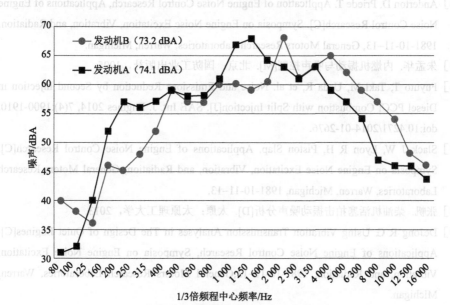

图 2.5.3　两款发动机前端的频谱

发动机 A 的总噪声为 74.1 dBA，发动机 B 的总噪声为 73.2 dBA。低于 1 600 Hz 时，发动机 A 噪声频谱高于发动机 B；高于 1 600 Hz 后，发动机 A 频谱低于发动机 B。主观评价感觉发动机 A 深沉一些，更好听一些。可见，对于评价发动机噪声的好坏，噪声高低并不是唯一标准。根据对发动机前端正时齿轮罩与发动机罩的热塑复合材料的分析，这些热塑复合材料可以改变发动机辐射噪声的频率特性，即提高低频噪声，降低高频噪声，这样就可以提高客户对发动机噪声的主观感受与评价。

参 考 文 献

[1] Anderton D, Priede T. Applications of Engine Noise Control Research[C]. Symposia on Engine Noise Excitation, Vibration, and Radiation, General Motors Research Laboratories, Warren, Michigan, 1981, 10: 11-13.

[2] Pennsylvania Department of Transportation Federal Highway Administration, Making Sound Decisions about Highway Noise Abatement[R]. 2003-07, PENNDOT Publication No.21.

[3] Zhao H, Reinhart T E. The Influence of Diesel Engine Architecture on Noise Levels[C]. Noise and Vibration Conference & Exposition, Traverse City, Michigan, 1999-05-17-20, SAE Technical Paper Series No: 1999-01-1747.

[4] Anderton D, Priede T. Application of Engine Noise Control Research, Applications of Engine Noise Control Research[C]. Symposia on Engine Noise Excitation, Vibration, and Radiation, 1981-10-11-13, General Motors Research Laboratories, Warren, Michigan.

[5] 朱孟华. 内燃机振动与噪声控制[M]. 北京：国防工业出版社，1995.

[6] Fuyuto T, Taki M, Ueda R, et al. Noise and Emissions Reduction by Second Injection in Diesel PCCI Combustion with Split Injection[J]. SAE Int. J. Engines 2014, 7(4):1900-1910. doi:10.4271/2014-01-2676.

[7] Slack J W, Lyon R H, Piston Slap. Applications of Engine Noise Control Research[C]. Symposia on Engine Noise Excitation, Vibration, and Radiation, General Motors Research Laboratories, Warren, Michigan, 1981-10-11-13.

[8] 张帆. 柴油机活塞拍击振动噪声分析[D]. 太原：太原理工大学，2013.

[9] DeJong R G. Using Vibration Transmission Analyses in The Design of Quiet Engines[C]. Applications of Engine Noise Control Research, Symposia on Engine Noise Excitation, Vibration, and Radiation, 1981-10-11-13,General Motors Research Laboratories, Warren, Michigan.

[10] K. Ohta K, Amano K, Hayashida A, et al. Analysis of Piston Slap Induced Noise and Vibration of Internal Combustion Engine Effect of Piston Profile and Pin Offset[J]. J. of

Environment and Engineering, 2011, 6(3).

[11] DeJong R G. Using Vibration Transmission Analyses in The Design of Quiet Engine[J]. Applications of Engine Noise Control Research, Symposia on Engine Noise Excitation, Vibration, and Radiation, 1981-10-11–13, General Motors Research Laboratories, Warren, Michigan.

[12] Okubo M, Kanda H, Yonezawa T. Analysis and Reduction of Piston Slap Noise in Diesel Engines[C]. International Congress and Exposition, Detroit, Michigan, 1989-02-27–1989-03-03, SAE Paper No: 890127.

[13] Kimura J, Kai R, Shibata S. Six-Cylinder-In-Line Turbo-Charged Diesel Engine Crankshaft Torsional Vibration Characteristics[J]. 2001, SAE Paper No: 2001-01-2719.

[14] Mitianiec W, Buczek K. Torsional Vibration Anaysis of Crankshaft in Heavy Duty Six Cylinder Inline Engine[R]. 2008-05-08, Wydawnictwo Politechniki Krakowskiej.

[15] 龚海军. 柴油机扭振分析及减振器匹配研究[D]. 长春：吉林大学, 2004.

[16] Feese T, Hill C. Guidelines for Preventing Torsional Vibration Problems in Reciprocating Machinary[C]. Gas Machinery Conference, Nashville, Tennesseee, 2002-10-07.

[17] 孙少军. 重型车用发动机振动与噪声控制的理论与应用研究[D]. 天津：天津大学, 2008.

[18] Singh R. Gear Noise: Anatomy. Prediction and Solutions[C]. Inter-Noise 2009, 2009-08-23–26, Ottawa, Canada.

[19] Singh R, Xie H, Comparin R J. Analysis of Automotive Neutral Gear Rattle [J]. 1989, J. Sound Vib. 131(2): 177-196.

[20] Tuma J. Transmission and Gearbox Noise and Vibration Prediction and Control Chart. 88 in Handbook of Noise and Vibration Control, edited by M. J. Crocker[M]. New York: John Wiley, 2007.

[21] Opitz H. Noise of Gear[J]. Phil. Trans. R. Soc.,1968-12, 263: 369-380.

[22] Croker M D, Amphlett S A, Barnard A I. Heavy Duty Diesel Engine Geartrain Modeling to Reduce Radiated Noise[J]. 1995, SAE Pa- per No: 951315.

[23] Derk J R. Effects of Compliant Geartrains on Engine Noise and Performance[J]. 2005-04, J. of Sound and Vibration.

[24] Arnault N, Baudet A, Becker N. New Low Package Acoustic Solution for Air Intake Line[J]. 2015, SAE Technical Paper Series No: 2015-01-1665.

[25] Herrin D W. Vibro-Acoustic Design in Mechanical Systems[R]. Chapter 10: Sound in Ducts, Lecture Notes.

[26] Lilly J G. Engine Exhaust Noise Control[R]. ASHRAE Technical Committee.

[27] Close W H, Wesler J E. Vehicle Noise Sources and Noise-Suppression Potential[R]. Office

of Noise Abatement, U.S. DOT.

[28] Raman R S, Narayanan G S, Manaharan N. Experimental Investigation on Exhaust Noise Reduction Using Particulate Trap in Direct Injection (D.I.) Diesel Engine[J]. International Journal of Mechanical Engineering and Technology(IJMET), 2015-10, 6(10): 94-102.

[29] Chen Y, Lv L. Design and Evaluation of an Integrated SCR and Exhaust Muffler from Marine Diesels[J]. Journal of Marine Science and Technology, DOI 10.1007/s00773-014-0302-1, 2014-12.

[30] 李舜酩，等. 一种复合式结构的柴油机排气消声器[P]. 中国：CN 102278183 B, 2011-09-19.

[31] Suzuki A, Tominaga T, Eguchi, et al. Study of Fan Noise Reduction for Automotive Radiator Cooling Fans[R]. Mitsubishi Heavy Industries, Ltd. Technical Review, 2006-09, 43(3).

[32] Fernandes R B M. Master's Degree Project, Efficient Volvo Bus Cooling System, Using Electrical Fans[D]. Stokcholm: Vetenskap Och Kost,2014.

[33] Beranek L L, Ver I L. Noise and Vibration Control Engineering： Principles and Applications[M]. New York: John Wiley and Sons, Inc., 1992.

[34] Kirkup S M, Tyrrell R J, Computer-Aided Analysis of Engine Noise[J]. Int. J. of Vehicle Design,1992, 13(4).

[35] Priede T, Fachbach H A. Design Concepts of Diesel Engines with Low Noise Emission[J]. 1975, SAE Paper No 750838.

[36] Priede T, Grover E C, Lalor N. Relation Between Noise and Basic Structural Vibration of Diesel Engines[J]. 1969, SAE Paper No: 690450.

[37] Rajendraprasad B, Ravi V. Design and Structural Optimization of Oil Pan[J]. Int. J. & Magazine of Engineering Technology, Management and Research, USSN No: 2348-4845, 2015-12, 2(12).

[38] Lee L, Park W. NVH Development of EU5 2.0L and 2.2L Diesel Enigine[J]. 2011-04-12, SAE Paper No: 2011-01-0932.

[39] Composite World. Autocomposites Update: Engine Oil Pans[R]. 2015-03-02, http://www.compositesworld.com/articles/autocomposites-update-engine-oil-pans.

[40] Priede T, Grover E C. Effect of Engine Structure on Noise of Diesel Engines[C]. Proc Instn Mech Engrs, 179(4), Pt 2A :1964-1965.

[41] Tremaine K. Modal Analysis of Composite Structures with Damping Material[D]. California: California Polytechnic State Univ.,2012-06-08.

[42] Oh K-H, Han W H, et al. Design for NVH Performance and Weight Reduction in Plastic Timing Chain Cover Application[J]. 2014, SAE Technical Paper No: 2014-01-1043.

［43］ Periyathamby H, Anderson M E, Nash D A. Design of 5.4L 3V Thermoplastic Composite Engine Cover for NVH Improvement[J]. 2009, SAE Technical Paper No: 2009-01-0602.

［44］ Thein G E. Review of Basic Design Principles for Low-Noise Diesel Engines[J]. 1979, SAE Paper No: 790506.

［45］ Thein G E, Fachbach H A. Design Concepts of Diesel Engines with Low Noise Emission. 1975, SAE Paper No: 750838.

［46］ EU Commission. European Parliament and Council Directive of amending Council Directive 2005/11/EC[R] 2005-02-17 [R].EU Commission, Brussels, 2005.

［47］ Sandberg U. Tyre/Road Noise – Myths and Realities[C]. The 2001 International Congress and Exhibition on Noise Control Engineering, 2001-08-27–30, The Hague, The Netherlands.

［48］ Hanson D I, James R S, NeSmith C. Tire/Pavement Noise Study[R]. 2014-08, NCAT Report No: 04-02.

［49］ Reif Z F, Moore T N, Steevensz A E. Noise Exposure of Truck Drivers[C]. Vehicle Noise Regulation and Reduction Sessions of Society of Automotive Engineer's Congress and Exposition, Detroit, 1980-02, Paper No: 800278.

［50］ EU Commission. European Parliament and Council Directive of amending Council Directive 92/23/EC relating to tyres for motor vehicles and their trailers and to their fitting[R]. Document COM(97) 680, 1997-12-10, EU Commission, Brussels.

［51］ EU Commission. European Parliament and Council Directive of amending Council Directive 2001/43/EC[R]. 2001-06-27, EU Commission, Brussels. http://eur-lex.europa.eu/ legal-content/EN/TXT/PDF/?uri=CELEX:32001L0043&from=en.

［52］ Sandberg U, Ejsmont J. Tyre/road noise – Reference Book[M]. Sweden: Informex, ISBN-10:9163126109, 2002.

［53］ Liu W, Vyletel G. An Integrated Approach for Reducing Heavy-Duty Vehicle Drum Brake Squeal[J]. 2012, SAE Paper No: 2012-01-1839.

［54］ Lang A M. An Investigation into Heavy Vehicle Drum Brake Squeal, A Doctoral Thesis[D]. Loughborough: Loughborough University of Technology, 1994-05.

［55］ Karabay S, Baynal K, Igdeli C. Detecting Groan Sources in Drum Brakes of Commercial Vehicles by TVA-FMEA: A Case Study[J]. J. of Mechanical Engineering, 2013-03-15, 59(6):375-386.

［56］ Harry F O, Music. Physics and Engineering[M]. New York: Dover Publications, 2nd Edition,1967.

［57］ MIDI Note Frequency Conversion Chart[EB/OL].[2017-11-01]. http://en.wikiaudio.org/ MIDI_note_to_frequency_conversion_chart.

［58］ wikipedia, Equal Temperament[EB/OL]. [2017-11-01].

https://en.wikipedia.org/wiki/Equal_temperament.

［59］ Suits B H. Physics of Music – Notes[EB/OL]. [2017-11-01].
http://www.phy.mtu.edu/~suits/NoteFreqCalcs.html.

［60］ Detroit Diesel Corporation. Series 60 Service Manual[R]. 2002, Bulletin 11-60-02.

［61］ Wikipedia. Triad (Music) [EB/OL]. [2017-11-01].
https://en.wikipedia.org/wiki/Triad_ (music).

［62］ Wikipedia. Timbre [EB/OL]. [2017-11-01].
https://en.wikipedia.org/wiki/Timbre.

第3章

卡车的振动源及控制策略

卡车的抖动是车辆在平滑路面上行驶时乘员所感受到的乘坐扰动。卡车的抖动只出现在平滑的路面上,如高速公路。我国高速公路的飞速发展以及长距离高效物流的发展,使得重卡在比较好的高速公路上的行驶里程越来越高,因此运输车辆的抖动问题越来越重要。

抖动使客户对卡车的质量和乘坐舒适性产生负面印象,导致对整车的不满意度提高。更严重的是,当某些车抖动的频率与人体的敏感频率耦合时,抖动会使乘员感到相当不舒服。为解决抖动问题,笔者曾体验了卡车的抖动。抖动的表现形式,有的是垂直方向的上下有节奏的振动,有的是从侧向的抖动逐渐发展成垂直方向的抖动。轻者使人感到不舒服,严重的抖动甚至使驾驶员无法操纵,副驾驶员也在抖动中不能做任何事情。这些抖动只出现在路面平滑的高速公路上,一般的不平的路面上不会出现抖动。车辆对不平道路的动力响应是另一种振动形式。抖动出现在一个稳定的速度上,有的抖动很小,必须仔细操作并且稳定在一个速度上才能发现抖动现象。有时只有在特定的路段中才能发现抖动现象。抖动现象一般发生在比较高的速度上,如 70 km/h 以上,30~40 km/h 也会发生,但因为速度低,抖动的幅度不大,乘员可以通过加速的方法避开这些抖动。

经典的抖动现象是当车辆通过一个非常小的路面输入时,这个输入激励了车体的"抖动系统"(发动机总成、悬挂系统、车体),开始在其固有频率上振动，其振幅快速减小。在振幅完全减小以前，下一个路面输入又开始振动，所以抖动是一个连续的在一个固定频率上的振动，振幅连续增大或减小。即使在没有明显的路面输入激励的情况下，卡车也会持续抖动，这使乘员很不满意。乘员可以感受到不同界面（座位、地板、方向盘），在不同方向的抖动，所以主观上很难量化抖动。另一方面，从测量的数据上来说，很难从其他测量的振动数据中区分出抖动。两者相互补充，相互支持的组合是最好的方法。

卡车的振动源有发动机旋转带来的振动，车轮不平衡带来的振动，以及路面不平产生的激励，这些激励最终通过驾驶室悬置传到驾驶室地板，驾乘人员通过座椅感受到这些振动。从理论上讲，任何一个足够大的具有轻阻尼的弹性连接到卡车上的质量，如果能附加一个 5~20 Hz 的固有频率，就可能引起卡车的抖动问题，也就是说引起在其固有频率上的振动。抖动现象分几种：发动机及其动力总成的抖动（特别是重型柴油机及四缸以上的发动机）；车体抖动；悬挂系统的纵向抖动，座椅的结构抖动，以及转向系统的抖动。

3.1 发动机激励

发动机需要完成进气、压缩、喷油、点火、燃烧膨胀、排气等所有程序才能完成一个循环，而且燃烧只能产生一个限制方向的推动，还必须有一套活塞连杆曲轴系统完成将往复运动转化成旋转运动的任务。发动机的所有辅助设备也必须根据这个循环完成各自的辅助任务，这个过程中所有的物理与化学事件都具有脉冲的特点，所需要的运动也都具有脉冲的特点。几乎所有的发动机部件都在产生振动和噪声或者传递振动和噪声，然后又将振动和噪声通过与整车的连接路径或其他路径传递给整车系统。

3.1.1 活塞激励

活塞敲击是活塞对机体产生振动的主要形式。活塞敲击是在以下两种条件下发生的：连杆受力从压缩变成拉伸，或从拉伸变成压缩；当连杆作用在气缸壁的垂直分量由于曲轴转角的变化而改变方向时。第二种条件总是在活塞处于上、下止点时发生，而第一种条件是在总的惯性力贡献给缸壁的分力刚好与气体力平衡时实现的。Haddad 与 Pullen 早在 1974 年就测量与计算了活塞敲击传递到缸体的振动，并研究了影响活塞敲击的参数，如图 3.1.1 所示[1]。

从图 3.1.1 中可以看到，活塞敲击引起的在缸体上的振动要比曲轴箱上的振动大得多，而且活塞与缸套的间隙增加，缸体传递的振动也增加。麻省理工学院的 Slack 就采用驱动点动刚度方法研究活塞敲击是如何激励机体的问题[2]。

他应用驱动点的点对点传递刚度以及互易原理来测量并量化活塞敲击振动能量的传递特性,以及它们的影响因素。

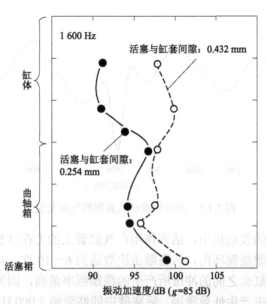

图 3.1.1　六缸直列柴油机活塞敲击的振动（2 800 r/min,满载）

从图 3.1.2 可以看到,连杆在 1 000～2 000 Hz 时有对应于连杆共振频率的峰值,而且大于活塞的路径,活塞敲击对机体的振动能量传递是宽带谱的,主要分两个频域：第一个是 0～1 000 Hz,第二个是 2 500～5 000 Hz。

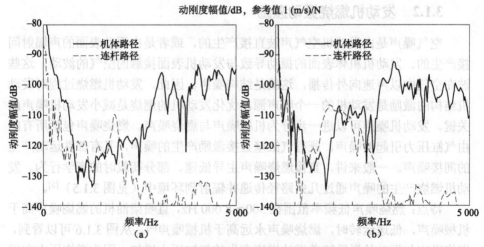

图 3.1.2　活塞/连杆到机体表面的传递刚度
(a) 活塞/连杆到机体右侧的传递刚度；(b) 活塞/连杆到机体左侧的传递刚度

活塞敲击气缸套，产生作用在气缸套上的力，根据若干个文献的数据，气缸套所承受的力一般如图 3.1.3 所示[4]。

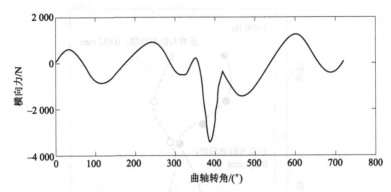

图 3.1.3　四冲程发动机典型的气缸套受力

在他们研究的发动机中，活塞作用在气缸套上的力在 3 500 N 左右。在一个气缸内的一次燃烧循环内，活塞敲击次数达到 6～10 次，高转速时次数会更多。活塞头部与缸套之间的冲击所产生的激励频率最高，因为活塞头刚度大，而活塞裙部的敲击产生低频激励。活塞敲击能够激励 2 000 Hz 的振动。活塞敲击控制策略可参考文献[3,4]。也可以采用低噪声活塞，以减少与气缸套的间隙[9]。活塞与连杆系统的共振频率，无论发动机的排量是多少，一般在 3 000～4 000 Hz[10]，使用活塞销阻尼器技术可以减少在活塞连杆共振区的曲轴销的垂直振动，发动机机体的振动以及发动机辐射噪声 10 dB 以上，如图 3.1.4 所示。

3.1.2　发动机燃烧振动激励

空气噪声是由发动机空气声波直接产生的，或者是由振动表面的声辐射间接产生的。发动机机体表面的振动导致与发动机表面接触的空气的波动，这些波在空气中以声速向外传播，这就是结构噪声。因此，发动机燃烧过程对发动机结构的激励是发动机的一个噪声源，优化发动机的燃烧是减小发动机噪声的关键。发动机噪声可以进一步分为机械噪声与燃烧噪声。燃烧噪声包括所有的由气缸压力引起的噪声，既有气缸壁直接激励产生的噪声，又有部件运动产生的间接噪声。一般来讲，直接燃烧噪声主导低速、部分荷载时的声学行为。发动机燃烧产生的噪声通过几条路径传递并辐射到环境中（见图 3.1.5）[5]。

特点：燃烧噪声低频率范围在 500～8 000 Hz，直喷柴油机的燃烧噪声高于机械噪声，低速运转时，燃烧噪声永远高于机械噪声[8]。从图 3.1.6 可以看到，燃烧噪声与振动的激励随着燃油燃烧产生的气缸压力增加。因为燃烧压力在很短的时间内快速升高，会产生包括所有频率的宽带激励。对于直喷柴油机而言，

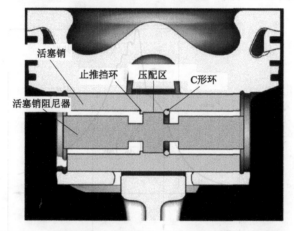

图 3.1.4 活塞销阻尼器的原理、运行及装配[10]（见彩插）

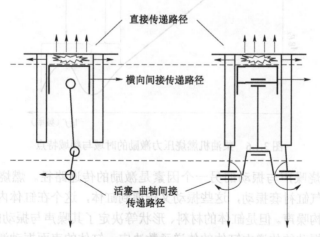

图 3.1.5 柴油机燃烧噪声的传递路径示意图

高热释放率会产生对应的高压力,从而产生高激振力。从频谱的角度而言,最高燃烧压力影响的第一频段,其最高频率约为转速的 10 倍,而最大压力升高率 $\left(\dfrac{\mathrm{d}p_z}{\mathrm{d}\varphi}\right)_{\max}$ 影响激励的频率高于第一频段,其最高影响频率是第一频段最高频率的 4 倍;燃烧压力增高的最大速度 $\left(\dfrac{\mathrm{d}^2 p_z}{\mathrm{d}\varphi^2}\right)_{\max}$ 影响更高的频率,而燃烧室的空腔共振频率的影响则在相对更高的频段[6]。重型卡车的发动机燃烧室的空腔共振频率一般比较高,存在于 6 400～15 000 Hz[7]。燃烧所影响的频域在 3 500～6 500 Hz[9],如图 3.1.6 所示。

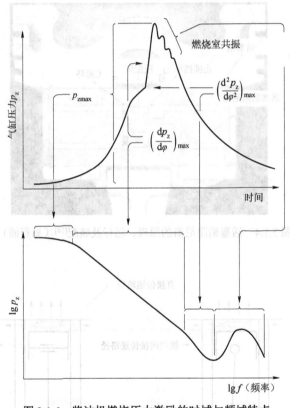

图 3.1.6　柴油机燃烧压力激励的时域与频域特点

影响燃烧噪声与振动的另一个因素是激励的传递路径。燃烧力激励气缸头、活塞与气缸衬套振动,这些振动又传递到缸体,这个在缸体内的振动传递过程就是结构噪声。但是缸体的材料、形状等决定了其噪声与振动的传递不同,这个噪声与振动的传递由缸体的传递函数决定。缸体的表面振动激励了与之接触的空气振动,形成声波向外辐射,这就是结构噪声。结构噪声到空气噪声的频域的传递特点最终由噪声辐射的总水平来确定。这就是发动机燃烧振动与噪声的源—路径—接收端的流程,如图 3.1.7 所示。

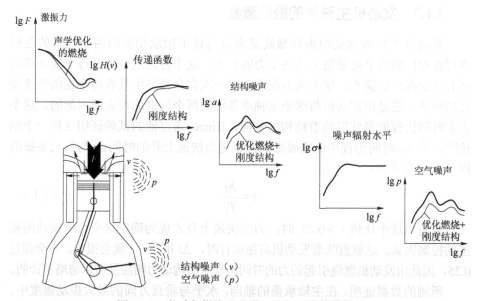

图 3.1.7 柴油机燃烧噪声源—路径—接收端简图

燃烧噪声与振动的控制策略参见文献[7~11]。

燃烧引起的振动通过两个主要的传递路径从气缸燃烧室传递到缸体,第一条路径是通过燃烧室、活塞、连杆、曲轴与主轴承到机体,第二条路径是通过燃烧室、气缸头到机体。这两条路径可以用部件运动的传递函数来量化[12]。

总的来说,发动机结构振动辐射噪声的产生可以分为三个过程,即振动发生、振动传播和噪声辐射。第一个过程是结构受力产生振动,即机械运动和燃烧对气缸盖、气缸壁和活塞的作用;第二个过程是振动的传递过程,对燃烧噪声而言,它的激振力是缸内压力波动,具有脉冲性,缸内压力引起的振动通过气缸盖和气缸套向外传出的途径叫作外部传播途径,而通过活塞、活塞销、连杆、曲轴、轴承座传给机体曲轴箱和油底壳的途径叫作内部传递途径;第三个过程是由机体的表面振动转变为空气辐射噪声。

作用在缸盖上的力主要是缸内燃气压力、气门敲击力等,但是气门敲击力等相对于缸内燃气压力来说非常小,可以忽略不计。

往复式发动机运转过程中产生的激振力及力矩主要为曲柄连杆机构的往复惯性力和力矩,旋转质量静不平衡产生的离心惯性力和力矩,输出扭矩不均衡引起的倾覆力矩,以及曲轴和机体的弹性变形所引起的内力矩,等等。这些周期性变化的力和力矩如果得不到良好的平衡,将引起发动机的整机振动以及轴系的扭转振动。这些不平衡的力和力矩是发动机产生振动的根源，如不加以消除，将对其机座等产生周期性的作用力和力矩，从而引起更剧烈的振动。

3.1.3 发动机主轴承的振动激励

发动机主轴承承受的振动激励是来自与该主轴承相邻的两个气缸的连杆作用在对应的两个曲轴销上的两个力的合力。这个合力的特点是每个发动机循环有两次振动的瞬态，这个瞬态在发动机一次完全循环中具有两个振幅快速变化的峰值，这是由发动机与这个主轴承邻近的两个气缸的发火而引起的。这个力的时间历程的形状影响着结构的响应。Hinze 通过他的试验证明这样一个结论[13]：在力-时间历程中的重要影响因素是力快速上升的时间 Δt 与振动系统的固有周期 T_0 之比：

$$\tau = \frac{\Delta t}{T_0} \tag{3.1.1}$$

只有当这个比值 $\tau > 0.25$ 时，力的快速上升才成为确定这个合力振动的幅度的控制因素。这就意味着发动机高速运行时，Δt 很小，τ 就会很小，不会超过 0.25，因此由发动机燃烧引起的力的时间历程对结构动力响应是可以忽略不计的。

所测的数据证明，在主轴承盖的轴向，水平与垂直方向的最大振动幅度中，垂直方向比水平与轴向方向的振动幅值要高出许多（是轴向的 2.5 倍，水平的 6.25 倍）。发动机表面的振动响应也是瞬时的，其振动的形式与主轴承盖的振动形式一样，因此可以说，机体的主要振动源是主轴承上的激励力，而主轴承上振动激励的振动方式与其邻近的两个气缸的燃烧快速升高率有相同的变化形式。主轴承的激励来自曲轴，加到凸轮轴上的喷油泵的力，以及在所有轴上的齿轮振动。另外，气缸压力快速升高仅仅是发动机振动与噪声贡献的一部分，大部分瞬态振动是由在主轴承中变形的曲轴的旋转而引起的。因此，这些瞬态振动与噪声与快速升高的气缸压力的发展产生的瞬态振动并不重合，如图 3.1.8 所示。

图 3.1.8 所示为不同发动机的主轴承盖上振动与噪声频谱。其中图 3.1.8（a）为 4 缸 2 L 非直喷 IDI 柴油机，图 3.1.8（b）为 6 缸 8 L 直喷柴油机，图 3.1.8（c）为 6 缸 12 L 直喷柴油机。在所有试验的发动机中，主轴承盖的轴向振动占主导作用，特别是小型 4 缸发动机。主导频率随着发动机排量的增加而减少。例如，4 缸发动机为 1 600 Hz，6 缸 8 L 排量的发动机为 800 Hz，6 缸 12 L 排量的发动机为 500 Hz，主导频率分量对应着缸体振动的固有频率。对于大型发动机，轴向振动会有更高的模态频率，垂直与水平方向的振动也有高频振动分量。对于噪声曲线，我们看到在高频频域上有一些高频分量，这是由于燃烧室的空腔共振频率的共振[14]。

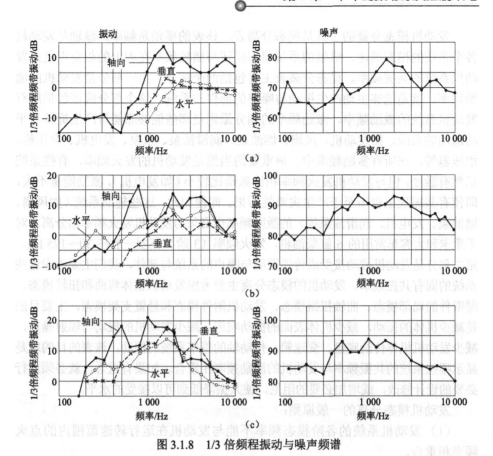

图 3.1.8　1/3 倍频程振动与噪声频谱

控制策略：一台安静的发动机，其气缸压力升高速率的设计标准应该是不超过 4 bar/(°)。

3.1.4　发动机的模态分离表

发动机的振动和噪声主要是由燃烧激励与机械激励所引起的，发动机自身的结构对这些激励产生动力响应。我们的目的是将这些动力响应控制在可以接受的水平。控制动力响应的手段之一就是设计系统的共振频率，使其远离发动机的激励频率。发动机的激励频率很宽，而很多发动机部件的模态频率小于 500 Hz，这些部件的共振频率很容易被激励起来产生共振。发动机模态分离的基本原则是，设计发动机系统与部件，使它们的共振频率尽可能与发动机的激励频率相分离。一方面使发动机各系统与部件的固有频率与激励频率避开，另一方面与动力相关的系统之间的固有频率也要彼此避开。如果系统与部件的固有频率与激励频率因为设计、加工、安装、空间、布置等而不能分离时，我们需要为这些系统与部件在这些共振频率上提供足够的阻尼，使其共振振幅降低到可以接受的水平。

发动机模态分离的工具是模态分离表。该表的横轴是频率，纵轴是发动机各个系统的模态描述，纵轴的系统模态描述与横轴频率在表上的相交点就是发动机系统的共振频率。模态分离表主要包括两个部分。第一部分是发动机的激励频率，就是能够主动产生振动与噪声的部件与系统。这个部分应该包括所有发动机系统的激励频率，激励频率的划分原则是那些能够靠能量产生旋转与平动运动的系统，如发动机、风扇、燃油泵、润滑油泵、水泵、发电机、空压机、增压器等。在所有激励频率中，最重要的当然是发动机的发火频率，有些系统虽然有激励，但与发动机发火频率相比激励比较小（如发电机），激励能量不大，即使有共振现象也不至于产生灾难性后果。即便如此，这些辅助系统（如风扇、燃油泵、发电机、润滑油泵等）的激励频率也必须与发动机发火频率相分离。对于重卡和大客车常用的 6 缸柴油机，发火频率（3 阶）范围一般在 30～125 Hz。第二部分是发动机被动接受或传递振动与噪声的系统与部件，我们主要考虑这些系统的固有共振频率。发动机的模态分离主要考虑发动机整体弯曲和扭转模态、薄壁件的局部模态、曲轴扭振模态、发动机附件模态和悬置支架模态，主要目的是减少机体的振动，减少机体表面的振动响应，减少发动机的振动与辐射噪声，减少发动机机体传给底盘、变速箱、传动轴的整车系统的振动。该表的目的就是显示哪些系统的共振频率与发动机的激励频率相重合。如果有重合，就必须进行必要的设计修改，或增加必要的阻尼，使共振降低到可以接受的水平。

发动机模态分离的一般原则：

（1）发动机系统的各阶模态频率不能与发动机在运行转速范围内的点火频率相重合。

（2）对于直列六缸机，机体相对四缸机较长，动力总成弹性体模态频率较四缸机也要低很多，一阶垂向和侧向弯曲模态频率一般介于 100 Hz～150 Hz。

（3）发动机部件级模态分析结果主要用于对标和方案选择，整机状态下各阶模态之间要有很好的分离。

（4）发动机悬置支架模态频率要大于发动机最高点火频率的 3 倍，即 375 Hz，最好能高于 500 Hz。

（5）如果确实不能避开发动机点火频率范围，也要避开怠速和发动机常用转速激振频率范围。

我们可以把这些发动机的模态分离原则制成一个表格，如表 3.1.1 所示。

表 3.1.1 所示为一款六缸直列柴油机的模态分布与分离表。其中的频率来自不同的文献与参考资料，在此提供给读者作为参考。读者可以使用这个表，根据实际计算的或试验的数值进行填写，然后提出自己的发动机模态分离策略，并据此提出实际的工程解决方案。例如，表 3.1.1 中的排气管频率 63 Hz 与 125 Hz 都在发动机的激励频率范围内，需要使用两个谐振腔来消除这两个排气系统的共振频率。

表 3.1.1　六缸直列发动机模态分布与分离表

		频率/Hz	0	50	100	150	200	250	300	350	400	450	500
激励频率	发动机激励												
	发动机发火频率	30~125											
	活塞敲击												
	敲击频率	500~8 000											
	燃烧噪声												
	二次喷油频率计算	500~8 000											
	第一次喷油压力对转角的一阶导数频率	1 050											
	第二次喷油压力对转角的一阶导数频率	1 050											
	最大压力对转角的二阶导数频率	400~6 000											
	辅助系统												
	发电机												
	燃油泵												
	润滑油泵												
	空压机												
	增压器												
	水泵												
	风扇系统												
	导风罩频率												
	风扇叶片频率												
	风扇转数频率												
系统模态	燃烧室												
	空腔模态	3 500~6 600											
	动力总成弹性模态												
	动力总成一阶侧向弯曲	130											
	动力总成一阶垂向弯曲	140											
	缸体模态												
	一阶扭转	190											
	一阶弯曲	260											
	进气系统模态												
	进气阀系统	1 000											
	进气系统声学模态	100~600											
	排气系统模态												
	一阶	18.2											
	二阶	23.6											
	三阶	47.6											
	排气系统声学模态1	63											
	进气系统声学模态2	125											
	进气系统声学模态3	165											
	齿轮												
	凸轮轴齿轮	100~800											
	正时齿轮系	1 600											
	齿轮啸叫												
	齿轮敲击	400~2 000											
	喷油系统												
	频率	150~1 500											
	曲轴箱												
	模态频率	1 000~2 500											
	缸盖模态												
	一阶弯曲	480											
	一阶扭转	790											
	曲轴模态												
	一阶扭转	260											
	一阶弯曲	480											
	缸体缸盖组合模态												
	一阶扭转	300											
	一阶弯曲	430											
	油底壳模态												
	一阶	809											
	二阶	1 049											
	飞轮壳模态												
	一阶扭转	350											
	一阶弯曲	390											
	其他模态												

3.2　车轮的激励

最令卡车驾驶员不舒服的感觉是车轮与轮胎的不完美性引起的振动。车轮的振动激励通常在高速行驶时，造成车轮动力不平衡的原因是车轮零件上由于加工、安装而产生的不平度、车轮不圆度在高速运行中产生的不平衡力。这个力与车轮转速的平方成正比。这种卡车驾驶员的不舒服性发生在卡车在平稳的高速公路上高速行驶的过程中。我们可以通过车轮的组成来了解这些激振力的机理。

3.2.1 轮胎激励

车轮的不完美性包括轮胎的不均匀性、力的波动性与椭圆性。卡车主机厂为了使车辆获得最大的舒服感，花费了大量的人力、物力，目的是找到更好的减振方法。如果这些工程解决方案不复杂，花费时间也较少，那么就可以减少成本；改进卡车的舒适性还可以减少对供应商的加工零部件与安装技术要求，从而减少成本。

轮胎的振动激励有三个方向的力，即横向力、纵向力和垂向力。横向力是与运动方向垂直的力，它能够引起转向车轮的摆振。纵向力是沿着运动方向的力，垂向力就是离心力。这些力的产生有以下三种原因：质量不平衡、几何变动与刚度。

轮胎激励的原理：静不平衡是车轮沿着或绕一个旋转轴有一个质量上的不对称，这个不平衡会引起离心力与切向力；动不平衡是车轮在旋转时有两个不平衡的质量，它们引起的惯性力不相等，或者它们的力矩不能平衡。这两种平衡有时同时存在，有时只有一种存在[15]。静不平衡与动不平衡以及轮胎的振动形式如图 3.2.1 所示。

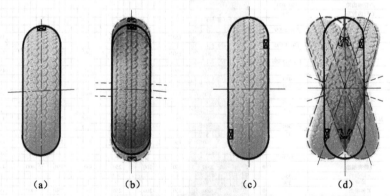

图 3.2.1 转动中车轮的质量静/动不平衡
(a) 静不平衡；(b) 轮胎振动；(c) 动不平衡；(d) 轮胎振动

轮胎的几何变化一般是由制造误差引起的，径向误差会引起轮胎产生不对称的形状，如偏心、椭圆、三角或方形，因此导致车轮滚动的不规则性[16]，这些不规则性的尺寸特点对应着不同的谐振，如图 3.2.2 所示。

轮胎的弹性可以用径向的一系列弹簧来表达，这些弹簧的刚度就是轮胎的刚度。当轮胎滚动时，这些不同的弹簧刚度在不同的滚动角度是不一样的，因此轮胎的滚动就不会平稳，如图 3.2.3 所示。

第 3 章　卡车的振动源及控制策略

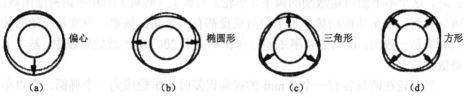

图 3.2.2　轮胎的径向误差及对应的谐振[17]
(a) 第一阶谐振；(b) 第二阶谐振；(c) 第三阶谐振；(d) 第四阶谐振

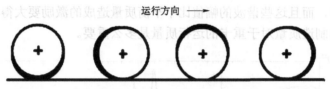

图 3.2.3　轮胎刚度的不均匀性引起的轮胎滚动的不平稳性[17]

轮胎激励对底盘的影响：以一辆 Scania 重卡为例，Smith 与 Garcia 建立了一个 Scania R620 卡车模型与一个物理轮胎模型作为卡车的 MATLAB 模型，模拟计算由于车轮不完美产生的激励以及簧上质量（底盘）与簧下质量（车轮）的动力响应，从而建立车轮几何与制造的缺陷引起的激励与车辆响应的对应关系，如图 3.2.4 所示[18]。

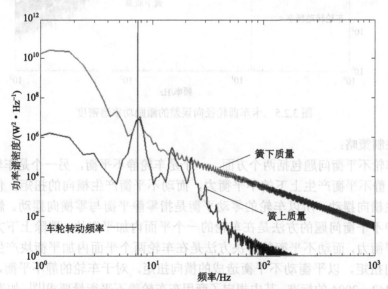

图 3.2.4　卡车前轮不平衡质量的激励功率谱密度

图 3.2.4 是假定车轮在轮边有一个 2 kg 的不平衡质量，车辆以 89 km/h 运

行时，这个不平衡质量激励的簧下（车轮）与簧上（底盘）的功率谱密度函数。可以看到，在车轮振动频率上车轮与底盘都有一个共振频率，也就是车轮的转动频率是一致的。振动的功率主要分布在不高于 200 Hz 的低频频域中，基本上是低频频率。

当车轮在两端各有一个 5 mm 的径向误差时，车轮成为一个椭圆。在以车速 89 km/h 运行时，激励如图 3.2.5 所示。

与 2 kg 的不平衡质量相比，车轮径向误差会造成更大的激励，而且在高频的分量更多了。在功率谱图中谐波分量非常明显，在第二阶谐波 30 Hz 时达到最大的峰值，而且这些谐波的幅值比不平衡质量造成的激励要大得多。由此可见，车轮的制造质量对于重卡的运行质量是多么重要。

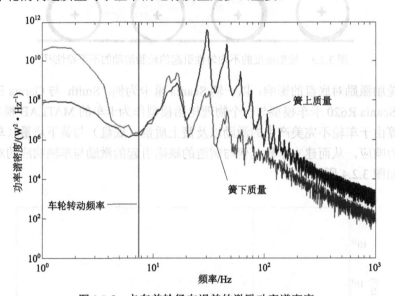

图 3.2.5　卡车前轮径向误差的激励功率谱密度

控制策略：

车轮不平衡问题包括两个方面，一个是车轮静不平衡，另一个是车轮动不平衡。静不平衡产生上下的不平衡力，而动不平衡产生横向的扭矩，使得车轮产生横向摆动。所以车轮的零动平衡是指零静平衡与零横向摆动。解决车辆的静不平衡问题的方法是在车轮的一个平面内加平衡块，消除上下方向的静不平衡力，而动不平衡的解决方法是在车轮两个平面内加平衡块产生平衡的横向扭矩，以平衡动不平衡造成的横向扭矩。对于车轮的静不平衡，执行 QC/T 242—2004 的标准，其中规定了商用车车轮静不平衡量要求[19]，如表 3.2.1 所示。

表 3.2.1　商用车车轮静不平衡量要求

车轮名义直径/cm	12	13	14	15	16	17.5	18	19.5	20	22	24.5
静不平衡量/g	400	500	500	1 700[a]	1 700[a]	1 500	2 500	1 500	2 500	2 000	2 000

a　表示该车轮如为一件式车轮，则静不平衡量最大为 700。

3.2.2　轮毂制动鼓的振动激励

轮毂制动鼓是卡车行走部分轮系的回转组成部分。鼓式制动器是最早的汽车制动器，因其制造成本低、技术成熟而且本身质量也比盘式制动器低，在我国的卡车中还有着广泛的应用。对于车辆的 NVH 来讲，鼓式制动器的缺点就是，由于是铸造件，同时为了增加制动力做得都比较宽（轴向），加上制造上的原因，轮毂制动鼓总成各个部分的质量分布不均匀而极易产生动平衡问题。由于其质量比较大，如果动平衡做不好，在卡车高速运行时这些不平衡力将成为周期性的激振力，特别容易引起车轮抖动、方向盘转动，甚至整车的车辆抖动问题。

特点：由轮毂制动鼓的动不平衡引起，对车辆激励的大小和频率与不平衡量及车辆运行速度有关。

控制方法：利用行业及国家标准，在制造上控制轮毂制动鼓的不平衡量。

第四届全国汽车标准化技术委员会制动分技术委员会 2017 年标准审查会通过了《汽车制动鼓》标准的审核，结束了中国没有汽车制动鼓标准的现状。根据中国标准化协会汽车分会公布的征求意见稿[20]，制动鼓的剩余不平衡量如表 3.2.2 所示。

表 3.2.2　制动鼓剩余不平衡量

制动鼓外圆直径 d/mm	剩余不平衡量/(g·mm)
d≤300	≤2 160
300<d≤400	≤4 320
400<d≤450	≤7 200
d>450	≤14 400

该标准对制动鼓没有区分车辆的分类，而是针对制动鼓的直径尺寸规定了制动鼓的剩余不平衡量，对于轮毂制动鼓总成没有规定。在没有国家制动鼓的动平衡标准之前，地方制动鼓行业与重卡生产厂家根据自己的实际状况及相应的国家与国际制动标准制定了自己行业或公司的不平衡标准，以规范产品的振动与噪声质量。一般的轮毂与制动鼓的动平衡标准采用最大许用不平衡余量的方法来控制轮毂制动鼓总成的动平衡。例如，某重卡公司对于轻卡的轮毂制动

鼓制定的许用剩余不平衡量为 1 500~2 200 g·cm；中重卡的轮毂为 500~1 000 g·cm，制动鼓为 1 000~2 000 g·cm；对轮毂制动鼓总成，≤10 t 的后桥为 1 500~2 500 g·cm，>10 t 的后桥为 1 000~2 000 g·cm；前桥的轮毂与制动鼓的许用剩余不平衡量为 1 500~2 500 g·cm。如果对比制动鼓的剩余不平衡量新国家标准，显然新的国家标准的要求相对现有的要求有所提升，这对卡车 NVH 性能是一件好事，对于制动鼓的供应商来讲，执行起来很有挑战性。

我国在前一段时间内，由于治超执行不力，卡车通常通过超载的方式将运输利润最大化，所以导致后板簧的高度增加，使得后悬挂的偏频增加到 4~6 Hz，而这个频率区间正好对应着车轮在 70~90 km/h 时的激励频率，在路表面好的高速公路上极易产生车辆的抖动。从实际应用的意义来讲，后轮的轮毂制动鼓的许用不平衡量相对于前轮更重要。

制动鼓的动平衡法一种是加焊片，另一种是打孔。图 3.2.6 所示为制动鼓的去重孔图片。

图 3.2.6 制动鼓的动平衡方式

可以看到，图 3.2.6 是通过在鼓边缘打去重孔的方式进行动力平衡的。这种去重孔可以在制动鼓动力平衡机上自动实现，方法非常简单，成本也不高，而且可以将制定鼓的动平衡量做到 150 g·cm 那样低。许用剩余动平衡量有些公司采用前轮 1 000 g·cm，后轮 2 000 g·cm，这样的做法是低于标准的，对于高速物流牵引车来讲，推荐前后轮毂制动鼓的许用剩余动平衡量都小于 1 000 g·cm。

3.3 传动轴系的振动激励

卡车传动系统是一个多自由度的扭转振动系统。当来自发动机扭矩的波动，往复与旋转部件的动不平衡引起的激励，以及传动比万向节的激励与驱动线的脉冲激励的频率与传动系统扭振系统的固有频率一致或接近时，便会发生扭转共振。扭转共振时，在动力传动系统中的某些区段往往产生很大的共振荷载，甚至在齿轮副、花键副间出现敲击现象，从而影响车辆动力传动系统零部件的工

第 3 章 卡车的振动源及控制策略

作可靠性和产生令人不适的噪声，同时还可能引起车身垂向和纵向振动，影响乘坐的舒适性。因此，建立传动系统扭转振动分析模型，研究其扭振特性，寻找降低扭振影响的设计措施，是卡车工程非常重要的 NVH 设计问题之一。

对于驱动轴装配的扭转与弯曲行为的基本理解是解决驱动轴系统振动问题的基本要求。在卡车行驶中，会因为传动轴的不平衡而产生振动，从而出现一种周期性的声响，卡车行驶的速度越快，声响越大，严重时能使卡车车身振动、驾驶室抖动，甚至手握方向盘都有麻木的感觉。车架与车身的抖动，可能会造成卡车某些系统与部件的松动，严重的可能会造成驾驶室焊点的开裂。卡车的驱动轴系是非常复杂的动力系统，因此能够展示许多不同的噪声与振动模式。这些振动与噪声是令人不满意的，它使乘员感到不舒服，而且在一些极限情况下，导致驱动线本身，甚至车辆其他系统或部件完全失效。

频域特点：当发动机荷载突然变化时（扭矩的快速加速与快速减速），会引起车辆的动力响应，这个响应与驱动线的第一固有频率相关联，在 2~8 Hz 范围内。驱动线动力学可以影响到后桥的动力啮合力，引起桥的啸叫噪声，啸叫噪声的频域一般在 300~1 000 Hz，而变速箱啸叫频率可以延伸到 3 000~4 000 Hz 的范围。驱动线噪声频率范围如图 3.3.1 所示。

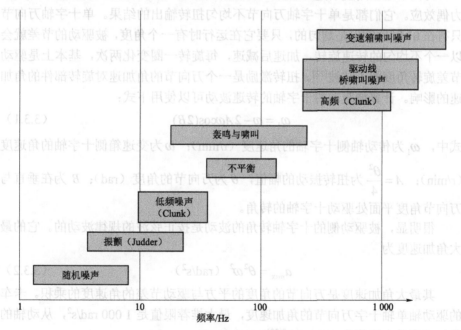

图 3.3.1　驱动线噪声频率范围[21]

来自发动机各种转速的扭矩，经变速箱的变速传递给驱动轴的输入端，驱动轴在输出端将这个扭矩传递给驱动桥。如果驱动线平衡很好，驱动线根据稳态万向轴角度、转速与长度进行合理设计,动力总成的固有频率高于驱动线最大转速时,这个过程本应该是一个平稳与安静的传递过程。即便是平衡很好的驱动轴,其剩余不平衡量所产生的力的大小是与轴的转速的平方成正比,在高速旋转时这个力非常高,如表 3.3.1 所示。

表 3.3.1 驱动轴两端许用不平衡限值

发动机功率	中心线到中心线安装长度/mm	滑动端 质量/kg	滑动端 许用不平衡量/(g·cm)	固定端 质量/kg	固定端 许用不平衡量/(g·cm)
350 hp 以下	762	14.8	237.6	11.9	187.2
	1 270	17.9	280.8	13.0	208.8
	1 778	20.4	324.0	14.7	230.4
350 hp 以上	762	20.8	331.2	16.9	266.4
	1 270	24.8	396.0	17.7	280.8
	1 778	27.8	439.2	19.4	309.6

万向节连接角度引起三种类型的驱动线振动:扭转激励、惯性激励与二次力偶效应。它们都是单十字轴万向节不均匀扭转输出的结果。单十字轴万向节只有在 0°时的输出是均匀的,只要它在运行时有一个角度,被驱动的节差就会以一个不均匀的转速旋转,加速后减速,每旋转一圈变化两次,基本上是驱动节差旋转角度的正弦波[22]。扭转激励是一个万向节的角加速对旋转部件的角加速的影响。计算被驱动的十字轴的转速波动可以使用下式:

$$\omega_1 = \omega - 2A\omega\cos(2B) \quad (3.3.1)$$

式中,ω_1 为传动轴侧十字轴的角速度(r/min);ω 为变速箱侧十字轴的角速度(r/min);$A = \dfrac{\theta^2}{4}$ 为扭转振动的幅值,θ 为万向节的角度(rad);B 为在垂直与万向节角度平面处驱动十字轴的转角。

很明显,被驱动侧的十字轴转角的波动是按正弦波的规律波动的。它的最大角加速度为

$$a_{\max} = \theta^2\omega^2 \quad (\text{rad/s}^2) \quad (3.3.2)$$

其最大角加速度是万向节的角度的平方与驱动节差的角速度的乘积。卡车的驱动轴单轴十字万向节的角加速度,最大推荐限值是 1 000 rad/s²,从动轴的角加速度最大限值为 400 rad/s²[22]。

传动轴的扭转激励是万向节的角加速度对那些万向节以外但却连接到万向节的旋转部件的惯性的影响。计算单轴万向节的扭转激励使用如下公式[23]:

$$TE = a_1 I_o \ (\text{N} \cdot \text{m}) \tag{3.3.3}$$

式中，a_1 为角加速度（rad/s²）；I_o 为连接到万向节的旋转部件的惯性（N·m·s²）。

如果传动轴的输入端角度与其输出角度相等，剩余扭转激励就是零。当这两个角度不相等时，就存在扭转激励。惯性激励可以用下式计算：

$$IE = a_1 I_c \ (\text{N} \cdot \text{m}) \tag{3.3.4}$$

式中，a_1 为角加速度（rad/s²）；I_c 为驱动轴中心部分的惯性（N·m·s²）。

传动轴的二次力偶激励（Secondary Couple Effect）的振动荷载产生在主动叉与从动叉上，作用在驱动侧与被驱动侧轴的支承轴承上，这个激励也是振动类型的，每旋转一圈它的幅值从零到最大值变化两次。图 3.3.2 所示为二次力偶的生成原理及轴承上的受力。主动叉上的力偶可以用下式计算：

$$C = T\tan\theta\cos B \tag{3.3.5}$$

式中，C 为主动叉上的二次力偶（N·mm）；T 为作用在输入叉上的扭矩（N·mm）；θ 为万向节角度（°）；B 为从垂直于万向节角度的平面上计算的主动叉的转动角度。而从动叉上的二次力偶为

$$C_1 = T\sin\theta\sin B \tag{3.3.6}$$

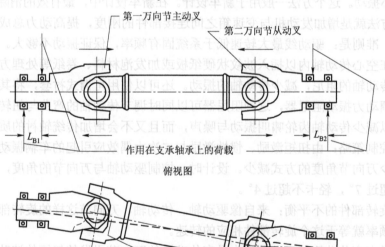

图 3.3.2　平行输出/输入轴的二次力偶效应

根据上述二次力偶公式及图 3.3.2 中的几何尺寸，可以计算出各轴承上因二次力偶所承受的力。二次力偶效应对扭矩很敏感，当传递的扭矩增加时，二次力偶效应也增加。扭转激励、惯性激励与二次力偶激励的频率都是每轴每转一圈变化两次。

轴的激励不但能激励轴的扭转振动，还会激励轴的弯曲振动。传动轴的不平衡产生径向激励力，并与转速的平方成正比，这些径向力由传动轴两端的中心轴承与支承结构提供支反力。这取决于它们的支承刚度（从自由–自由边界时支承刚度为零，到简支/固定边界时刚度很大），一般重卡传递轴的第一阶弯曲频率在 61.5～73.2 Hz，而重卡动力总成的水平弯曲频率在 71.3 Hz，垂直弯曲频率在 77.6 Hz 左右[24]。系统弯曲共振会引起驱动线的振动。任何动力总成都有一个横向共振频率，当这个频率被激励时，发动机与变速箱就会相对弯曲。动力总成的横向弯曲共振振幅会被驱动线放大，驱动线不平衡、花键松动、轴承件松动、轴长度、转速、万向节角度都会影响振动的振幅。

控制策略：将传动轴的不平衡减小到剩余不平衡限值之内，花键与花键轴及轴承应该与驱动轴有很好的配合，以便减少因松动花键或十字轴端装配的松动而导致的驱动轴的偏移。驱动轴支承轴承的中心轴线必须严格对中。如果剩余不平衡限值达到了，还不能将振动减小到一个适当的水平，也可以将一端驱动轴换成两个驱动轴。这个方法是很有效的，但在某些卡车中，由于设计空间的限制，这个设计很难实现。另一个方法是限制驱动轴的转速到低于系统的固有频率，以便减小振动。这个方法一般用于新车设计。在新车设计中，最有效的消除弯曲共振的方法就是增加发动机与变速箱之间连接部件的刚度，提高动力总成的固有频率。准则是：驱动线最大转速低于系统固有频率，保证振动不够大。

在空心传动轴内以插入波纹状硬纸板或加发泡材料、卷纸等处理方法增加阻尼传动轴的阻尼，减少传动轴的振动。还可以使用可调式衬套，将其作为一个可调动力振动阻尼器，这种阻尼器可以同时调节传动轴的弯曲与扭转共振频率，以减少传动轴齿轮啸叫振动与噪声，而且又不会增加传统轴衬的质量[25]。

控制策略：由扭矩激励、惯性激励与二次力偶效应引起的车辆振动可以通过减少万向节角度的方式减少。设计时，控制驱动轴与万向节的角度，重卡一般不超过 7°，轻卡不超过 4°。

旋转部件的不平衡：来自像驱动轴、传动轴、万向节这样的旋转部件的激励的频率就等于这个旋转部件相应的转速。

具有变传动比的万向节：由具有传动比的万向节引发的扭矩的波动、弯曲耦合以及横向力的频率为传动比变化的频率。对于标准 Hook（或 Cardan）型万向节，其频率为2/万向节转速。其激励的幅值随着这个万向节的输入与输出的误差角速度而增加。

驱动线传动装置：这可以产生变频率的脉冲荷载，尽管具有齿轮啮合频率的激励可能是这样的激励的主要分量。

来自不平路面的激励、传到驱动线的激励构成一个随机过程，其频率是通过频率密度函数的统计特性来决定的。

传动轴连接变速箱（或分动器）与驱动桥，在转向驱动桥和断开式驱动桥中，则用来连接差速器和驱动车轮，用来传递发动机的转矩与功率。

重卡传动轴的特点是直径大，轴距长，传动轴不在同一个平面上，倾角大，而且转速也比较高。驱动轴一般是一个中空的轴，在高速转动下，微小的动不平衡会产生很大的惯性激励，引起车辆的振动与噪声。

在驱动桥端的轴法兰偏差与驱动齿轮节线的偏差也会产生动不平衡，引起传动轴的振动与噪声。

传动轴法兰偏差的不平衡量可以用下式计算：

$$不平衡量 = \frac{偏差}{2} \times \frac{驱动轴质量}{2}$$

齿轮节线偏差引起第一阶振动，引起扭矩的变动，激励传到桥的悬挂与驱动轴上。这个振动也与扭矩相关，而且不能完全平衡。引起节线偏差的原因有几种：后桥齿轮的径向偏差，驱动轴法兰的偏差与垂直度偏差，驱动轴法兰与后桥齿轮法兰的间隙，后桥齿轮法兰的轴偏差及其这些偏差的组合。

实心半轴的第一阶弯曲频率在 350～450 Hz，空心半轴在 550～650 Hz，容易与驱动齿轮的共振耦合在一起，放大驱动齿轮的啸叫噪声。

3.4 车桥的激励

卡车车桥主要有两种，一种是转向桥，另一种是驱动桥。对于全驱车辆，转向桥也可能是驱动桥。后驱动桥包含复杂的齿轮与差速系统。差速器包含一套齿轮系统来适应当车轮转弯时出现的不同车轮速度。

3.4.1 转向车轮跃摆振动

前桥转向车轮系统的车轮跃摆振动（Shimmy）是一种古老的汽车振动问题。这种簧下质量的振动现象是一对转向车轮除了各自绕转向轴线做自激振荡运动外，还绕着车轮的径向做横向摆振。跃摆振动只发生在光滑的路面上，且车轮速度在 90 km/h 以上时。这种前桥振动是簧下质量振动最危险的形式。不过这种振动具有隐蔽性，驾驶人员有时很长时间都不会感到跃摆振动，但它可能会在没有任何先兆的情况下突然出现，而且具有破坏性。产生这种振动的原因之一是前轮的动不平衡。但是触发跃摆事件的条件可能是路面上的一个凹坑，或在光滑、干燥路面上的一个突出物，或仅仅因为车轮不平衡等。最严重时可能使驾驶员把不住方向盘，破坏转向横臂，也可能使轮胎爆裂或轮胎脱离轮毂。当这种振动发生时，驾驶员的下意识反应可能是刹车，刹车的效应是减小了跃摆频率但却增加了前轮跃摆振动的振幅，车辆将会变得完全失控。

跃摆振动是一个复杂的运动，既有车轮自身的上下运动，又有左右车轮的交替跃振，还有车轮绕径向轴的内外摆动。产生这种现象的其中一个因素是车轮的主销外倾角（Caster），就像超市推车的前轮与飞机起落架的轮子那样。由正外倾角产生的力会使车轮回到中心位置，但如果外倾角过大，会使推动车轮通过中心点而产生钟摆一样的振动。车轮的不平衡力在车轮旋转中产生离心力，使车轮上下运动，在左右轮中，随着车辆的转弯两轮不平衡力的相位会发生变化，使车轮产生交替跃振，车轮的高旋转角速度和车轮的进动角速度与车轮和制动鼓的比较大的惯性矩的组合会产生一个陀螺效应，从产生一个进动力。进动力偶大小与车轮和制动轮鼓的惯性矩成正比，而对于重型卡车来讲，这个惯性矩是相当大的。这个进动力趋向于使转向轮绕着主销进行摆动，当这个摆动回到原点时，进动力开始反向，就引起了车轮绕着主销的振动。另一个起因是转向车轮的回正力矩。当轮胎摆振运行有一个滑动角时，轮胎与轮胎接地点会产生一个横向力，滑动角是按正弦变化的，这个横向力相对滑动角有一个滞后，回正力矩也是根据滑动角变化的，而且其相位角提前于跟车轮的摆振的相位角，因此为自激跃摆提供了能量[26]。这个振动的非线性特性要求有合适的初始条件才能触发这个事件。

D. Wei 等使用非线性振动的方法研究了 10×8 重型卡车双前轴的自激摆振问题。使用非线性振动理论中的 Hopf 分叉定理，他们认为自激车轮跃摆振动是由 Hopf 分叉产生的，并确定了该重卡的车轮跃摆振动极限环的存在与稳定性[27]。

尽管车轮跃摆是自激振动，而不是一个简单的共振现象，但这个振动以一个复杂的方式与车轮系统的其他共振现象相关联，如车轮的平行跳动模态、转向机构本身的共振以及绕主销的转动共振等。Ledesma 研究并模拟了三轴半挂重型牵引车的车轮跃摆振动问题，实验观察发现前轮摆振的频率为 6~7 Hz，在速度 48 km/h 以上自激持续，而且该振动与底盘的扭转模态、横向弯曲模态、发动机偏摆模态、桥的横摇模态以及方向盘的振动模态共存，如图 3.4.1 所示[28]。

从图 3.4.1 可以看到，车轮跃摆振动受到速度、主销倾角、轮胎、横向刚度、转向臂等因素的影响，既影响其发生的频率，也影响其振幅。

Ledesma 还研究了影响该振动的因素，如轮胎释放长度、主销摩擦（转向系统阻尼）、转向臂长度、主销外倾角、车辆速度以及前桥悬挂的横向刚度。

减少车轮跃摆振动的策略：增加主销的摩擦，增加转向臂的长度，使用具有更高横向刚度的轮胎，减少主销外倾角，增加悬挂的横向刚度，其中主销摩擦的增加是影响该振动最大的因素。

前桥转向车轮系统的车轮跃摆振动不会在一个轮上发生，所以前轴设计使用独立悬挂自然就不会发生这种现象。

还有其他形式的跃摆振动，如主销自激摆振（Caster Wobble）和转向轮自激摆振（Wobble）。主销自激摆振的特点是转向轮绕主销的旋转振动、转动自激振动与转向轮对主销的转动惯量相关，而重卡的转向轮对主销而言是很大的，

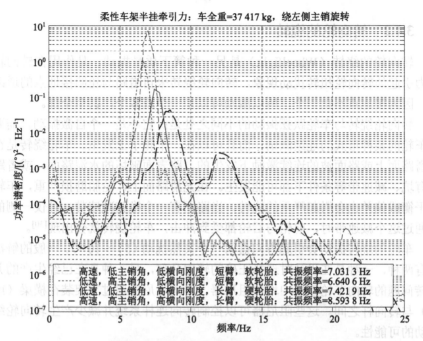

图 3.4.1 重型牵引车转向节绕主销的旋转振动[28]（见彩插）

因此其振动频率低，在车辆低速运行时发生，而且不需要很大的能量输入支持它的持续自激振动。它对发动机在悬置上的纵摇运动特别敏感，也是摆振中唯一与发动机悬置相关的一种振动。增加主销的阻尼可以减少它的振动。转向轮自激摆振的特点是在不出现显著的交替跳动现象的情况下，转向车轮绕转向轴线的自激励振荡。

Stuart 等 Navistar 的工程师系统地研究了这些振动，因为他们销售的车辆在运行中客户抱怨：前轴在车速超过 90 km/h 时产生转向轮自激摆振问题。他们的研究结论是，这些自激摆振是车辆的自然特性，只能减少不能消除，因为影响因素太多，很难指出根本原因，而且许多影响因素超出了工程师的控制。因为这种振动与车速成正比，振动发生时必须降低运行速度。尽管转向齿轮的间隙没有消除转向轮自激振动的能力，但转向齿轮的间隙越大产生自激振动的幅度就越大。轮胎的侧抗刚度、阻尼与释放长度（Relaxation Length）的增加可以减少转向轮的自激振动。主销后倾角增加 2°（原型机是 4°）可以减少 80% 的自激摆振，车轮横向偏置对自激摆振有反向的影响。减少主销后倾（Caster Trail），即将车轮中心相对于主销轴向前布置基本上可以消除自激摆振。增加发动机前悬置的横向刚度对减少自激摆振很有效。转向阻尼器安装在转向杆与桥之间，对自激摆振的减少起到很大作用。非常刚性的车架对自激摆振有负面影响[29]。

3.4.2 转向轮的绕转

转向轮的绕转（Wheelfight）是另一种簧下质量振动，是作用在转向轮上的力引起的转向轮扭转扰动现象。转向轮绕转来自道路与轮胎接地点的道路激励，因为接地点不止一个，所以激励可以是一个或多个，甚至全部。

转向轮绕转与车轮跃摆振动的不同之处是：它不是一个自激振动，需要来自车轮的某种形式的连续激励，而且可以在一个轮子上发生。车轮绕转是在非光滑路面上或路面波的连续激励下发生的。路表面破坏的水泥路面，或者路面上有坑、减速带等条件下都可能发生。在光滑路面上，轮胎磨损严重，车轮的不平衡或偏差也会引起严重的绕转。当路面有一个橡胶减速带，且仅一侧的车轮通过这个减速带时，前轮与后轮都受到冲击，车轮绕转就会出现[30]。

车轮的绕转振动会引起方向盘的一个突然扰动（5°～10°）。一般的解决方法有两种，一种是在设计时选择正确的转向几何，另一种是在已经生产的并有绕转问题的转向车轮系统中增加阻尼器。转向阻尼器通过支架装在横梁（或纵梁）与转向杆之间。这些阻尼器可以控制转向连杆系统并减少产生转向轮绕转振动的可能性。

转向轮绕转的产生部分取决于与车轮平行跳动的频率非常接近的转向系统的固有频率。这两个频率必须分离，可以通过增加转向系统的惯性矩或减少转向轴的直径的方式实现。

从设计的角度来讲，转向几何的过转向特性加重绕转振动，而不足转向特性减少绕转振动。在不影响车辆操控的条件下，在转向杆系中增加一些柔性也可以减少绕转。

3.4.3 车轮跳动

车轮跳动（Wheel Hop）是指车轮在路表面与簧上质量之间在垂直方向的振动运动，是前轮簧下质量的另一种振动。前桥与前轮组成前轮簧下质量，橡胶制成的轮胎提供振动的弹性单元与阻尼单元，簧下质量与弹性性能能够产生单独的上下跳动振动模态。Spivey 针对重型卡车的运行质量进行了研究，不仅对设计名义尺寸下隔振频率进行了计算，而且针对车辆设计参数的变化范围分析了车辆共振频率的变化。对于一款典型的重型牵引车（Freightliner Century Class），非驱动前桥的跳动频率是 11.3 Hz，阻尼比为 23%[31]。令人惊奇的是，这个频率与乘用车的跳动频率 12～15 Hz 差不多[32]。对于轻型卡车，车轮的跳动频率在 6 Hz 左右[33]。

道路的激励以及轮胎的不均匀性在车辆运行时激励车轮的垂直跳动。车轮的跳动固有频率要比簧上质量的跳动固有频率高得多，所以在车轮跳动时簧上质量可能保持静止。当前轴向上或向下运动时，轮胎弹性拉伸（或压缩）而悬挂的弹簧弹性压缩（或拉伸），它们是串联的，共同作用抵抗车轮的跳动运动。图3.4.2所示为根据文献［32］的四分之一卡车模型推导出来的传递函数的公式。

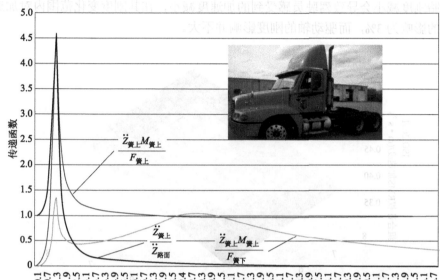

图 3.4.2　半挂牵引车的传递函数

使用文献［31］给出的一款重卡的弹性、阻尼与惯性数据计算的重卡对路面与簧下/簧上力的传递函数，可以看到，簧上质量对簧下力的传递函数在 11 Hz（车轮跳动频率）左右有一个峰值，每种传递函数在悬挂的偏频上（1.3 Hz）都有一个峰值，对应于簧上质量的共振频率与悬挂的偏频。11 Hz 的频率高于车辆在平滑高速公路运行时车轮的激振频率，因此在高速公路上车辆应该是平稳运行。但在路面状况很差的路面上低速运行时，主要的激励是低频频段，车辆低速差路面上的运行舒适性应该是一个需要考虑的设计问题。在共振频率上的重要减振方式是增加轮胎与悬挂系统共振时的阻尼。

为了更多地了解重卡参数对车辆运行舒适性的影响，我们先了解一下轴刚度对驾驶员承受的加速度的影响，如图 3.4.3 所示[31]。

从图 3.4.4 可以看到，轴的刚度对 ISO 2631 规定的计权 RMS 加速度影响的敏感性是非常大的。在整个刚度范围内，有 28% 的改变。当驱动轴与转向轴的刚度减少时，自然会减小车轮跳动的固有频率。总的计权 RMS 加速度从 0.45 m/s^2 降低到 0.34 m/s^2，即名义加速度减少了 24.4%。图 3.4.4 的结果说明驱动轴与转向轴的阻尼在最大值时驾驶员所感受的平均加速度减少了 12.5%。从中还可以看出，驱动轴的阻尼对舒适性的影响相比转向前桥的阻尼的影响要小很多，其对驾驶员平均加速度敏感性在其频率范围内仅是 3%。这可能是大多数普通重卡都没有驱动桥减振器的原因之一。

驾驶员感受到的平均计权加速度对转向轮轮胎的高度变化的敏感性最大，轮胎刚度减小会导致驾驶员感受到的加速度减小，在其刚度变化范围内对加速度的影响为 3%，而驱动轴的刚度影响并不大。

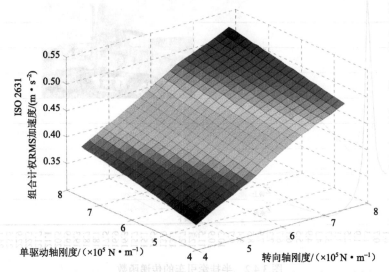

图 3.4.3　半挂牵引车车桥刚度变化对驾驶舒服性指标的影响（见彩插）

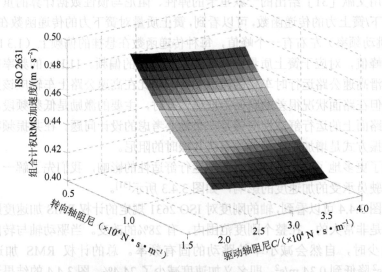

图 3.4.4　半挂牵引车车桥阻尼变化对驾驶舒服性指标的影响（见彩插）

驱动轴轮胎的刚度增加一般会增加车辆的舒适性，而转向轴轮胎的刚度只

是在 1.4×10^6 N/m 附近时达到最大（见图3.4.5）。

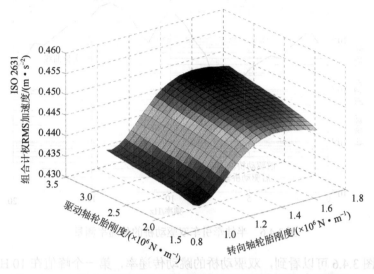

图 3.4.5　半挂牵引车轮胎刚度对驾驶舒服性指标的影响（见彩插）

3.4.4　桥的交替跳动

桥的交替跳动（Axle Tramp）是指传统的后桥（刚性桥）在过减速带或比较坏的路面时车桥两端相位相反的上下跳动。当左右两个轮子在不同的时间分别通过减速带时，就会激励这种振动。即便是同时过减速带，桥左右两个轮还是不能维持车轮的平行跳动，跳动运动总是趋向于一边。如果桥使用独立悬挂，这种跳动就不存在了。当桥在交替跳动时，可以看作该桥绕着桥上的某个点转动，这个点就是振动中心。桥交替跳动描述的频率覆盖整个频率域。低频时振动中心低一些，随着频率的增高其振动中心也升高。当交替跳动在中频振动时，也就是接近交替共振频率附近时，轮胎与地面接触的踏面以一个倾斜的椭圆运动，而且每个轮胎在其最低点向外运动，就像划桨时双手形成的椭圆轨迹，因此也称作"划桨"现象。

对于空气悬挂的卡车，交替跳动频率在 15 Hz 左右，而板弹簧双后桥的交替频率在 13 Hz 左右。驱动桥的交替跳动频率高于它的平行跳动频率，而转向桥的交替跳动与平行跳动频率基本一致，在 10 Hz 左右[34]。世界现有的法规对重型卡车的限制主要是最大质量、静轴荷以及轴之间的距离，以便限制车辆对道路的破坏。但是轮胎的动力应该是道路破坏的主要原因。英国与欧盟评估了车辆设计、动轮胎力以及道路破坏之间的关系。这些努力产生了车辆轮胎的动力评估以及与之相关的桥平行跳动与交替跳动的研究，发现他们研究的重卡的车桥跳动频率在 15 Hz，如图 3.4.6 所示[35]。

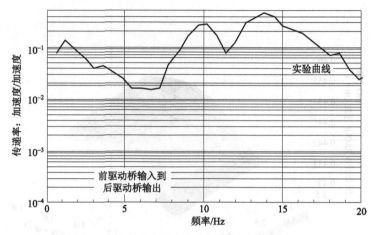

图 3.4.6　半挂牵引车双驱动桥的传递率测量

从图 3.4.6 可以看到，双驱动桥的跳动传递率，第一个峰值在 10 Hz，是桥的平行跳动模态；第二个峰值在 13 Hz，是桥的交替跳动模态共振频率。两个峰值的大小相近。车桥跳动产生轮胎的动力荷载，这个轮胎的动力既取决于路表面的波长谱密度，又取决于车桥的跳动模态频率。在一个典型的高速公路上，车辆以 96 km/h 运行时，道路不平度有大约 2 m 的波长，对应着波数 0.5 循环/m，对应着车辆 14 Hz 的频率。通常桥交替跳动对沥青水泥路产生的动力荷载要比水泥路上的贡献大得多。

轮胎的动力荷载既对路面产生磨损甚至破坏，也对轮胎本身产生磨损，同时将这个动力荷载传递到底盘上，产生车辆的振动。有效减少车桥平行跳动与交替跳动的方式就是增加这两个跳动阻尼。就像所有传递率分析的结果一样，车桥跳动的传递率在车桥跳动频率上最大，因此将阻尼调制到车桥的跳动频率上是最有效的方法。

3.5　制动系统的激励

一般的制动激励输入：制动盘/鼓的厚度变化（Disk Thickness Variation）与制动力矩变化（Brake Torque Variation）。其他制动激励包括：第一阶制动盘/鼓的振动（Nibble 与 Shake），第二阶制动盘/鼓的振动（粗糙度），转子偏差（可听噪声与振动），腐蚀（可听噪声与振动）。

转动轴中心与转动盘的中心不同心将引起横向的尺寸偏差。制动盘/鼓的厚度变化是由于转子在偏差大的点上与转子的一面或两面接触而形成的永久性磨损。

3.5.1 制动颤振（抖动）

制动颤振或抖动（Brake Judder）是卡车高速运动时实施制动所产生的瞬时车辆振动事件，是制动引起的车辆强迫振动以及相应的噪声。驾驶员及乘员可以在方向盘、制动踏板以及座椅上感受到这种振动。这种振动幅值比较大，频率比较低，让乘员感觉很不舒服[36]。制动振动引起的部件破坏还会引起高成本的保修期内的修理。

制动抖动的频率特征是低频，振动频率范围在 5~35 Hz[37]。最常见的制动问题就是制动粗糙度，一般在 0~20 Hz，抖动与切向振动，通常是由制动盘/鼓内或外表面的磨损而引起的。第二种常见的制动共振问题就是制动粗糙度，一般在 0~80 Hz，可听的噪声与可感受的振动，更像冲击激励的高阶振动，可能引起整数倍的共振拍（Beating）问题。比较经典的重型卡车制动鼓的制动抖动的测量如图 3.5.1 所示。

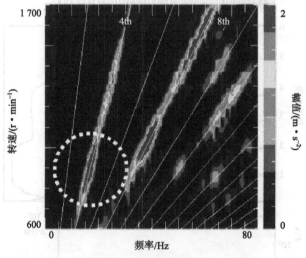

图 3.5.1　制动抖动问题的瀑布图（见彩插）

制动抖动问题中使用阶次的定义，即车轮的转速。基本阶次定义为车轮转速/60。由图 3.5.1 可以看到，转向轴制动鼓振动抖动车轮转动的谐波激励的 4 阶特性就是制动扭矩波动的基本频率[38]。

制动振动产生的机理之一是制动扭矩变化（Brake Torque Variation），制动盘厚度的均匀性或制动鼓圆柱度的不完美性使制动力矩呈现振动模式。另外，因为制动产生的温度、制动面腐蚀等因素使制动蹄与制动鼓之间的局部摩擦系数不均匀，也会导致制动力矩的变化。厚度（圆柱度）变化的制动抖动一般是低频率。一般的制动设计与加工所引起厚度变化导致的制动抖动主要是第二阶次与第三阶次。转子厚度或制动鼓的圆柱度根据转子的转速驱动摩擦力。激励的阶次就与转子的拓扑外形直接相关。摩擦表面的振动运动通过制动系统的结构传递到转向节，通过转向节传递到车辆的悬挂、底盘，通过转向运动杆系及制动液压管路传递到驾驶室。驾驶员通过地板、方向盘与制动踏板感受到制动的抖动。热力制动抖动发生在比厚度制动抖动更高的频率上。热力制动抖动的车轮转动阶次一般为6～12阶次[39]，特点是：如果在制动抖动现象发生时驾驶员在方向盘或制动踏板上没有感受到脉冲，那么制动抖动就是热力制动抖动。

从图3.5.2中可以看到，制动鼓圆柱度的主要模式是椭圆度，而椭圆度对应着第二阶次。第二个圆柱度的重要部分是偏心度，即第一阶次。第三阶次与第四阶次都存在，而且第四阶次的贡献更大。

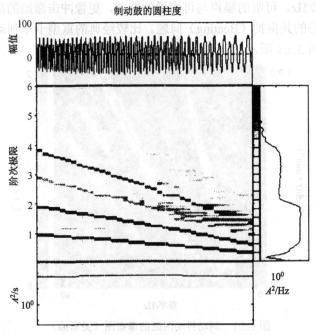

图3.5.2 制动鼓圆柱度与激励阶次的关系

正如期望的那样，扭矩变化的主要激励模式是第二阶次的，如图3.5.3所示。

车辆对制动的敏感性，即制动到车辆的传递函数，是客观评价制动振动路径的一种工具。但是制动振动的动力响应是非平稳性的，即其频率在刹车过程中是变化的，因此不能用传统的传递函数的方法（输出/输入）建立制动过程的传递函数。在这种情况下，使用制动振动阶次的概念，测量制动激励的阶次振动以及车辆相对应的振动的同样阶次的振动，然后建立这两个同样阶次的振动的传递函数[40]。

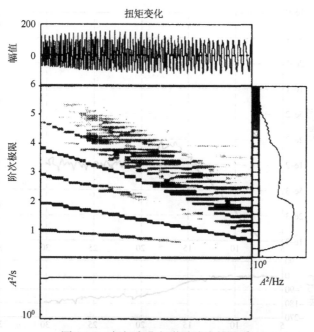

图 3.5.3 扭矩变化与激励阶次的关系

制动抖动始于转向节，然后传播到驾驶室。驾驶员主要通过方向盘感受到制动的抖动，制动抖动的次要路径是制动踏板的脉冲以及座椅的振动。所以研究转向节的制动扭矩波动与转向节之间的因果关系可以获得许多有用的信息。在所有的转向节振动的分量中，纵向振动是主要的振动方向。图 3.5.4 所示为转向节纵向加速度相对于制动扭矩变化的频率响应函数。

从图 3.5.3 可以看到，该频率响应函数在 16 Hz 有一个峰值，而这个峰值对应的相位角是 90°，因此可以确定这个振动系统有一个共振频率 16 Hz。

感受制动抖动的接收器之一是方向盘。人工制造制动抖动的方法之一是特别地加工一个制动转盘放到制动系统里，保持其他制动转盘为正常的状态。这个制动转子可以加工成能够产生任何阶次的制动抖动。一般来讲，具有二阶次的制动转子可产生频率为 3~35 Hz 的由于制动盘厚度变化引起的制动抖动。分析制动抖动的目的是研究制动抖动对驾驶员的影响，所以需要分析转向节抖动对于方向盘振动的影响。方向盘的纵向振动通常称为方向盘的抖动，而其旋转振动称为扭振（Nibble）。我们可以通过转向节抖动与方向盘振动的频率响应函数建立起整车系统对制动抖动的敏感性关系。图 3.5.5 所示为一辆厢型车相对应二阶次制动抖动的方向盘扭振的敏感性。这个二阶次的制动抖动是通过加工制动盘的厚度获得的，如图 3.5.5 所示[40]。

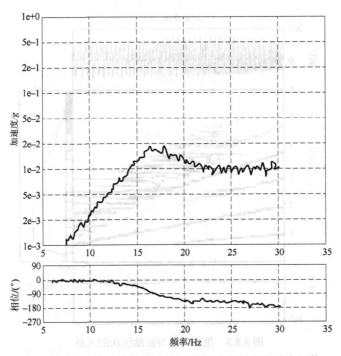

图 3.5.4 转向节纵向加速度/制动扭矩变化的频率响应函数

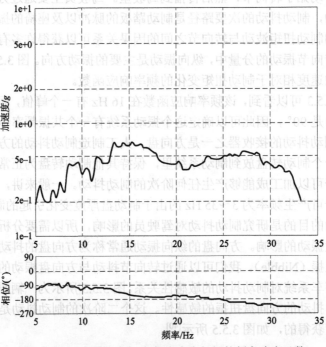

图 3.5.5 转向节纵向加速度/方向盘扭振的频率响应函数

从这些图可以看到，方向盘的扭转与纵向振动在 16 Hz 与 22 Hz 很敏感，从相位信息上看，这两个频率都不是系统的共振频率。重卡转向柱的固有频率在 30~35 Hz，而且幅值比都小于 1，这个车辆敏感性说明该车辆的 NVH 特性是衰减制动抖动的。

Bosch 制动系统为了研究制动盘抖动对整车的影响，加工了具有 4 阶次，厚度变化为 25 μm 的制动盘，并将其装到 3 辆质量相同，但有完全不同的桥悬挂设计的卡车中进行试验。为了进行对标，加工过的具有制动振动的制动盘只安装在驾驶员侧。使用 4 阶次制动盘的优点是，该制动盘从 90 km/h 制动时的频率范围就等于同一车辆从 180 km/h 制动时第二阶次振动的频率范围。可以用低速的高阶次频率制动振动研究高速的低阶次振动频率现象。这种优点对试验室的制动试验非常重要。图 3.5.6 所示为一辆制动鼓对方向盘的频率响应函数[39]。

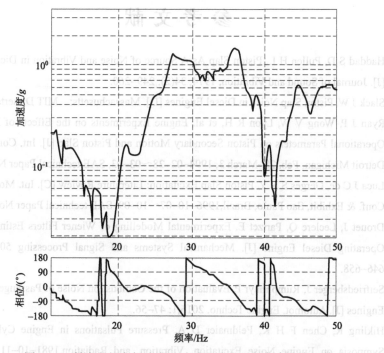

图 3.5.6 转向节纵向加速度/方向盘纵向振动的频率响应函数

从图 3.5.6 可以清楚地看到，方向盘的纵向振动对转向节的制动振动的幅值比在 27 Hz 与 36 Hz 的传递率大于 1，而且是共振频率。这些信息对于分析制动抖动的根本原因是非常重要的。

根据同样的原理，可以建立起驾驶员耳边噪声、地板振动、座椅振动对转向节阶次振动的敏感性，可以进一步探索车辆对制动抖动的反应。

控制策略：从源头上需要将制动中的激励机制最小化。这些措施包括控制加工精度，合理选择摩擦材料等；在传递路径中，在悬挂系统中增加阻尼与减振，减少振动的传播；在转向系统中增加阻尼；特别重要的是，要避免方向盘/转向柱的固有频率与制动激励频率与阶次重合，模态分离是非常重要的。

制动抖动对制动系统部件的制造间隙很敏感，所以设计时要求考虑设计、制造、安装、使用中存在的不确定性，在轻量化设计中尤其如此。根据经验（自卸车），制动抖动主要发生在满载时。

运行时，在速度为 60 km/h 或下坡时（7%坡度）使用 0.3g 制动力刹车。即使制动设计满足设计规范，制动抖动也会出现在车轮、制动鼓以及制动系统中。制动抖动主要出现在使用铝车轮的车辆上，也会出现在超载条件下的钢车轮的车辆中[38]。

参 考 文 献

[1] Haddad S D, Pullen H L. Piston Slap As A Source of Noise and Vibration in Diesel Engines [J]. Journal of Sound and Vibration, 1974, 34(2): 249–260.

[2] Slack J W. Piston Slap Noise in Diesel Engines [D]. Massachusetts: MIT Dissertation,1973.

[3] Ryan J P, Wong V W, Lyon R H, et al. Engine Experiments on the Effects of Design and Operational Parameters on Piston Secondary Motion and Piston Slap [J]. Int. Conf. & Expo, Detroit Michigan, Feb. 28–March 3, 1994–02–28～03–03, SAE technical Paper No: 940695.

[4] Luca J C de, Gerges S N Y. Piston Slap Excitation: Literature Review [C]. Int. Mobility Tech. Conf. & Exhibit, Sao Paulo, Brazil,1996–10–07～10–09, SAE technical Paper No: 962395.

[5] Drouet J, Leclere Q, Parizet E. Experimental Modelling of Wiener Filters Estimated on an Operating Diesel Engine [J]. Mechanical Systems and Signal Processing 50–51, 2015: 646–658.

[6] Seifriedsberger J, Rumplmayr P. Evaluation of the Combustion Noise of Passenge Car Diesel Engines [J]. Automot. Engine Techno. 2016,1: 47–56.

[7] Hikling R, Chen F H K, Feldmaier D A. Pressure Pulsations in Engine Cylinders [C]. Symposia on Engine Noise Excitation, Vibration, and Radiation,1981–10–11～10–13，General Motors Research Laboratories, Warren, Michigan.

[8] Singh A, Bharadwaj Narayan S S. Analysis of Various NVH Sources of a Combustion Engine [J]. Technical Journal, 2016,10(1–2):29–37.

[9] Renard C, Polac L. Combustion Noise and Piston Slap Noise: Identification of Two Sources Responsible for Diesel Engine's Sound Signature [C]. 2014–03–22～03–25，CFA/DAGA '04，Strasbourg.

［10］Kanda Y, Mori T. Diesel Combustion Noise Reduction by Controlling Piston Vibration [J]. 2015-04-14, SAE Paper No: 2015-01-1667.

［11］Shibata G, Nakayama D, Okamato Y, et al. Diesel Engine Combustion Noise Reduction by the Conrol of Timings and Heating Values in Tow Stage High Temperature Heat Releases [J]. 2016-04-05, SAE Paper No: 2016-01-0731.

［12］DeJong R G, Parsons N E. High Frequency Vibration Transmission Through the Moving Parts of an Engine, Congress and Exposition [C]. Cobo hall, Detroit, 1980-02-25~02-29, SAE paper No: 800405.

［13］Hinze J O. Effects of Cylinder Pressure Rise on Engine Vibrations [C]. ASME Paper No. 49-OG p-3, American Society of Mechanical Engineers, 1949-04, New York.

［14］Schaberg P W, Priede T, Dutkiewicz R K. Effects of a Rapid Pressure Rise on Engine Vibration and Noise [J]. 1990, SAE Paper No: 900013.

［15］Gillespie T D. Fundamentals of Vehicle Dynamics [M]. Travel City: Society of Automotive Engineers Inc., （Chapter 10 Tire）, 1992.

［16］Pacejka H. Tire and Vehicle Dynamics [M]. Boston: Elsevier Ltd., 2012.

［17］Smith E, Garcia H. Wheel Induced Vibrations on Heavy Vehicles [R]. Report, 2013-05-17.

［18］国家发展和改革委员会. 中华人民共和国汽车行业标准，QC/T 242-2004：汽车车轮不平衡量要求及测试方法 [S].2004-10-20.

［19］中国标准化协会汽车分会制动分标委.《汽车制动鼓》征求意见稿 [S].2017-01-03 http://www.catarc.org.cn/newsdetails.aspx?id=2793

［20］Heidt. Optimizing Vehicle NVH Characteristics for Driveline Integration [R]. 2007-06-04.

［21］黄鼎友. 传动轴的振动原因分析 [J].机械科学与技术，1996, 25(6).

［22］Joyner R G. The Truck Driveline as a Source of Vibration [J]. 1976, SAE paper No: 760843.

［23］Mezzei A, Alzahabi B, Notarajan L K. Analysis of the Drivetrain Bending Response for a Heavy Truck Driveline [R].

［24］Sun Z, Schankin D, et al. Attenuation of Driveline Vibrations through Tuning of Propeller Shaft Liners [J]. 2011-05-17, SAE Technical Paper No: 2011-01-1547.

［25］U.S. Army Material Command Headquarters. Engineering Design Handbook, Automotive Series [J]. Automotive Suspensions,1967-04.

［26］Wei D, Xu K, et al. Hopf Bifurcation Characteristics of Dual-Front Axle Self-Excited Shimmy System for Heavy Truck Considering Dry Friction(EB/OL). Hindawi Publishing Corporation Shock and Vibration, Article ID 839801, 2015-08,2015.

［27］Ledesma R. Wheel Shimmy in Heavy Duty Trucks: Using Designed Numerical Experiments to Determine a Robust Solution [C]. Virtual Product Development Conference, 2004, Huntington Beach, California.

［28］Stuart J, Cassara S, Chan B, et al. Recent Experimental and Simulation Efforts to Mitigate Wobble and Shimmy in Commericial Line Haul Vehicles [J]. 2014, SAE Paper No: 2014-01-2314.

［29］Scott S, Malarik R. Wheel Fight Objective Metric Development [C]. Noise and Vibration Conference and Exhibition, St. Charles, Illinois, 2007-05-15~05-17, SAE Paper No: 2007-01-2391.

［30］Spivey C. Analysis of Ride Quality of Tractor Semi-Trailers [D]. Clemson: A Master Degree Thesis of Clemson University, 2007-05.

［31］Gillespie T D. Fundamentals of Vehicle Dynamics [M]. Travel City: SAE Publications, 1992.

［32］Sandanshiv S R, Joshi S V. Modal Coupling Effect from Modal Alighment Perspective for Light Commercial Vehicle [J]. Int. J. of Advanced Engineering Technology, 2011-01, II(I).

［33］Karamihas S M, Gellespie T D, Riley S M. Axle Tramp Contribution to the Dynamic Wheel Loads of a Heavy Truck [R].

［34］Cole D J, Cebon D. Validation of an Articulated Vehicle Simulation [J]. Vehicle Systems Dynamics, 1992,22:197-223.

［35］Hussain K, Yang S H, Day A. A Study of Commercial Vehicle Brake Judder Transmission Using Multi-Body Dynamic Analysis [C]. Proc. IMechE, J. Multi-body Dynamics, 2007, 221 Part K.

［36］Adbelhamid M K, Blaschke P, Wang W W, et al. An Overview of Brake Noise and Vibration Problems [R].

［37］Kim H S, Kim C B,Yim H J. Robust Design for a Brake Judder of Heavy Duty Trucks Using Design For Six Sigma [J]. 2003, SAE Peper No: 2003-01-0882.

［38］Abdelhamid M K. Brake Judder Analysis: Case Studies [J]. 1997, SAE Paper No: 972027.

［39］Abdelhamid M K. Brake Judder Analysis Using Transfer Functions [J]. 1997, SAE Paper No: 973018.

第4章

卡车的减噪

根据中国重卡在高速公路上空载时牵引车驾驶室内噪声的测量结果并参考国内外的重卡噪声对标，依据 PALS 准则，中重卡在高速公路上驾驶室内的噪声一般如表 4.0.1 所示。

表 4.0.1 中重卡驾驶室内高速噪声的参考值

70 km/h	L	A	C	U
驾驶室内噪声/dBA	<63	63～66	66～68	>68

4.1 噪声的传递

卡车中有许多钣金件（地板、车门、顶棚、前围、后围、挡风玻璃、车窗等），这些部件分离了驾驶室与车身外部的噪声。在这些钣金件的外面有噪声源，其本身也受到振动的激励，共振噪声与非共振噪声通过这些钣金件的辐射将噪声源的噪声辐射到驾驶室内。

噪声的传动分三种。第一种是共振传动。共振传动就是当一个部件的表面受到振动激励后，激发与部件表面相接触的空气，使空气产生声波，并在介质中以波的形式向板外方向传播。另一种噪声传播方式是非共振传播，即空气传播。噪声传播过程中，碰到一个质量（如钣金）的一个面，噪声根据质量定律限定的方式穿越这个质量，传递到这个质量的另一面。噪声空气传播从一个面到另一个面的传递量与这个质量的面密度成比例。当一个波垂直通过一块板时，它在源边的入射声功率与在另一边的辐射声功率之比为声传递损失（Sound Transmission Loss，STL），或称为质量定理。

$$STL = 10\lg\left[1+\left(\frac{\rho_s \omega}{2\rho_o c_o}\right)^2\right] \qquad (4.1.1)$$

即，该质量的密度每增加一倍，其噪声的传递损失增加 6 dB。这就是噪声通过质量传播的质量定律。第三种方式是通过质量中的孔隙或缝隙从该质量的一面传播到另一面。比较经典的例子是：卡车前围板、地板上的孔隙。

从声学包的角度，增加钣金厚度可以增加材料的面密度，从而可以增加钣金的声传递损失。在钣金上贴阻尼材料也可以增加钣金的面密度，从而增加它的声传递损失。

4.2 声 学 包

声学包（Sound Package）是减少驾驶室和发动机噪声非常有效的方法。声学包是车辆所有非金属的吸声、隔声部件及噪声减少部件。声学包是建立在噪声传递理论和声传递损失理论基础上的。声学包的基本结构是金属钣金+吸声材料+硬内饰材料。这种基本结构的声学理论基础是双墙结构的声传递损失，如图 4.2.1 所示。

从图 4.2.1 可以看到，100 mm 厚的吸声材料的声传递损失并不大，最高不过 20 dB；1 mm 厚的钢板的声传递损失最高不到 40 dB；如果将 100 mm 厚的纤维与 1 mm 厚的钢板放在一起，则其声传递损失高于单种物体的声传递损失加在一起。如果把两个钢板相隔 100 mm 放在一起，这种双墙结构的声传递损失在高频时还不错，但在低频时还不如一个 1 mm 厚的钢板。这是因为两个钢板之间的空气有共振频率，在这些共振频率上声传递损失大幅降低。因此在双墙结构之间加上 100 mm 厚的纤维吸声材料，则消除了两个钢板之间的共振现象，使这个双墙结构加吸声材料结构的声传递损失最高达到 95 dB。这就是车辆声学包的理论基础。

Autoneum 的 Grebert 等研究了声学包的效果。他们比较了有声学包与没有声学包之间的声传递函数，如图 4.2.2 和图 4.2.3 所示。

地板的声学包对结构噪声的衰减开始于 250 Hz，平均结构噪声的减少大约在 5 dB，而对空气噪声的衰减在 1 000 Hz 有 5 dB 左右，在 3 000 Hz 有 10 dB 左右。可见该声学包的噪声衰减能力在 250 Hz 以上。

声学包设计的一般准则是：尽最大可能遮掩金属面，以不露金属为最好。

（1）尽最大可能减少声学包的局部压缩。

（2）尽最大可能增加声学包的厚度。

（3）尽最大可能增加吸声部件的吸声面积。

第 4 章　卡车的减噪

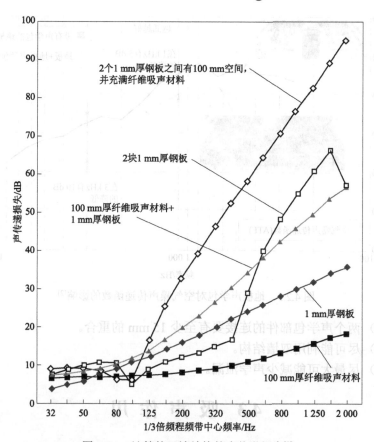

图 4.2.1　计算的双墙结构的声传递损失[1]

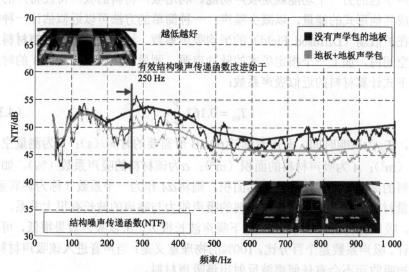

图 4.2.2　地板声学包对结构噪声传递函数的影响[2]

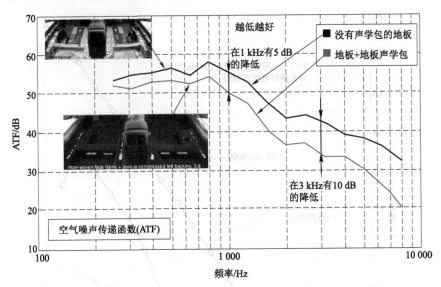

图 4.2.3　地板声学包对空气噪声传递函数的影响[2]

（4）两个声学包部件的连接要有至少 15 mm 的重合。
（5）尽可能利用双墙结构。
（6）尽最大可能减少声学泄漏。

4.3　吸声作用

声学包的另一个功能就是吸声功能。利用吸声材料的吸声特性将声的能量转变成其他形式的能量，以减少噪声。一种简单的方法可以近似估计一种吸声材料在扩散场（Diffused Field）的平均吸声系数。这种方法是将吸声材料放到一个空间内，加上一个指定频率的脉冲声源，测量该声源降低 60 dB 的时间，使用下式计算材料的近似吸声系数：

$$T_{60} = 0.163 \frac{V}{\alpha A} \qquad (4.3.1)$$

式中，T_{60} 为回响时间，即声音降低 60 dB 所需要的时间（s）；V 为测量空间的体积（m³）；A 为吸声材料的面积（m²）；α 为该吸声材料的吸声系数（%）。如果被测材料的形状复杂，很难计算其面积，则将 αA 作为一个系数（称为萨宾系数）来衡量材料的吸声能力。吸声材料的吸声能力与噪声的波长有很大关系，一般来讲，吸声材料在低于 400 Hz 之下噪声波长很大，所以吸声效果很低，可以忽略不计。吸声系数是个百分比，100% 的物理意义是：当声音进入该吸声材料时，全部被吸收而不会有任何声波反射出该吸声材料。

从图 4.3.1 可以看到，吸声材料在 400 Hz 时吸声系数很小，1 000 Hz 时达到 80%～90%，高频吸声能力比较高。

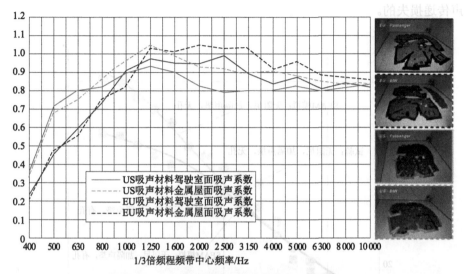

图 4.3.1　驾驶室前围的吸声系数[3]（见彩插）

卡车中许多部件都具有吸声功能，如座椅面料、座椅的坐垫都具有吸声功能。尽管皮革座椅面料显得很豪华，但其吸声能力比布料的座椅面料要低 2～3 dB。顶棚内饰由于面积比较大，而且距离乘员的头部比较近，吸声潜力大，需要很好地加以利用，以有效减少驾驶室内的噪声。车门的面积也不小，而且距离车门外的噪声源非常近，是一个潜在的吸声材料发挥作用的地方。

4.4　密　封

加工与安装过程中会在钣金件上留有工艺孔，固定线束与管路的卡扣也需要在钣金件上钻孔，线束与管路（如空调管）进出驾驶室需要过孔，发动机与变速箱在驾驶室的控制系统（制动系统、转向系统、油门、离合器等）需要通过驾驶室结构的孔通向外部，门窗等结构需要水管理系统，需要在门上开口以将可能存在里面的水排出去。这些孔如果不进行声学意义上的封堵，对驾驶室内的噪声将有灾难性的后果。驾驶室 $1\ mm^2$ 的孔可以导致 0.5 dBA 的噪声增加。图 4.4.1 表达了在钣金件上的孔对钣金件声传递损失的影响。孔对低于 1 000 Hz 的声传递损失没有影响，但在高于 1 000 Hz 频率上，声传递损失开始下降，越是高频降低越大，最高可达 20 dB。

所谓声学意义的封堵，是指需要具有一定质量的贴片封堵这些孔，而不是用很薄的、质量很小的贴片进行封堵。这些薄而轻的材料只对水和沙有封堵作用，对噪声几乎是透明的。因为根据声学质量定理，面密度为零的物质是没有声传递损失的。

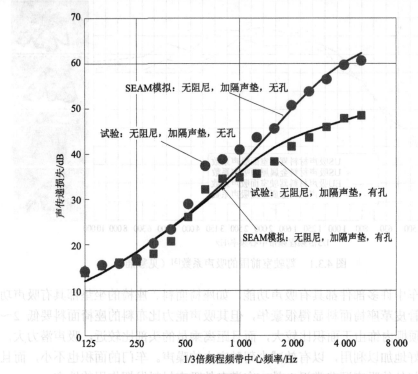

图 4.4.1　孔对钣金件的声传递损失的影响[3]

对于平头驾驶室，发动机置于驾驶室地板下，所以地板上任何没有经过声学封堵的孔，即使有地毯覆盖，也对驾驶室的噪声有影响。有些车型的转向系统固定在地板上，但是通过一个很大的孔连接到变速箱上，这个孔必须进行有效的声学封堵。卡车转向柱一般安装在地板上，有一个塑料罩包围着转向系统的结构，并与地板连接，转向罩开口处与外界相连。这是一个很明显的噪声源。而塑料罩本身的面密度很低，不是一个很好的声传递损失材料。这个系统需要进行细致的声学处理。

4.5　声学包的评价与设计应用

声学包的开发需要进行设计评价，可以使用福特汽车公司的整车发动机噪声减少（Engine Noise Reduction，ENR）指标进行评价[4,5]。

$$\text{ENR} = \text{SPL}_{\text{参考}} - \text{SPL}_{\text{发动机表面}} \quad (\text{dB}) \tag{4.5.1}$$

式中，$\text{SPL}_{\text{参考}}$ 为高频点声源的声压水平，而 $\text{SPL}_{\text{发动机表面}}$ 为发动机表面处麦克风测量的响应的功率平均声压水平。为了使试验更加方便和快捷，福特汽车公司使用互易点源方法。该方法是将高频点声源放在驾驶室内麦克风的测点上，而将发动机处的激励点放置麦克风以测量车内激励点的响应。使用这样的方法，在试验期间不需要将发动机去掉。高频点声源放置的位置为：驾驶员左右耳，前排右乘员的左右耳，车辆中心线上中控台上下位置，前排乘员的膝盖位置，后排座位的左右乘员的左右耳及膝盖位置。对应于每一个高频点声源的激励，在发动机表面布置 18 个麦克风，测量发动机表面的响应。从图 4.5.1 可以看到，车辆的发动机噪声减少曲线频率越高，噪声的衰减就越大。有时为了判断方便，将该曲线的值进行加权平均，得到一个发动机噪声减少的值。

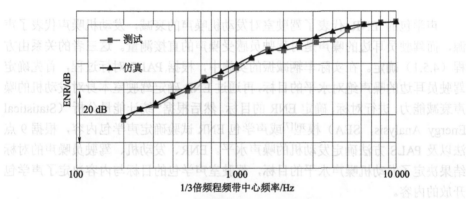

图 4.5.1 某型车辆的典型 ENR 曲线[4]

根据笔者的计算，重卡驾驶室的发动机噪声减少的值大体如表 4.5.1 所示。

表 4.5.1 一般重卡驾驶室的噪声衰减率

ENR	L	A	C	U
驾驶室噪声衰减率/dB	≥38	35～37	32～34	≤31

发动机噪声减少除了用于评价功能外，还可以用于声学包部件的敏感性评价，评价指导声学包的设计。准备 2 mm 厚的铅板+25 mm 厚吸声材料的部件。这些铅+吸声材料可以在车内覆盖如下部位：风挡玻璃，前、后、左、右车窗，前、后、左、右车门，地板，顶棚，前围。试验步骤如下：

（1）在没有覆盖的情况下测量整车的 ENR。

（2）使用铅+吸声材料部件覆盖所有响应的车内位置，然后测量 ENR。这种情况下测量的 ENR 是声学包最大的车辆噪声衰减率。

（3）每次去掉一个部位的覆盖，测量 ENR。与最大车辆噪声衰减率相比，这就是该部件对整车噪声衰减率的贡献，也就是这个部件对整车噪声衰减率的敏感性。

（4）对每个声学包部件重复步骤（3），找到每个声学包的贡献（与全覆盖 ENR 之差）。

发动机噪声减少的理念可以直接用到驾驶室对轮胎接地点的噪声衰减率（Tire Patch Noise Reduction，TPNR）的评价[6]。这个评价在汽车上用得比较广泛，在卡车上用得不多。

4.6 整车噪声目标的实现

声学包的 ENR 代表了驾驶室对发动机噪声的衰减，发动机噪声代表了声源，而驾驶员耳边的噪声是对驾驶员感受噪声的直接测量。这三者的关系由方程（4.5.1）确定。在实际车辆减振的实施中，根据 PALS 对标过程，首先确定驾驶员耳边的噪声绝对水平的目标，再通过 ENR 确定驾驶室本身对发动机的噪声衰减能力，进行对标，确定 ENR 的目标。然后根据"统计能量分析"（Statistical Energy Analysis，SEA）模型[7]或声学包 ENR 试验确定声学包内容，根据 9 点法以及 PALS 方法确定发动机的噪声水平。ENR、发动机、驾驶员噪声的对标结果决定了发动机噪声水平的目标，驾驶室声学包的目标与内容决定了声学包开放的内容。

参 考 文 献

[1] Beranek L L, Ver I L. Noise and Vibration Control Engineering: Principles and Applications [M]. New York: John Wiley and Sons, Inc., 1992.

[2] Crocker M J. Comparison between Surface Intensity, Acoustic Intensity and Selective Wrapping Noise Measurements on a Diesel Engine [C]. Proceedings of an International Symposium on Engine Noise Excitation, Vibration and Radiation, General Motor Research Laboratories, 1981-10-11～10-13，Warren, Michigan.

[3] Grebert J, Marotta L, Mantovani M. Acoustic Benchmarking of Vehicles and Sound Packages: Methodologies and Applications [R]. Autoneum Acoustic Workshop, 2011-10-04, Novi, Michigan.

[4] Cambridge Collaborative. Statistical Energy Analysis Training Course [R]. 2003-10-07～10-09.

［5］ Gur Y, Abhyankar S, Wagner D. Radiating Panel NVH Performane Evaluations for Vehicle Design [J]. 2013, SAE Paper No: 2013-01-1991.

［6］ Gur Y, Pan J, Huber J, Wallace J. MMLV: NVH Sound Package Development and Full Vehicle Testing [J]. 2015, SAE Paper No: 2015-01-1615.

［7］ Gur Y, Wykoff R, Nietering K, et al. NVH Performance of Lightweight Glazing Materials In Vehicle Design, Paper No IMECE2012-89439 [C]. Proceedings of the ASME 2012 Int. Mech. Eng. Conference, 2012-11-09～09-15, Houston, TX.

［8］ Huang X L, Moeller M, Powell R E, et al. Application of SEA to the Development of A Light Truck Sound Package [C]. 1997, IUTAM Symposium on SEA.

第 5 章

卡车的减振

卡车虽然种类繁多,但结构大体类似,都是由三大系统组成的,即动力系统、驾驶室系统和底盘系统。这些系统都与卡车的 NVH 有关,设计时应特别注意。

动力系统是整车的心脏,是所有动力的来源,产生动力的同时也产生振动与噪声。底盘是承担所有部件的支撑体,也是传递振动的主要部件。驾驶室是驾驶员控制车辆的地方,也是车辆振动与噪声的终点站。

当卡车驾驶员在运行车辆时,总是与座椅、方向盘、换挡杆以及油门/制动/离合器的踏板接触。振动从座椅、方向盘和踏板等传递到驾驶员身体的各个部位。传到人体的振动量受到许多因素的影响,而且振动的传递与共振频率对不同的部位并不相同。因此有必要减少手臂与腿部所受到的振动,以便操作方向盘与油门、制动与离合器的踏板。对于舒适性而言,头部、胸部和臀部的振动量可能更重要,因此有必要研究身体各个部分的振动特性。

5.1 卡车振动的传递路径与减振硬件

卡车振动源产生的振动是如何传到驾驶室、座椅上被驾驶员感受到的,这对于研究减少振动与噪声非常重要。确定这些振动的传递路径,了解这些路径的特性,分析影响这些路径的参数,对减少振动以及改进系统的 NVH 性能意义重大。

地面到车桥：车辆行驶时，地面的不平度通过轮胎、轮毂、轮辋传到车桥上，轮胎具有弹性与阻尼作用，对地面的制动激励有隔振与衰减作用，因此可以说轮胎是车辆的第一级减振。

车桥到底盘：车桥通过前后悬挂弹簧（有时包括阻尼器）连接到底盘上，悬挂弹簧系统构成车辆从车桥到底盘的第二级减振。

底盘到驾驶室：底盘的振动通过驾驶室悬置（包括阻尼器）传到驾驶室，这是车辆的第三级减振。

驾驶室到座椅：驾驶室地板的振动通过座椅传到乘员身上，使乘员感受到振动，这是车辆的第四级减振。

5.2 减振原理

任何减振系统必须满足一定条件才能起到减振作用，如果这些减振条件得不到满足，减振系统甚至会放大振动源，对结构产生破坏，如系统共振现象。

5.2.1 减振器的设计原理

车辆减振情况分两类，一类是放到支撑上的系统，而支撑在运动，我们希望支撑的振动尽可能小地传递到系统上，如车辆运行时我们希望路面的振动尽可能小地传递到车辆上，如图 5.2.1（a）所示；另一类是系统本身产生振动，我们希望这个振动尽可能小地传递到它周边的系统上，如发动机产生振动，我们希望发动机的振动尽可能小地传递到底盘上，如图 5.2.1（b）所示。

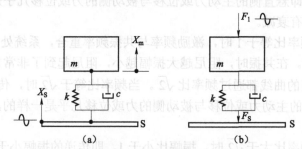

图 5.2.1　车辆减振[1]
（a）支撑位移激励；（b）激励力作用在质量上

对于图 5.2.1（a）代表的物理现象，我们设 $T = \dfrac{X_m}{X_S}$，即位移传递率，其物理意义为：卡车质量的位移幅值与路面激励的位移幅值之比。对于图 5.2.1（b）

代表的物理现象，我们设 $T_F = \dfrac{F_S}{F_1}$，即力传递率，其物理意义为：传递到底盘的力的幅值与发动机产生的力的幅值之比。尽管上述是两种不同类型的隔振，但位移传递率与力传递率的表达式是一样的：

$$T = T_F = \sqrt{\dfrac{1+(2\zeta r)^2}{(1-r^2)^2+(2\zeta r)^2}} \qquad (5.2.1)$$

式中，r 为激振频率 f 与悬挂偏频 f_n 的比值，即 $r = \dfrac{f}{f_n}$，$f_n = \dfrac{1}{2\pi}\sqrt{\dfrac{k}{m}}$（Hz）；$\zeta = \dfrac{c}{c_c}$，为阻尼比，$c_c$ 为临界阻尼系数，c 为阻尼系数。隔振系统的性能有时可以用隔振效率来衡量，$I = 1-T$。这两种不同的表达代表不同的意义。传递率 T 代表激励力或激励位移传递的数量，而隔振效率 I 代表的则是被系统隔振后的那部分力或位移。隔振效率一般用百分比来表达，说明没有传递到受振物体的那部分力或位移。例如，隔振效率 $I=99.1\%$，说明激励的 99.1% 没有达到受振体，被隔振掉了，而传递到受振体的那部分激励仅为 $T=1-I$，即 $T=1-99.1\%=0.9\%$。传递率越低越好，隔振效率越高越好。

对于不同的阻尼，式（5.2.1）可以用图 5.2.2 来表达。

从图 5.2.2 中可以得出如下结论：

（1）当激励频率与固有频率的比值很小时（或者固有频率很大，或者激励频率很小），传递率接近 1，如果减振系统是发动机悬置，那么悬置系统是没有减振效果的，即悬置侧的主动力或位移与被动侧的力或位移几乎是一样的，既没有放大也没有衰减。

（2）当频率比等于 1 时，激励频率与共振频率重合，系统处于共振状态，振幅达到最大。在共振时，阻尼越大振幅越小，阻尼起到了非常重要的作用。

（3）所有的曲线都通过频率比 $\sqrt{2}$。当频率比等于 $\sqrt{2}$ 时，传递比等于 1，即减振装置侧的主动力或位移与被动侧的力或位移几乎是一样的，既没有放大也没有衰减。

（4）当频率比大于 $\sqrt{2}$ 时，振幅比小于 1，即传递的振幅小于激振的振幅，起到减振作用，减振器处于减振区；当频率比小于 $\sqrt{2}$ 时，系统是放大振动的，减振系统处于放大区。

（5）当频率比大于 $\sqrt{2}$ 时，阻尼越大，振幅越大；当频率比小于 $\sqrt{2}$ 时，阻尼越大，振幅越小。这个原理的设计应用就是当系统的频率比在放大区时，阻尼越大越好；当系统的频率比在减振区时，阻尼越小越好。这个原理在设计液力减振器时，用来设定与调节液力减振器的阻尼与刚度特性。在发动机怠速时

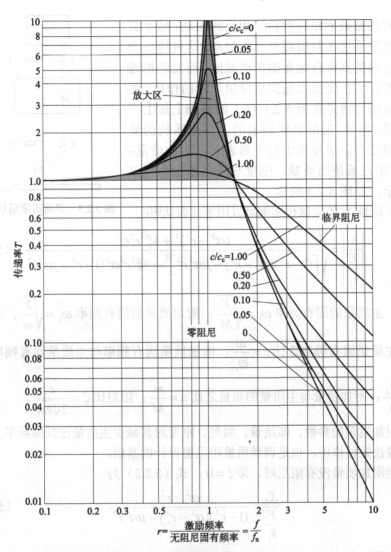

图 5.2.2 隔振系统的传递率

(激励频率小,频率比较小)调节液力减振器有比较大的阻尼,在发动机高速运行时(激励频率较大,频率比大于$\sqrt{2}$)调节液力减振器有比较小的阻尼,从而优化减振器的减振特性。

5.2.2 调谐质量阻尼器

调谐质量阻尼器(Tuned Mass Damper)是一种在建筑、汽车上广泛应用的阻尼器。其用途是:一个受振体有共振现象,在这个受振体上附加一个质量与阻尼,通过调节这个附加质量与阻尼的大小使附加质量产生与原系统的共振频率相同但相位相反的振动，减少甚至抵消原系统在共振频率上的振动。这种情况类似于车辆受到来自地面的振动激励，而发动机通过悬置安装在底盘上起到质量阻尼器的作用。调谐质量阻尼器是在图 5.2.1（b）的基础上加上一个质量-弹簧-阻尼系统构成的，原来系统的质量、刚度与阻尼使用大写字母表示，附加质量-弹簧-阻尼系统的质量、刚度与阻尼使用小写字母表示，如图 5.2.3 所示。

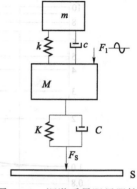

图 5.2.3　调谐质量阻尼器简图

主质量 M 的位移传递率可以用下式表达[2]：

$$\left|\frac{X_1}{\dfrac{F}{k_1}}\right| = \sqrt{\frac{(\alpha^2 - r^2)^2 + 4\xi^2 r^2 \alpha^2}{[(1-r^2)(\alpha^2 - r^2) - \mu\alpha^2 r^2]^2 + 4\xi^2 r^2 \alpha^2 (1 - r^2 - \mu r^2)^2}} \quad (5.2.2)$$

式中，主质量的固有频率 $\omega_1 = \sqrt{\dfrac{K}{M}}$；附加质量的固有频率 $\omega_2 = \sqrt{\dfrac{k}{m}}$；激励频率与主质量固有频率之比 $r = \dfrac{\omega}{\omega_1}$；附加质量固有频率与主质量固有频率之比 $\alpha = \dfrac{\omega_2}{\omega_1}$；附加质量与主质量的质量之比 $\mu = \dfrac{m}{M}$；阻尼比 $\xi = \dfrac{c}{2\sqrt{km}}$。

附加质量的参数，即质量、阻尼、刚度对其减少主质量在共振频率上的振动起着决定性作用，也是调谐质量阻尼器设计的基础。

当附加质量没有阻尼时，即 $\xi = 0$，式（5.2.2）为

$$\frac{X_1}{\dfrac{F}{k_1}} = \frac{\alpha^2 - r^2}{(1-r^2)(\alpha^2 - r^2) - \mu\alpha^2 r^2} \quad (5.2.3)$$

显然，当 $\alpha = r$，即 $\omega = \omega_2$，激励频率等于附加质量的固有频率时，主质量的振动幅值为 0。这也是一种减振手段。在其他激励频率上，如果激励频率与整个系统的两个固有频率 f_1' 和 f_2' 相耦合就会产生共振，如图 5.2.4 所示。

当 $0 < \xi < 1$ 时，整个系统就变成一个具有一定阻尼的二自由度振动系统，并在其系统两个固有频率上具有有限的峰值，而且这两个振动峰值可以比单自由度振动系统共振频率上的峰值还要小。当附加质量的阻尼非常大时，相当于附加质量与主质量硬性连接，整个振动系统变成一个自由度振动（见图 5.2.4 中 $\xi \to \infty$ 时的情况）。根据这些变化趋势，我们可以认为：随着 ξ 的增加，系统从两个自由度的无阻尼共振过渡到两个自由度的有阻尼共振，再过渡到一个自

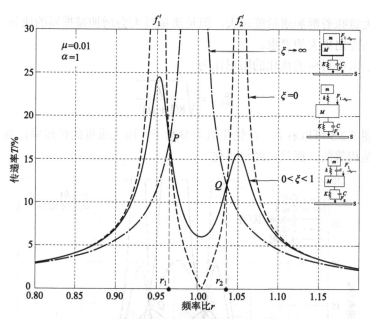

图 5.2.4 调谐质量阻尼器传递率与激励频率比[2,3]

由度的无阻尼共振,在变化过程中应该有一组优化参数,这组参数会使整个系统处于两个自由度的最小有阻尼共振状态。因此可以对调谐质量阻尼器的参数进行优化设计,以获得最大的减振效果。从图 5.2.4 可以看到,不管阻尼比 ξ 取何值,所有的曲线都通过 P、Q 两点,而且这两个点是不变的。点 P、Q 的位置只与质量比与频率比相关。优化目标是主质量的传递率最低。优化的第一步是使 P、Q 两点的传递率相同,第二步是增加阻尼比降低峰值,直到峰值与 P、Q 两点重合。当达到这个优化值后,继续增加阻尼比会使两个峰值逐渐重合而且它们的传递率大于优化值。这就是调谐质量阻尼器的精髓。

使两个峰值相等的那对频率比包括系统的共振频率比 α,这个优化的频率比为

$$\alpha_{\text{优化}} = \frac{1}{1+\mu} \tag{5.2.4}$$

那么对应的激励频率比为

$$r_{P,Q}^2 = \frac{1}{1+\mu}\left(1 \pm \sqrt{\frac{\mu}{2+\mu}}\right) \tag{5.2.5}$$

对应这些参数的传递率为

$$|T(r_P)| = |T(r_Q)| = \sqrt{1+\frac{2}{\mu}} \tag{5.2.6}$$

从上式可以看到,传递率与质量比成反比,质量比越大,传递率就越小,

质量比大意味着附加质量就越大,但是质量过大会增加减振器的质量,也会对设计空间提出更大的要求。

我们求得对应的优化的阻尼比为

$$\xi_{优化} = \sqrt{\frac{3\mu}{8(1+\mu)^3}} \tag{5.2.7}$$

从图 5.2.5 可以看到,在优化组合参数下,该主质量的传递率在点 P、Q 上的数量是相等的,而且已经最小化。

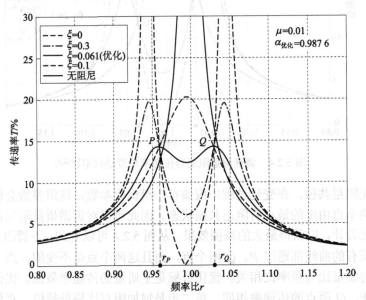

图 5.2.5 具有优化参数的调谐质量阻尼器传递率[2]

所有这些优化参数都与一个参数有关,即质量比 μ。实际应用中,一般不在车辆的设计阶段就应用调谐质量阻尼器,而是作为车辆产品阶段产生共振问题后而不得不采取的补救措施。以上这些理论计算与设计概念与实际应用存在差别,有时实际情况甚至比预见的减振效果要低一些,所以设计时一定要特别小心[4]。

5.2.3 调谐质量阻尼器的应用

调谐质量阻尼器除了在高层建筑、桥梁、精密加工、火箭、载人飞船、高压输电线[5,6]上有广泛的应用外,在赛车、汽车以及卡车车辆上也有广泛的应用[4]。美国福特汽车公司曾经申请专利,将安全气囊作为减少怠速时转向柱与方向盘的减振器[7]。他们最先将调谐质量阻尼器应用在曲轴上,以减少曲轴的扭转振动与弯曲振动。发动机的平衡轴作为调谐质量阻尼器，可以有效减少发动机的发火振动。卡车半轴与驱动轴，桥齿轮，变速箱与取力器的阻尼器，理论上都可以作为调谐减振器，使用电池作为调谐减振器减少怠速振动，使用备胎作为调谐减振器减少车辆高速的跳动，使用发动机作为调谐减振器减少车辆运行振动或怠速振动，使用发动机悬置作为调谐减振器减少频率大于 100 Hz 的结构噪声，还有使用调谐质量阻尼器减少轮胎的扭转振动。理论上来讲，甚至驾驶员与座椅都可以用来设计减少地板的振动。

5.2.4 天棚阻尼减振器

从图 5.2.2 中可以看到，减振器只有当频率比大于 $\sqrt{2}$ 时才能进行减振。这就意味着系统固有频率必须很低，减振系统才能在低频区域具有减振作用。减小系统固有频率的手段之一是减小弹簧的刚度，从而达到减小系统固有频率的效果。但是弹簧的作用之一是支持系统，不能做得太软。所以一般减振器只能在中高频域中有明显的减振效果，在低频域没有减振效果。低频振动的波长比较大，产生的低频噪声在介质中传播距离远，这在潜水艇防止被探测的技术中非常重要[8]。第二个问题是：阻尼在中高频与低频的影响是不一样的，当频率比小于 $\sqrt{2}$ 时，阻尼越大传递率越大；而当频率比大于 $\sqrt{2}$ 时，阻尼越大传递率越小。

降低低频振动的一种方式是采用天棚（Skyhook）阻尼的概念。这种概念与传统形式的阻尼比较示意如图 5.2.6 所示。

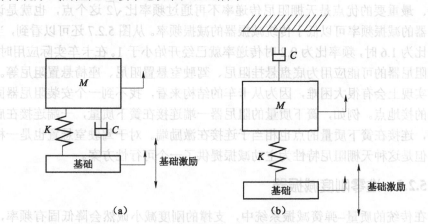

图 5.2.6 传统阻尼与天棚阻尼
(a) 传统阻尼；(b) 天棚阻尼

这种阻尼器的不同安排尽管形式上相似，但其物理意义有很大差别。传统情况下，基础的激励与阻尼器相连，激励力包括弹簧力与阻尼力，而在天棚阻尼形式下，激励力只包括弹簧力，不包括阻尼引起的阻尼激励。这种激励力的差别导致天棚阻尼系统的振动传递率如下：

$$T = T_F = \sqrt{\frac{1}{(1-r^2)^2 + (2\zeta r)^2}} \qquad (5.2.8)$$

与式（5.2.1）相比，式（5.2.8）的分子中已经不再包括阻尼项。因此天棚阻尼减振器的传递率曲线不再通过 $\sqrt{2}$ 这一点。传统阻尼与天棚阻尼的振动传递率的对比如图 5.2.7 所示。

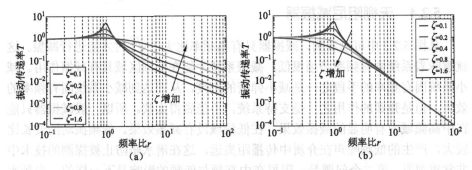

图 5.2.7　传统阻尼传递率与天棚阻尼传递率[9]（见彩插）
(a) 传统阻尼传递率；(b) 天棚阻尼传递率

从式（5.2.8）与图 5.2.7 中可以看到，天棚阻尼的传递率曲线相比传统阻尼传递率有很大优点。阻尼比增加传递率就减小，与频率比是否大于 $\sqrt{2}$ 没有关系。最重要的优点是天棚阻尼传递率不再通过频率比 $\sqrt{2}$ 这个点，也就是说减振器的减振频率可以低于传统减振器的减振频率。从图 5.2.7 还可以看到，当阻尼比为 1.6 时，频率比为 0.2 时传递率就已经开始小于 1。在卡车实际应用时，天棚阻尼器的可能应用为底盘悬挂阻尼、驾驶室悬置阻尼、座椅悬置阻尼等。但在实现上会有很大困难，因为从卡车的结构来看，找不到一个安装阻尼器固定端的接地点。例如，簧下质量的阻尼器一端连接在簧下质量，一端连接在底盘上，连接在簧下质量的点也相当于连接在激励端。对于驾驶室悬置也是一样的。但是这种天棚阻尼特性为主动减振提供了一个可行性方案。

5.2.5　准零刚度减振器

在传统的质量-弹簧减振系统中，支撑的刚度减小诚然会降低固有频率，增加减振的带宽，但也导致系统静位移的增加，所以必须根据系统许用位移对弹簧提出一个刚度下限。我们希望提供一种特殊的支撑，这种支撑的刚度随着位移而非线性地改变，在局部区域可以呈现零刚度。这样的系统可以通过一个具有垂直与斜置弹簧的水平连接系统来加以说明，如图 5.2.8 所示[10,11]。

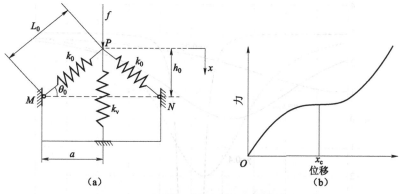

图 5.2.8 准零刚度系统和弹簧刚度特性[10,11]
(a) 准零刚度系统；(b) 弹簧刚度特性

$$\hat{f} = \hat{x} + 2\alpha\sqrt{1-\gamma^2}[(\hat{x}^2 - 2\sqrt{1-\gamma^2}\hat{x}+1)^{-\frac{1}{2}} - 1] \quad (5.2.9)$$

式中，$\alpha = \dfrac{k_0}{k_v}$；$\hat{x} = \dfrac{x}{L_0}$，$L_0 = \sqrt{h_0^2 - a^2}$；$\gamma = \dfrac{a}{L_0} = \cos\theta_0$；$\hat{f} = \dfrac{f}{k_0 L_0}$。

对式（5.2.9）位移取导数，可以得到其沿着垂直方向量纲为 1 的刚度：

$$\hat{K} = 1 + 2\alpha\left[1 - \dfrac{\gamma^2}{(\hat{x}^2 - 2\sqrt{1-\gamma^2}\hat{x}+1)^{\frac{3}{2}}}\right] \quad (5.2.10)$$

式中，$\hat{K} = \dfrac{K}{k_0}$。

量纲为 1 的刚度如图 5.2.9 所示。

当 $\gamma = 0.95$，即 θ_0——倾斜弹簧与垂直弹簧的角度比较小时，垂直弹簧起主导作用，因此组合刚度永远是正值，非线性很弱。当 γ 很小，即倾斜弹簧与垂直弹簧的角度比较大时，倾斜弹簧起主导作用，出现了负刚度现象。负刚度会导致系统不稳定，所以要避免负刚度在系统中出现。在二者之间有一个优化的角度，这个角度对应着一个静平衡点，在这个静平衡点上刚度为零，而在静平衡点附近刚度为正，即准零刚度（Quasi-Zero Stiffness, QZS）。对应这个静平衡点的角度为 γ_{QZS}。令式（5.2.10）中的 $\hat{K}=0$，解得静平衡点坐标：

$$\hat{x}_e = \sqrt{1-\gamma^2} \quad (5.2.11)$$

给出静刚度为零的角度 γ_{QZS} 为

$$\gamma_{QZS} = \dfrac{2\alpha}{2\alpha+1} \quad (5.2.12a)$$

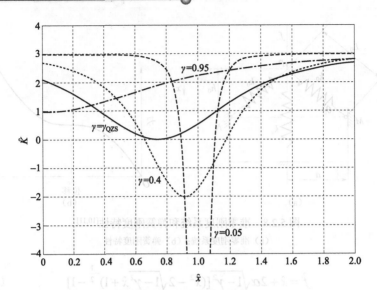

图 5.2.9 量纲为 1 的准零刚度特性（$\alpha=1$）[10]

确保准零刚度的刚度比 α_{QZS} 值为

$$\alpha_{QZS} = \frac{\gamma}{2(1-\gamma)} \quad (5.2.12b)$$

图 5.2.8 所示的两个斜置弹簧加上一个垂直隔振系统的传递率如图 5.2.10 所示[12]。

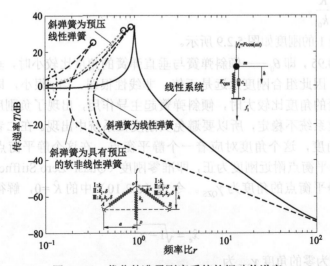

图 5.2.10 优化的准零刚度系统的振动传递率

从图 5.2.10 可以看到，准零刚度系统的最大传递率小于传统隔振系统，其共振频率小于传统隔振系统,在共振频率外的高频域内(<100)的传递率大大优于传统隔振系统,在高频时两者基本一样。但我们也看到这种系统在低频域内(0.1~下跳频率)的传递率不如传统隔振系统。其他形式的准零刚度系统的隔振率显示出类似的性质[13,14]。

5.2.6 自适应负刚度减振器

传统的减振器有许多缺点:成本较高,试验与调制减振效果时间长;对应于系统的激励频率改变时,它不能改变自身的固有频率去适应这个动力变化;没有能力提供对于系统的多重激励频率的减振(例如,发动机多阶次的发火频率的激励)。天才的工程师们设计出具有多重共振频率的减振器[15],主要设计思想就是通过减振器特殊结构的组合,产生多重减振频率,如图 5.2.11 所示。

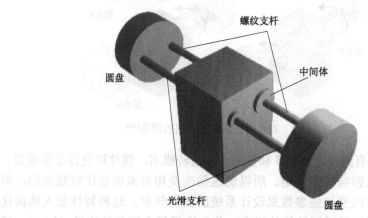

图 5.2.11 双质量减振器[16]

这个减振器连接到产生振动的主结构上,其中有两个质量相等的圆盘,通过支杆对称地连接到中间体上,中间体连接到需要减振的结构上。支杆有两种,一种是光滑的,圆盘可以在这个支杆上移动;另一种支杆是螺纹支杆,可以调节圆盘相对于中间体的距离。该减振器可以通过调节圆盘的质量与尺寸,支杆的厚度与材料,以及两个支杆之间的距离来调节减振器的共振频率。但是最令人拍案叫绝的是这个结构所产生的神奇的模态组合,如图 5.2.12 所示。

这些模态的固有频率按顺序分别为:95 Hz,105 Hz,196 Hz,204 Hz,295 Hz,304 Hz。我们可以观察到,第一对模态:模态 1 与模态 2,振动方式是一样的,只是模态 1 是同相位,而模态 2 是反相位,以此类推。它们的设计特点是模态1和模态2可以通过改变支杆的直径与长度来改变它们的固有频率。模态 3 和模态 4 除了改变支杆的直径与长度外,改变两个支杆之间的距离也可

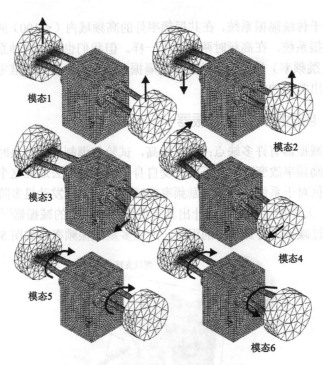

图 5.2.12　双质量自适应减振器的模态[16]

以改变它们的固有频率。模态 5 和模态 6 是扭转模态，惯性矩变得非常重要。圆盘的尺寸可以影响其惯性矩。所以说这些改变相对来说是比较独立的，即可以独立地通过改变这些参数来设计系统的固有频率。这种特性极大地简化了设计与调整减振器减振性能的努力。首先选择每个圆盘的质量（2 kg），然后，设置悬置支杆的尺寸（直径：10 mm；长度：75 mm），第一阶、第二阶固有频率分别为 97 Hz 与 103 Hz。如果目标频率为 100 Hz，这两个频率正好在目标频率的左右侧，这种特性产生了一种非常好的稳健性，特别适合补偿设计、制造、安装与环境产生系统固有频率的变化。第二个目标频率为 200 Hz。这个目标频率是通过调整支杆之间的距离（44 mm）来获得第三阶与第四阶的固有频率。第三个目标频率是 300 Hz。对于第五阶与第六阶频率，调整圆盘的直径与宽度。最终结构如图 5.2.12 所示。这种自适应减振器对于发动机这样的具有阶次的振动激励是非常有意义的。假如，某四缸四冲程柴油发动机的怠速发火二阶频率为 20 Hz，四阶频率为 40 Hz，六阶频率为 60 Hz。我们可以设计一款自适应发动机悬置，其目标频率分别为 20 Hz、40 Hz 和 60 Hz。这样的自适应发动机悬置相比传统的发动机悬置能够更好地减少发动机传递到底盘的振动，如图 5.2.13 所示。

第 5 章 卡车的减振

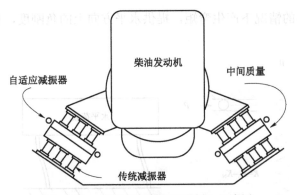

图 5.2.13 自适应减振器在潜艇上的应用

对于荷载变化的情况，也可以利用自适应负刚度机构，如图 5.2.14 所示[17]。

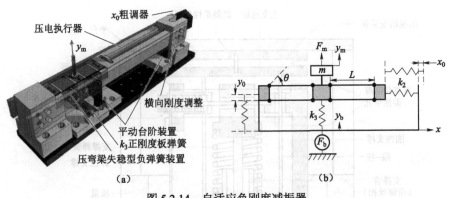

图 5.2.14 自适应负刚度减振器
(a) 实际试验模型；(b) 动力学模型

负刚度的原理是，当一个压弯柱失稳时，柱在水平方向产生负刚度，即当施加水平力时，刚度不是抵抗位移而是帮助增加位移。其自适应原理是根据荷载的大小，通过水平方向的结构控制压弯失稳梁的动作，即负刚度的加入与大小，从而达到根据荷载的大小进行自适应刚度调整的功能。

5.2.7 准零刚度减振器及其应用

负刚度（准零刚度）减振器介绍参见文献[18～20]。这种减振器基于两种负刚度减振器。一种是垂直方向的负刚度减振器，如图 5.2.15 和图 5.2.16 所示。

对于垂直运动减振器，垂直方向的弹簧负责支持垂直方向的荷载，而水平方向上的机构提供加载力 P，提供负刚度。对于水平荷载运动，利用"梁-柱效应"，支柱在水平方向上的刚度提供水平方向的刚度，而支柱在垂直方向的荷载在有水平位移的情况下产生弯矩，提供水平方向上的负刚度，如图 5.2.17 和图 5.2.18 所示。

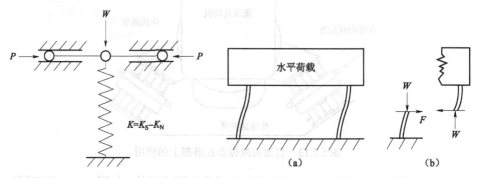

图 5.2.15　垂直运动负刚度减振器　　　图 5.2.16　水平运动负刚度减振器

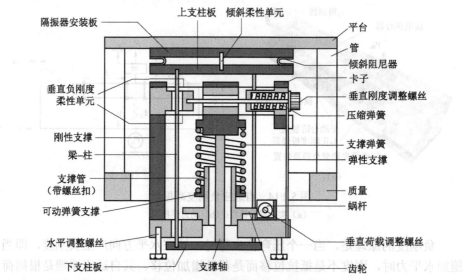

图 5.2.17　负刚度机制减振器简图

图 5.2.18　负刚度机制（NSM）减振器

这种装置有的因为承受荷载大（227～309 kg），其体积也比较大，W（610 mm）$\times D$（572 mm）$\times H$（216 mm）；承载荷载小（43～59 kg）的体积也比较小，W（121 mm）$\times D$（121 mm）$\times H$（178 mm）。它们的水平与垂直固有频率都非常低，如果将该装置固有频率调整到 0.5 Hz，它可以在 2 Hz 取得 93%的隔振效率，在 5 Hz 时 99%而在 10 Hz 时则达到 99.7%。这种装置已经申请专利[21]，并已大规模商用化。另外，Ahn 还分析了这种装置的优缺点，参见文献[22]。自适应负刚度减振器适合在卡车中应用，如座椅、驾驶室悬置等方面。但需要在有限的设计空间上巧妙设计，还要考虑在零刚度时减少冲击的能力。

另一个在汽车中的应用是汽车座椅，如图 5.2.19 所示[23]。

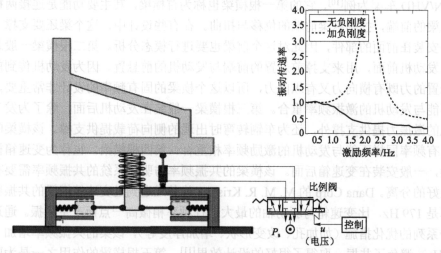

图 5.2.19　汽车座椅的负刚度结构

由图 5.2.19 可见，具有负刚度的座椅的振动传递率要比没有负刚度的座椅低很多，而且没有共振现象。

5.3　卡车的车架

车架是卡车的脊梁，是承载卡车荷载的部件。几乎所有的卡车部件都直接或间接地安装在车架上。车架集成了悬挂、发动机、驾驶室与挂车。车架必须具有足够的强度、刚度与柔度，以承受卡车各总成的质量与有效荷载，并承受卡车行驶时车上所产生的各种力与力矩，以及由路面的不平而导致的荷载与冲击。车架要有足够的强度，保证在各种复杂受力（弯曲、扭转、拉伸、振动、交变应力、道路激励、车辆转弯）的情况下不受破坏。车架要有足够的疲劳强度，保证卡车大修里程内不至于有严重的疲劳损伤。还要有足够的弯曲强度，保证卡车在各种复杂受力的使用条件下，固定在底盘上的各总成不致因变形而早期损坏或失去正常的工作能力。通常重型载重汽车的车架，其最大弯曲挠度应小于 10 mm。

车架由纵梁与横梁组成，形成一个梯形的结构。横梁确保两个纵梁的平行位置，提供一个刚性的梯形结构。横梁控制着纵梁的轴向扭转与纵向运动，减少一个纵梁传递到另一个纵梁的扭转应力。车架的一系列横梁为车辆提供更好的操控性能，防止位移，最重要的是提供扭转强度来抵抗车架的扭转。横梁还被用来保护线束与管路，其功能是支持驾驶室、发动机、变速箱、桥以及各种部件。横梁还帮助支持在纵梁上的动力总成部件及弹簧支撑支架。以 VOLVO VN/VHD 车架为例[10]，它的第一根横梁也称为首横梁，其主要功能是连接两根纵梁的前端，控制纵梁前端的位移与扭曲。在有些设计中，这个梁还要支撑一些安装在前面的部件，因此对这个前梁也要进行模态分析。第二根横梁一般装在发动机前面，用来支撑前悬置的前端与发动机的前悬置。因为发动机传到前悬置的力既有横向力又有纵向力，所以这个横梁的固有频率的设计非常重要，不能与发动机的激振频率重合。第三根横梁一般装在发动机后面，除了为发动机的激振力提供支撑外，还为车辆转弯时出现的侧向荷载提供支撑。该横梁的固有频率同样不能与发动机的激励频率相重合。第四根横梁，也称为变速箱横梁，一般安装在变速箱后面。该横梁的共振频率与驱动系统的共振频率需要有很好的分离。Dana Corp 的 M. M. R. Krishna 就曾经遇到过变速箱横梁的共振频率是 179 Hz，比变速箱与驱动轴的最大运行频率稍微高一点而产生共振。通过一系列的优化措施（如加孔、改变形状、增加厚度等），该梁的共振频率增加了 4 Hz，避免了共振，取得了很好的设计效果[11]。第五根横梁的作用之一是为驱动轴的中心轴承提供支承。第六、七根横梁是为后悬挂系统提供支持。对于重卡来讲，该梁承受着很高的荷载，因此应力比较高，一般这个横梁要比其他横梁的幅宽大许多。也有将这个梁做成 X-型横梁的，为车架提供更高的扭转刚度。这个横梁非常重要，因为在其安装的位置上有后悬置、驱动轴、鞍座，也是承载的主要部位。它所受的荷载非常复杂且非常大，也是对整体车架的扭转刚度贡献最大的横梁。最后一根横梁就是尾横梁，它的基本作用之一就是保持纵梁尾端的设计宽度。纵梁后伸梁的长度一般大于前伸梁的长度，因此纵梁后端的弯曲位移与扭转位移都很大，在共振或者转弯情况下，纵梁后端的振型或位移也很大。因此，尾梁避免共振的设计以及对扭转与弯曲应力的抵抗对车架的耐久性设计非常重要。

车架需要承受三种主要荷载，即垂直、扭转与侧向力。纵梁支持垂直与侧向荷载，如发动机、变速箱、油箱、电池、悬挂、驾驶室、工作设备和货物。横梁提供扭转刚度，支持像发动机、变速箱、水箱等部件。另外，横梁的作用是防止侧向荷载,如油箱与电池盒所产生的侧向荷载所引起的纵梁的扭曲。车架的主要功能是在驾驶员运行的任何地方都能够安全地承载最大荷载。它还必须吸收发动机与桥的扭矩,吸收扭曲、弯曲和不平道路的冲击荷载。当车辆在运行中加速、刹车、拐弯时,车架承受着横向、纵向与垂向的各种受力,使得车架产生横向、纵向与垂向的平移振动,还有绕 x、y 与 z 轴的跳动、纵摇(Pitch)和横摇(Roll)运动。当一辆卡车运行在不平的道路上时,每个轮子相对于其他轮子上下运动。这些轮子的相对位置通过悬挂系统对车架施加不同大小,甚至不同方向的力,使得车架承受各种各样的扭曲变形。另外,车轮系统在不同的共振频率下有着不同的共振模式,包括跃振(Hop)、平行跃振(Parallel Hop)、交替跃振(Tramp)、制动跃振(Brake Hop)、驱动跃振(Power Hop),还有车桥的横向抖动(Axle Side Shake)、纵向抖动(Axle Fore–Aft shake)、偏摇(Axle Yaw)、纵摇(Axle Wind–up),以及转向系统的振动、转向车轮强制摆振(Wheel Flutter)、转向车辆自激摆振(Wheel Wobble)、转向车轮跃摆振动(Shimmy)与转向盘绕转(Wheel Fight)。因此也会使车架产生不同形式的扭曲。

车架要有适当的扭转刚度。当汽车行驶于不平路面上时,为了保证汽车对路面的不平度的适应性,提高汽车的平顺性和通过能力,要求具有合适的扭转刚度。通常要求底盘两端的扭转刚度大些,而中间部分的扭转刚度适当小些。要有足够的柔度来承受在不同道路或荷载条件下的冲击荷载,如扭转、弯曲、摇摆和下垂。当这些荷载或力被去掉后,车架要有能力回归到它原来的形状。

车架被破坏并不是因为梁的强度不够,或是梁的屈服极限不高,而是疲劳。一般来讲,应力集中是一个六次方效应的因子,如果一个部件的应力集中增加一倍,其寿命将大幅减少。

一般的,重型商用车车架不是设计成完全刚性的,而是强度与柔度某种程度的组合。车架必须是轻的,但又有足够的强度来承受车辆的荷载且不会有大的扭曲。此外,它必须有足够的刚度来保证部件承受不同力的作用[21]。

车架为车辆提供刚度。车架有固有频率,同时有若干个振动频率与模式。最重要的频率是弯曲频率。车架弯曲频率通常是第一阶振动频率,一般在 6~9 Hz[22]。车架的长度相比高度要大得多,所以沿着长度方向相对柔软。但有一个与共振频率相同的垂直力激励车架时,车架就会在这个频率上产生比较大的位移,会使运行质量变坏。对于车架的悬挂而言,需要较低的固有频率。像车架这样的结构,高的固有频率会有好的运行质量。如果车架的固有频率低于激励频率的 1.414 倍以上,车架的固有频率就不会被激励,那么输入的振动到车架的传递就会很低。另外高频振动不重要,因为人体对它们并不敏感。

车架的前六阶频率在车架的动力特性中发挥着非常重要的作用。道路的激励是主要的摄动，因为车架的固有频率就在道路激励的频率范围内。因此设计车架时包括车架的动力响应是非常重要的[25]。

大家公认的是，底盘的扭转刚度是车辆底盘最重要的特性之一。有许多技术与设计上的要求，底盘需要大的刚度。缺乏底盘扭转刚度会影响到横向荷载转移分布，因为它允许悬挂连接点产生位移而修正悬挂的运动学特性，它还能够触发不希望的动力效应，如共振现象与振动[27]。底盘刚度低会有如下缺点：难以实现横向荷载转移分布的控制，悬挂的安装点会产生位移，以及不能保证轮胎运动所要求的控制；振动的动力效应会出现；疲劳现象会更明显；运行质量变坏[26]。扭转刚度对车辆的操纵与侧翻等动力特性都有很大影响。一般来说，要求车架刚度尽可能高，因为低扭转刚度会引起共振或振动[28]。

5.3.1　车架的几何参数

重型卡车的车架的几何参数是决定车架动力性能的基本参数。重型卡车的设计与生产特点是设计一种基础车型，然后根据市场与客户的具体要求，在基础车型上进行改变，以满足市场与客户的需求，而且这些改变是呈现指数性变化的，例如发动机、变速箱、驱动轴、轮胎布置、悬挂种类、车轮种类、轴距变化、驾驶室的种类，等等，再加上它们的组合，一个卡车的基础平台有上万种配置甚至尺寸的变化是非常正常的。这就是所谓的卡车设计与开发的平台化与系列化原理。所以我们不可能穷尽所有卡车的组合与变化，只能根据现有可以查到的设计数据向大家做一个基本介绍，提供一个重卡车架的参考，如表5.3.1 所示。

车架的截面形状与尺寸对车架的动力特性有很大影响。除了要求车架的刚度尽可能高以外，在实际运行中或在设计验证中还会发现某些横梁处于某个频率的共振状态，或者发现整车处于某个频率的共振状态，需要对结构进行修正。在设计中需要知道哪些参数对车架的动力特性有影响。我们看到，不论是弯曲强度还是车架的共振频率都与车架的惯性矩有关。最重要的是车架的几何与材料参数的组合指数：EI（E 是车架的弹性模量，表示材料特性；I 是车架的惯性矩，表示几何特性）。EI 用于计算车架的弯曲刚度与弯曲固有频率。

图 5.3.1 所示为根据不同重卡公司发布的 50 种卡车的车架截面参数所计算的车架截面惯性矩直方图，平均值为 $5\,327\ cm^4$，标准方差为 $2\,248\ cm^4$。重卡车架的截面平均惯性矩，或者说我们收集的车架数据的一半的车架截面惯性矩是 $4\,571\ cm^4$，车架最好的截面惯性矩大约为 $9\,397\ cm^4$。

表 5.3.1 部分重卡的车架参数

卡车品牌	发动机功率/hp	发动机扭矩/(N·m)	驱动形式	Model	自身质量/kg	前轴质量/kg	后轴质量/kg	总轴质量/kg	轴距/mm	车架长度/mm	车架宽度/mm	后伸/mm	前伸/mm	纵梁高度/mm	纵梁宽度/mm	纵梁厚度/mm
Man	280	1 100	8×4	D0830LFL43	7 500	23 000	23 000	26 000	3 876	7 257		1 300	1 293	270	85	7
	420 460 500	2 100 2 300 2 500	6×1	D2676LR47 D2676LR46 D2676LR46	9 245 9 250 9 280	80 000	20 000	26 000	3 300 3 600 3 900	6 875 7 175 7 475	762~ 942	700	1 475	270	85	8
Freight-liner	220~ 300	678~ 895		MT55	9 370~ 13 620				4 013~ 7 620					232	71	7.9
	200~ 210	759~ 795		MT45					3 505~ 5 283					293	76	6.4
Scanja	730	3 500	6×4	R730	8 853	6 120	3 680	96 (R)	3 975	6 908	770	1 458	1 475	270	90	9.5
	360~ 400	1 850~ 2 100	8×4	P360/400		8 908	2 800	96 (R)	8 778	9 155	770	1 940	1 455	270	90	9.5
Hino	210	597		Hino 195 [X]		3 301	6 202	9 502	3 805~ 4 399	845~ 1 124	838	1 176	1 127.8	298~ 300	90	
	320~ 350	1 275~ 1 422	6×4	Hino 500	26 000	3 698~ 3 916			4 155~ 6 410		840	2 250~ 3 400	1 380		90	7/8

续表

卡车品牌	发动机功率/hp	发动机扭矩/(N·m)	驱动形式	Model	自身质量/kg	前轴质量/kg	后轴质量/kg	总轴质量/kg	轴距/mm	车架长度/mm	车架宽度/mm	后伸/mm	前伸/mm	纵梁高度/mm	纵梁宽度/mm	纵梁厚度/mm
Kenworth	500	1450~2050	6×4	T2000	50 000	7 684	6 468	14 152	4 064	253		60	37	270	89	8
	600	2 050	6×4	C500B	50 000	7 921	6 310	14 231	4 064	268		60		271	89	13
	485	1 650	6×4	T600B	50 000	7 645	6 413	14 058	4 064	253		60	37	295	88	10
	380	1 480	6×4	T800B	50 000	7 656	6 361	13 967	4 064	254		60	37	273	89	10
	485	1 460~2 050	6×4	W900B	50 000	7 263	6 876	14 139	4 064	268		60	18	271	89	13
ISUZU	296	981	6×4	PVZ 260~300 MWB	26 000	6 600	20 000	26 600	4 410	7 605	850	1 755	1 440	254	85	8
	298	982	6×4	PVZ 260~300 LWB	26 000	6 600	20 000	26 600	6 470	11 150	850	3 240	1 440	258	85	10
	215	804	6×2	4×2 Deep	7 830	6 500	11 500	18 000	4 030	7 410	850	1 950	1 620	286	90	7
	340	1 323	6×4	6×4 tractor	8 700	6 500	23 000	295 000	4 480	6 840	850	840	1 620	286	90	7
Daewoo	420	1 666	8×4	D.H. 1 DV15TTS	13 670		19 000	27 000	5 890	8 960	850	782	1 620	320	90	8
Volvo	400 480 520	2 000 2 200 2 500	8×2	FH 62T	8 485	8 000			3 400	6 937		810	1 362	300	90	7

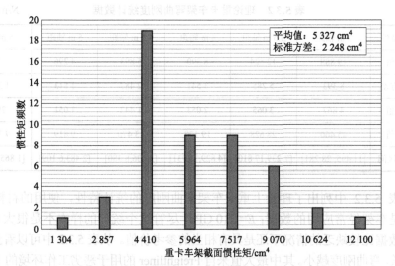

图 5.3.1 部分重卡车架截面惯性矩数据

5.3.2 车架的弯曲刚度

车架的弯曲刚度是将车架固定在前后车架的车轮中心处，然后在车架左右纵梁上，在轮距的中心处施加 0.75 kN 的集中力，测量在施力点处的位移[29]。

$$K_b = \frac{1\,500}{\delta} \quad (\text{N/mm}) \tag{5.3.1}$$

当梁是一个简支梁时，在梁中央受到集中力 P 的作用下，它在梁中心的位移是

$$\delta = \frac{PL^3}{48EI} \tag{5.3.2}$$

根据车架弯曲刚度的定义：

$$K_b = \frac{48EI}{L^3} \tag{5.3.3}$$

这个公式可以作为车架纵梁弯曲刚度的一个估计公式，其中的 L 是车辆的轴距。

根据 Altair 对车架的计算[29]，一个车架的弯曲刚度是 2.2 kN/mm，使用式（5.3.3）计算的结果是 2.1 kN/mm。

利用式（5.3.3）及图 5.3.1 中车架的截面惯性矩数据，可以算得车架的理论弯曲刚度，如表 5.3.2 所示。

表 5.3.2　理论重卡车架弯曲刚度统计数据　　　　　　　　　　N/mm

统计特性	3 m 轴距	3.5 m 轴距	4 m 轴距	4.5 m 轴距	5 m 轴距	5.5 m 轴距
平均值	19 888	12 524	8 390	5 893	4 296	3 227
标准方差	8 393	5 285	3 541	2 487	1 813	1 362
最小值	4 867	3 065	2 053	1 442	1 051	790
最大值	45 460	28 628	19 179	13 470	9 819	7 377
一个σ区间	[11 495, 28 281]	[7 239,17 810]	[4 829,11 931]	[3 406,8 380]	[2 483,6 109]	[1 865,4 590]

表 5.3.2 中列出了理论上重卡车架弯曲刚度的统计特性，使用的材料弹性模量是车架经常应用的数据：$E= 210$ GPa。尽管这个统计的样本不是很大（50），但在数据比较缺乏的情况下还是具有相当的参考价值。从表 5.3.2 中可以看到，轴距越长，弯曲刚度越小。其中最大值来自 Freightliner 的用于恶劣工作环境的 122SD 型专用重卡车，它的车架尺寸为 $13\frac{1}{8}$ in $\times 3\frac{3}{4}$ in $\times \frac{17}{16}$ in，外加 $\frac{1}{4}$ in 的 C 形加强梁。

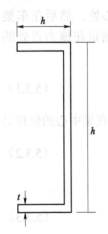

图 5.3.2　C 形梁截面

车架的几何参数与材料参数都会对车架的动力特性产生影响。截面模量（Section Modulus）是描述车架几何形状的，而抗弯矩（Resisting Bending Moment，RBM）是描述车架截面的几何尺寸与材料特性及几何材料的组合特性的。

C 形梁（图 5.3.2）的惯性矩公式为

$$I = \frac{bh^3 - (b-t)(h-2t)^3}{12} \tag{5.3.4}$$

C 形梁的抗弯截面模量可以表达为

$$Z = \frac{bh^2}{6} - \frac{(b-t)(h-2t)^3}{6h} \tag{5.3.5}$$

它是截面抵抗弯曲的几何能力。抗弯矩的概念是将纵梁的几何性能与材料的屈服性能放在一起来衡量纵梁抵抗弯曲的能力。因此，它被定义为梁截面模量与梁材料屈服强度的乘积：

$$RBM = Z \times Y \tag{5.3.6}$$

这个参数包含了纵梁的几何参数与材料的屈服能力，它的值越大说明梁的抗弯曲能力越大。如果这个值不超过许用值，梁就不会出现失效。但是存在一个缺点：同样高的 RBM 值，可能有不同的组合。例如，高的几何设计与低的钢屈服能力，或低的几何设计与高的材料屈服能力，因此几何意义与物理意义实际上是不一样的。另一个缺点是，这个参数与轴距没有关系，我们知道对于同样的纵梁，或具有同样 RBM 的梁，其轴距越大，纵梁的刚度越小。但是这个概念容易被没有专业知识的客户理解，因此许多重卡生产商与销售商愿意在车辆性能的表格中列出这些数据，以便吸引潜在客户。提高 RBM 有两种方式：一种是增加梁的几何抗弯截面模量，另一种是采用比较高的屈服强度的钢材。

从表 5.3.3 可以看到，Daimler 旗下的 Freightliner 的 122SD 重型卡车的车架的抗弯矩（RBM）是最高的，达到 573 kN·m。其中一个原因是选用的材料具有很高的屈服极限（827 MPa），一方面是采取几何上的加强措施——幅高达 333.4，厚度在加强后达到 17.5 mm。因为 122SD 代表 Severe Duty，即在非常恶劣的环境中工作，需要强大的车架。Hino 的车架抗弯矩最低仅为 40 kN·m，不及 Freightliner 的十分之一，因为 Hino195 DC 是 6 类中卡，功率才 210 hp，不需要那么强的车架。

表 5.3.3 部分卡车的抗弯矩

卡车品牌	发动机功率/hp	发动机扭矩/(N·m)	驱动形式	Model	自身质量/kg	轴距/mm	纵梁高度/mm	纵梁宽度/mm	纵梁厚度/mm	截面模量/m³	屈服强度/MPa	抗弯矩/(kN·m)
	220~300	705~895	4×2	MT55	9 370~13 620	4 013~7 620	231.775	71.437 5	7.9	5.842E−04	562	322
	200~240	705~759	4×2	MT45		3 505~5 283	203.2	76.2	6.4	3.422E−04	345	118
	300~600	1 250~2 050	8×4	122SD	11 768~23 608	5 080~7 620	258.8	88.9	8.7	7.760E−04	827	205
Freightliner	300~600	1 250~2 050	8×4	123SD	11 768~23 608	5 080~7 620	328.6	95.3	8.7	1.351E−03	827	307
	300~600	1 250~2 050	8×4	124SD	11 768~23 608	5 080~7 620	333.4	95.3	11.1	1.740E−03	827	395
	300~600	1 250~2 050	8×4	125SD	11 768~23 608	5 080~7 620	282.6	90.5	17.5	1.718E−03	827	419
	300~600	1 250~2 050	8×4	126SD	11 768~23 608	5 080~7 620	328.6	95.3	15.1	2.185E−03	827	488
	300~600	1 250~2 050	8×4	127SD	11 768~23 608	5 080~7 620	333.4	95.3	17.6	2.557E−04	827	573
Man	280	1 100	6×4	D0836LFL13	7 560	3 875	270	85	7	7.146E−04	460	329
	420 460 500	2 100 2 300 2 500	6×4	D2676LF47 D2676LF46 D2676LF45	9 215 9 260 9 280	3 300 3 600 3 900	270	85	8	8.064E−04	154	124

续表

卡车品牌	发动机功率/hp	发动机扭矩/(N·m)	驱动形式	Model	自身质量/kg	轴距/mm	纵梁高度/mm	纵梁宽度/mm	纵梁厚度/mm	截面模量/m³	屈服强度/MPa	抗弯矩/(kN·m)
Kenworth	500	1 450~2 050	6×4	T2000	22 700	4 064	270	89	8	7.886E–04		201
	600	2 050	6×4	C500B	22 700	4 064	271	89	13	1.206E–03		303
	485	1 650	6×4	T600B	22 700	4 064	295	98	10	1.118E–03		291
	380	1 450	6×4	T800B	22 700	4 064	273	89	10	9.544E–04		241
	485	1 450~2 050	6×4	W900B	22 700	4 064	271	89	13	1.206E–03		303
ISUZU	296	981	6×4	FYZ 260~300 MWB	26 000	4 410	254	85	8	6.958E–04		
	298	982	6×4	FVZ 240~300 LWB	26 000	6 470	258	85	10	8.797E–04	275	242
Hino	210	597	4×2	Hino 195 DC	8 853	3 805~4 399					392	39.9~47.8

ST 52 钢的屈服强度一般为 360 MPa，拉伸强度为 520 MPa。我国采用的纵梁的材料有 Q345（16Mn）钢板，材料弹性模量 $E=2.1\times10^5$ MPa，泊松比 $\mu=0.3$，密度 $\rho=7.8\times10^{-6}$ kg/mm³，屈服强度为 345 MPa。

5.3.3 车架的扭转刚度

发动机通过楔形的悬置安装在纵梁上，因此发动机的振动力在纵梁上产生水平与垂直的周期力。这些周期力在左右纵梁上又不是同相位的，因此会在车架上产生弯矩、扭矩与横向力。

高扭转刚度的车架可以在车辆运行时使驾驶员与乘员感到车辆有一种"结实"的感觉，特别是当道路不同而且有许多坑的时候。因为驾驶室有更少的扭曲与位移，驾驶室中相连接的两个部件之间的摩擦声与敲击声会更少。

车架扭转刚度试验的确定方法是将车架在后悬挂安装点上加以固定，然后在前悬挂的左右安装点上施加大小相同但方向相反的垂直力，产生扭矩 T。

$$T = \frac{|R_r|+|R_f|}{2}L_s \tag{5.3.7}$$

式中，R_r 与 R_f 为左右边梁上施加的支反力；L_s 为两个力之间的横向距离。

扭转位移 θ 是通过测量在梁的端点的位移来确定的：

$$\theta = \frac{|\delta_r|+|\delta_f|}{L_r} \tag{5.3.8}$$

式中，δ_{r} 与 δ_{f} 为在左右轮上的垂直位移；L_{r} 为两个位移测量点的横向距离。那么车架的扭转刚度定义为[32]

$$K = \frac{T}{\theta} \qquad (5.3.9)$$

车架扭转刚度的单位为：N·m/rad 或 N·m/(°)。

车架的扭转刚度低于 100 kN·m/rad 通常认为是软的，扭转刚度在 100~250 kN·m/rad 认为是中等硬度的，而高于 250 kN·m/rad 认为是硬的[33]。如果车架的扭转刚度在 800~900 kN·m/rad，那么车架就认为是绝对刚性的[34]。

一般汽车生产商不会公布车架的刚度数据，即使少数汽车生产商公布这些数据，也不会以这些数据做广告，或作为其产品的卖点，因为客户一般不理解这些数据的物理意义及其对产品性能的影响。对于乘用车来讲，扭转刚度从 2.6 kN·m/(°) 一直可以达到 60 kN·m/(°)。但对于重型卡车，生产商很少发表这种车架的扭转数据。美国国家高速公路安全管理局（NHTSA）测量了 8 个重卡拖车的扭转刚度，以便改进重卡动力学模型的精确性[35]，这是很少公布的重卡拖车的扭转刚度数据。这个测试是在整车上测量车架的扭转刚度，而不是单独测量车架，结果如表 5.3.4 所示。

表 5.3.4　拖车扭转刚度[35,45]

重卡品牌	拖车扭转刚度/[kN·m·(°)$^{-1}$]
2008 Fontaine 14.3 m 平板拖车	1.1
1999 Fruehauf 14.3 m 平板拖车	0.8
2004 Great Dane 8.5 m 平板拖车	3.1
1975 Great Dane 8.5 m 平板拖车	1.5
Ravens 8.5 m 平板拖车	3.1
2001 Fruehuaf 16.2 m 厢型	69.6
2008 Strickland 16.2 m 厢型	155.9
2008 Heil 9200-加仑罐车	536.9

从表 5.3.4 中可以看出，轴距越长，扭转刚度越小。厢型卡车和罐车比平板车的扭转刚度要大得多。另外，如果观察同一类型的卡车，老的车型的扭转刚度要比新车型的扭转刚度低，尽管有的车辆的制造商不尽相同，但是我们期望随着车辆的使用，车辆的扭转刚度会降低。

从理论上来讲，车架的扭转刚度与纵梁的几何尺寸、形状、材料有关，还与横梁的个数、形状、安装位置、安装方式、所用材料等相关，理论上没有解析解。对于梯形车架而言，一般由5~8根横梁加上2根纵梁组成。日本五十菱汽车公司的Ao等对这些横梁与纵梁对车架扭转刚度的贡献进行了理论与试验研究，使用扭转刚度贡献率（Share Rate）的概念，他们的方法是：先计算车架的总扭转刚度，然后去掉一根横梁，计算车架的刚度，与车架的总刚度相比较，得出这个横梁对车架扭转刚度的贡献。他们对一款比较经典的6根横梁的车架的分析结果表明，纵梁对扭转刚度的贡献最大，占60%以上，而所有的横梁对车架扭转刚度的贡献不到40%。在所有的横梁中，第四与第五横梁的贡献最大，每根的贡献大概在10%左右[37]。

车架的扭转刚度越大，车架能够承受的转弯力矩越大，因此对悬挂几何的影响就越小。

5.3.4 车架的基本频率

车架的振动频率是车架动力性能最基本的指标性参数。模态分析是最基本的动力分析，用来计算车架的动力特性。模态分析可以帮助确定车架的固有频率及与之相对应的振型。计算、试验与估计车架的固有频率及与其相应的振型的目的是，以这些共振参数作为参考值，为卡车NVH的模态分离技术提供最基本的信息，避免共振现象，选择部件与系统的最优悬挂与安装点，检查是否有部件连接点或部件安装点在最大振型变形处，用于随机振动分析、简谐振动分析。

现在不乏各种高级的计算机计算程序，详细描述车架的物理与几何参数，获得比较精确的车架基本频率。但是有些车架在几何上是很规则的结构，如等宽车架，这样就可以在可接受的误差范围内近似估计车架的基本频率。

卡车的车架是一个支撑在前后车轮上的梁，如果只考虑梁的弯曲模态，它就可以简化为具有外伸梁的简支梁。如果进一步简化为具有对称外伸梁的简支梁（相对应于4×2，6×4），它的基本共振频率就可以用下式来近似[38]：

$$f^2 = \frac{K_1}{L^4} \frac{EI}{\rho A} \qquad (5.3.10)$$

式中，ρ为单位体积的质量密度（kg/m³）；E为弹性模量（Pa）；I为梁的截面惯性矩（m⁴）；A为截面面积（m²）；L为车架长度（m）；K_1为与外伸梁长度与车架长度的比例相关的系数，可以根据轴距与总长的比例，通过图5.3.3来确定。

根据轴距与车架总长之比可以查出K_1，然后按式（5.3.10）计算梁的一阶振动频率。

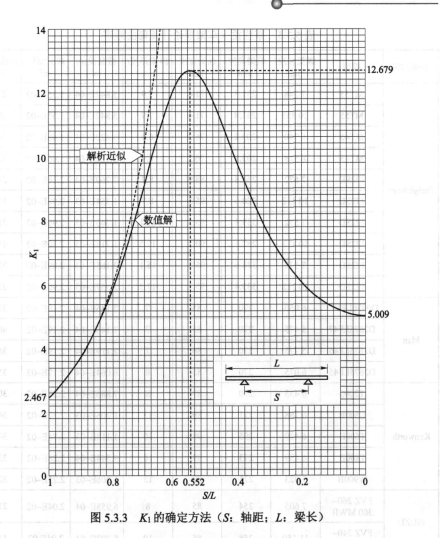

图 5.3.3 K_1 的确定方法（S：轴距；L：梁长）

一般情况下，车架共振频率的计算是在车架处于自由-自由边界条件下进行的。如果假定纵梁是在两端没有约束的条件下，那么它的弯曲固有频率为[39]

$$f^2 = \frac{\left(\dfrac{11.2}{\pi}\right)^2}{L^4} \frac{EI}{\rho A} \qquad (5.3.11)$$

式（5.3.10）与式（5.3.11）表达的内涵是一样的，唯一的差别是系数 K_1 与 $\left(\dfrac{11.2}{\pi}\right)^2=12.71$ 的不同表达方式。从图 5.3.3 中可以看到，当轴距与车架总长的比例为 0.552 时，K_1 等于 12.679。两个公式在一定条件下是等价的。表 5.3.5 所示为某些重卡车架理论计算弯曲频率。

表 5.3.5 某些重卡车架理论计算弯曲频率

卡车品牌	模型	纵梁长度/mm	纵梁高度/mm	纵梁宽度/mm	纵梁厚度/mm	截面模量/m³	截面面积/m²	弯曲频率/Hz
Freightliner	MT55	7 248	231.8	71.4	7.9	5.842E−04	1.55E−02	23.2
	MT55	10 855	231.8	71.4	7.9	5.842E−04	1.55E−02	10.3
	MT45	6 740	203.2	76.2	6.4	3.422E−04	1.46E−02	19.8
	MT45	8 518	203.2	76.2	6.4	3.422E−04	1.46E−02	12.4
	122SD	7 572	258.8	88.9	8.7	7.760E−04	2.16E−02	21.9
	122SD	10 112	328.6	95.3	8.7	1.354E−03	2.98E−02	15.6
	122SD	7 572	333.4	95.3	11.1	1.740E−03	2.99E−02	31.7
	122SD	10 112	282.6	90.5	17.5	1.718E−03	2.30E−02	18.5
	122SD	7 572	328.6	95.3	15.1	2.185E−03	2.89E−02	35.9
	122SD	10 112	333.4	95.3	17.5	2.557E−03	2.90E−02	21.8
Man	D0836LFL13	6 050	270	85	7	7.146E−04	2.19E−02	33.5
	D2676LF47	5 475	270	85	7	7.146E−04	2.19E−02	40.9
	D2676LF46	5 775	270	86	7	7.119E−04	2.19E−02	36.7
	D2676LF45	6 075	270	85	8	8.064E−04	2.17E−02	35.4
Kenworth	T2000	6 433	270	89	8	7.886E−04	2.27E−02	30.5
	C500B	6 788	271	89	13	1.206E−03	2.22E−02	34.4
	T600B	6 439	295	98	10	1.118E−03	2.74E−02	34.5
	T800B	6 439	273	89	10	9.544E−04	2.28E−02	33.6
	W900B	7 023	271	89	13	1.206E−03	2.22E−02	32.1
ISUZU	FVZ 260–300 MWB	7 605	254	85	8	6.958E−04	2.04E−02	21.0
	FVZ 240–300 LWB	11 150	258	85	10	8.797E−04	2.04E−02	11.1

注意：在表 5.3.5 的计算中，使用弹性模量 $E=210$ GPa，密度 $\rho=7\ 850$ kg/m³。

需要注意的是，上面给出的公式与计算结果是描述梁的整体频率，而不能用于梁的局部共振频率。车架是一个很长的梁，幅宽、幅高都比较大，因此车架的局部模态比较容易发生，也很丰富。这些局部模态与整体模态，在试验中需要布置更多的传感器来获得更多的位置信息与截面信息才能进行正确的判断，而有限元的计算结果也主要靠人们对某些共振频率的模态振型进行工程目视判断。另外要注意的是，当在整车状态下测量车架的共振频率时，其结果与这个计算是不一样的，因为整车状态下测量的边界条件与自由−自由边界条件不一定一样。在整车状态下，梁支撑在悬挂上，受到悬挂弹簧的约束，车架与悬挂形成一个振动系统。第一阶共振频率很可能是悬挂的偏频。

振动部件安装到卡车底盘的节点位置是减少振动传递到卡车底盘的方法之一。发动机与变速箱在底盘上的安装位置可以是沿着底盘第一阶扭转模态的对称轴上。在这个位置，可以减少发动机激励引起第一阶扭转模态的振动[40]。前轮中心与后轮中心尽可能设计在第一阶弯曲模态的节点上，如果因为静载荷而选择悬挂系统的安装不能与弯曲模态节点相重合，也要尽可能地将前后轮中心选择在弯曲模态的节点附近[40]。这样选择悬挂系统的安装位置可以减少来自悬挂输入运动对车架垂直弯曲模态的激励。

车架的局部加强是一种增大车架刚度的方法，可以移动车架的固有频率。具体方法就是将附加的加强钢板贴到车架纵梁的侧幅面（web/side rail）上。根据加强板的位置、长度与厚度，几何刚度的增加是不一样的，固有频率的增加也是不一样的[41]。

增加纵梁幅面的厚度比增加纵梁幅高的厚度更能增加纵梁的弯曲刚度，因此也能够更大地增加梁的弯曲固有频率[39]。

5.3.5 车架弯曲抖振

柔性梯形车架具有多种振动模态，弯曲模态就是其中的一种。当卡车在平坦的高速公路上高速（120~160 km/h 及以上）行驶并且车轮的旋转激励频率与车架的弯曲抖振频率相吻合时，这个车架的第一阶弯曲模态被激励。这种现象叫车架弯曲抖振（Frame Beaming）。出现车架弯曲抖振现象对车辆的运行舒适性有负面影响，会引起驾乘人员的抱怨。传统长头卡车的弯曲抖振频率一般不大，在 7~9 Hz[42]。对于某些具有高弯曲频率的重卡车架，车架的弯曲频率高于车轮的激励频率，这种现象就不存在了。对于轻卡与中卡来说，车架的弯曲共振频率相对重卡车架比较低，运行速度也比重卡更快，其车轮直径比重卡又小，一些激励频率会高一些，一般在 8~11 Hz，极有可能出现车架弯曲抖振现象。

影响车架弯曲抖振的设计参数与改进措施并不多，影响比较大的参数是驾驶室前悬置的位置。最理想的方式是在新车设计时，计算车架前端的弯曲振动振型的节点，将驾驶室前悬置的位置放在该振型的节点上。但这种控制策略只对新车设计有效。对于现有车辆的车架弯曲抖振现象，一种方法是增大车架的刚度，增加车架的弯曲共振频率，避开激励频率；另一种方法是在车架前端安装质量减振器，调节到车架弯曲抖振频率，降低共振幅值[42]。对这类问题还没有一种低成本、高效率的解决方案。

5.3.6 底盘的平动

平动中心为底盘上的一个点,在这个点上加上一个垂直力,底盘只产生垂直位移而不产生转动[43]。当底盘(不包括发动机)的重心与平动中心重合时,底盘的俯仰与平动模态完全解耦,车架俯仰的共振振型不会激励平动共振振型,反之亦然。

下面举例说明这种振动分离。图 5.3.4 所示为美国 M977 战术车辆的底盘简图。

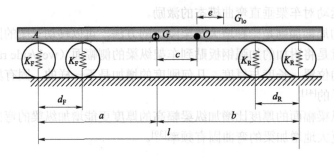

图 5.3.4 M977 简化模型

图 5.3.4 中,点 G 为底盘的重心,而点 O 为底盘的弹性中心,其定义为

$$K_F(a+c)+K_F(a-d_F+c)=K_R(b-c)+K_R(b-d_R-c)$$

$$c=\frac{K_R(2b-d_R)-K_F(2a-d_F)}{2(K_F+K_R)}$$

式中,K_F、K_R 分别为前后悬架刚度;d_F、d_R 分别为前后悬架轴距;c 为弹性中心与底盘重心的距离。

点 O 的物理意义是:当一个垂直的力加到点 O 时,底盘将平行地向下或向上平动而不会产生俯仰。

将卡车简化为两自由度振动系统,有平动和转动两个方向的自由度,根据力学平衡原理列出该系统振动微分方程:

$$m\ddot{z}+(K_F+K_R)z+[K_F(2a-d_F)-K_R(2b-d_R)]\theta=0$$

$$mk^2\ddot{\theta}+[K_F(2a-d_F)-K_R(2b-d_R)]z+\{K_F[a^2+(a-d_F)^2]+K_R[b^2+(b-d_R)^2]\}\theta=0$$

解得

$$\omega_1^2=\frac{\left(\alpha+\dfrac{\gamma}{k^2}\right)+\sqrt{\left(\alpha+\dfrac{\gamma}{k^2}\right)^2-4\left(\dfrac{\alpha\gamma-\beta^2}{k^2}\right)}}{2}$$

$$\omega_2^2 = \frac{\left(\alpha + \dfrac{\gamma}{k^2}\right) - \sqrt{\left(\alpha + \dfrac{\gamma}{k^2}\right)^2 - 4\left(\dfrac{\alpha\gamma - \beta^2}{k^2}\right)}}{2}$$

式中

$$\alpha = \frac{2(K_F + K_R)}{m}, \quad \beta = \frac{K_F(2a - d_F) - K_R(2b - d_R)}{m}$$

$$\gamma = \frac{K_F[a^2 + (a - d_F)^2] + K_R[b^2 + (b - d_R)^2]}{m}$$

质量集中在 O 点的平行跳动频率：

$$\omega_0^2 = \alpha$$

绕 G 点俯仰频率：

$$\omega_p^2 = \frac{\gamma}{k^2}$$

重心 G 点的跳动频率：

$$\omega_g^2 = \alpha - \frac{\beta^2}{\gamma}$$

振动中心为

$$R = \frac{Z}{\Theta} = \frac{K_F a - K_R b}{m\omega^2 - (K_F + K_R)} = \frac{\beta}{\omega^2 - \alpha}$$

式中，Z 为底盘重心 G 点的垂向位移；Θ 为底盘重心 G 点的转动角度。

底盘弹性中心 O 到重心 G 的距离 c 越短，底盘的跳动与俯仰模态解耦率越高。当弹性中心与重心完全重合时，$\omega_p = \omega_1$，$\omega_g = \omega_0 = \omega_2$，跳动与俯仰模态完全解耦。车辆设计参数如表 5.3.6 所示。

表 5.3.6 车辆设计参数[40]

参数	美军车 M977
K_F /(kN·m^{-1})	462.4
K_R /(kN·m^{-1})	462.4
a/mm	2 292
b/mm	3 042
d_F/mm	1 524
d_R/mm	1 524
l/mm	5 334

续表

参数	美军车 M977
m/t	20.53
I	1.70E+08
k	2 875.06

根据上述公式计算出美军车 M977 平动与俯仰特性,分析结果如表 5.3.7 所示。

表 5.3.7　M977 平动与俯仰特性对比

参数	美军车 M977
c/mm	375.00
e/mm	1 755.8
α	45.046
β	−16 892.35
γ	3.53E+08
$\omega_1^2/(\text{rad}\cdot\text{s}^{-1})^2$	49.86
$\omega_2^2/(\text{rad}\cdot\text{s}^{-1})^2$	37.88
$\omega_0^2/(\text{rad}\cdot\text{s}^{-1})^2$	45.05
$\omega_p^2/(\text{rad}\cdot\text{s}^{-1})^2$	42.69
$\omega_g^2/(\text{rad}\cdot\text{s}^{-1})^2$	44.24
f_0/Hz	1.07
f_p/Hz	1.04
f_g/Hz	1.06
R_p/mm	−3 509
R_g/mm	2 357.29

美军车 M977 弹性中心与底盘重心相距 375 mm,ω_1=7,ω_p=6.5,两者相差不到 0.5;ω_2=6.2,ω_g=6.2,两者相等。因此可以说俯仰与平动共振频率的耦合很小,其俯仰振动产生的能量不是很大,跳动与俯仰模态解耦率更高,车辆行驶平顺性应该是不错的。底盘平动模式使驾驶员失去了对车辆运动的颠覆感觉,所以更适用于卡车而不适用于乘用车,因为乘用车的乘员更喜欢车辆运行起来那种起伏的感觉[43]。

5.3.7 超级卡车的车架改进及对卡车 NVH 的影响

2010 年，由美国能源部支持的"超级卡车（Supertruck）"项目与世界顶级卡车 OEM 及供应商合作，其目的是相对于 2009 年最好的基础车型的货运效率提高至少 50%，发动机的制动热效率达到 50%。重型卡车在 29.484 t 总质量的情况下，在美国得克萨斯州从圣安东尼奥到达拉斯的公路环境下，以 104 km/h 运行时，卡车油耗达到 19.3 L/百公里。Daimler 旗下的 Freightliner 公司对外表非常科幻的超级卡车的底盘车架进行了革命化改进，其目的就是减小车架的质量，提高车架的刚度。车架采用了铝合金，车架的横梁个数减少，再加上其他减重措施，可以最高减少牵引车的质量达 1135 kg，而高强度 6000 系列铝合金辊压成型车架相对于传统钢车架来说可以减少 410 kg 的质量[44]，占总减重的 12%[45]。

考虑影响梁 NVH 性能的材料特性，我们比较弹性模量与密度[46]。铝合金与铸钢的性能相比：弹性模量之比为 $\dfrac{68.3\,\text{GPa}}{210\,\text{GPa}} \approx 1/3$，密度之比为 $\dfrac{2710\,\text{kg/m}^3}{7850\,\text{kg/m}^3} \approx 1/3$。

在 C 形纵梁的抗弯能力方面，EI 是决定梁刚度的一个量。铝合金的弹性模量是铸钢的 1/3 左右，要想二者的 EI 相等，铝合金纵梁几何形状的 I 惯性矩必须是铸钢 I 的 3 倍，即铝合金的 $I = \dfrac{bh^3}{12}$ 就必须是铸钢 I 的 3 倍。但是为了提高车架的扭转刚度，该车架的中间部位采取了三个 X 形横梁的结构增加梁的扭转刚度。现存底盘的 C 形截面如图 5.3.5 所示。

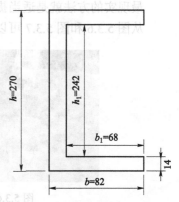

图 5.3.5　现存底盘的 C 形截面

C 形梁的惯性矩公式为

$$I = \dfrac{bh^3 - (b-t)(h-2t)^3}{12} \quad (5.3.12)$$

如果铝合金纵梁的幅高、幅宽与厚度是相应钢纵梁尺寸的 1.5 倍，那么铝合金纵梁的惯性矩就是钢纵梁惯性矩的 $1.5^4 \cong 5$ 倍。

如果使铝合金纵梁的惯性矩是铸钢惯性矩的 3 倍，则有

$$3\dfrac{bh^3 - (b-t)(h-2t)^3}{12} = \dfrac{b_{铝}h_{铝}^3 - (b_{铝}-t_{铝})(h_{铝}-2t_{铝})^3}{12}$$

幅宽与梁的惯性矩是成正比的，如果铝合金纵梁的厚度与幅高都与钢梁的厚度与幅高相同，再假定铝合金梁的幅宽 $b_{铝}=3b$，有

$$\dfrac{b_{铝}h_{铝}^3 - (b_{铝}-t_{铝})(h_{铝}-2t_{铝})^3}{12} = 3I - \dfrac{2(t_{铝})(h_{铝}-2t_{铝})^3}{12}$$

即使铝合金纵梁的幅宽是钢纵梁幅宽的 3 倍，也达不到钢纵梁的刚度。因此可以得出一个一般性结论：铝合金纵梁的幅宽必须大于钢纵梁的幅宽。

另一个因素是梁幅高。梁幅高与梁惯性矩成 3 次方比例，因此提高铝合金梁的幅高能够有效提高其惯性矩。假定铝合金梁的厚度、幅宽都与钢梁一样，而铝合金梁的幅高是钢梁的 1.5 倍，则有

$$\frac{b_{铝}h_{铝}^3-(b_{铝}-t_{铝})(h_{铝}-2t_{铝})^3}{12}=\frac{b(1.5h)^3-(b-t)(1.5h-2t)^3}{12}<3.375I$$

另一个因素是厚度。梁的厚度通常比较小，对梁惯性矩的影响相对于其他两个参数也比较小，而且厚度太大，辊压工艺就会遇到困难，或增加加工工艺的成本。因此即使铝合金梁，Volvo 超级卡车的原型机也是采用厚度为 9 mm 的铝合金纵梁[44]。Patil 等研究了幅高厚度与幅宽厚度对车架刚度的影响[47]，他们的结论是：如果考虑车架的弯曲刚度与其质量之比，那么增加幅宽的厚度所增加的车架刚度要比增加幅高的厚度所增加的刚度大。但是幅宽厚度与幅高厚度不同的车架，加工起来比较困难。

最现实的方法就是适当提高铝合金纵梁的厚度、幅高与幅宽。

从图 5.3.6 和图 5.3.7 可以看到，Volvo Supertruck 全铝车架中心部分的幅宽

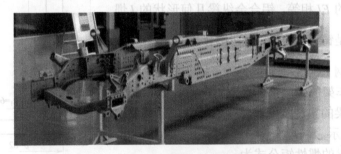

图 5.3.6　Volvo 超级卡车全铝车架一

图 5.3.7　Volvo 超级卡车全铝车架二[48]

相对于传统钢纵梁的幅宽增加了近一倍，而它梁中心部分的幅高也提高了近一倍，厚度为 9 mm。

为了提高车架的扭转刚度，该车架的中间部位采取了三个 X 形横梁（cruciform）结构，以增加梁的扭转刚度，如图 5.3.8 所示。

图 5.3.8　Freightliner 的超级卡车车架[49]

从图 5.3.8 可以看到，梁中间加了 3 个十字横梁。十字横梁的特点是能够承受扭转荷载，当这些十字横梁在中心点很好地设计时，这种十字梁有很好的扭转刚度。将梯形横梁与十字横梁组合可以提高弯曲与扭转刚度[50]。十字横梁的作用就是当纵梁扭曲时，十字横梁的两个梁分别受到弯矩作用，抵消一部分扭矩作用，使车架具有较好的扭转刚度与弯曲刚度。

Wakeham 研究了铝合金梁与钢梁的扭转刚度的对比[51]。一个简单的梯形梁，只有前/后两端的横梁。铝合金梁为 13.85 kg，扭转刚度为 522.6 N·m/(°)，扭转刚度与质量比为 37.7 N·m·(°)$^{-1}$/kg；而钢梁重 39.25 kg，扭转刚度为 1 424 N·m/(°)，扭转刚度与质量比为 36.3 N·m·(°)$^{-1}$/kg。应力分析表明，前后横梁对车架的强度没有任何影响。如果加上一个 X 形的横梁，则铝合金梁重为 20.5 kg，扭转刚度为 1 172 N·m/(°)，扭转刚度与质量比为 57.2 N·m·(°)$^{-1}$/kg；钢梁为 58 kg，扭转刚度为 3 287 N·m/(°)，扭转刚度与质量比为 56.7 N·m·(°)$^{-1}$/kg。可见 X 形横梁可以增加扭转刚度 2.3 倍，是非常有效的方法。

我们可以通过修改车架的形状增加卡车的车架扭转刚度。分析发现，根据对车架的改进，即在现存模型的基础上，改为弧形模型、块模型、全孔模型、多孔模型以及全块模型，然后分析这些模型的车架扭转刚度，结果说明这些措施最高可以提高车架的扭转刚度达到 9.55%[49]。

对于全铝的车架，在高速上，驾驶员在操控、横摇、横向稳定或抖动、振动等方面的感觉与传统钢车架没有什么不同，但有争议的是全铝车架的耐久性问题与可接受的经济性问题。到目前为止，许多"超级卡车"技术已经应用到 2016 年及以后的新车上，如 Freightliner 的 Cascadia，但全铝车架还不能商业化。

5.3.8 车架对车辆 NVH 的影响

横向与扭转抖动引起驾驶室的横向振动,通常出现在低速运行速度上,而垂直抖动通常是在比较高的速度上的共振,如图 5.3.9、图 5.3.10 和图 5.3.11 所示[51]。

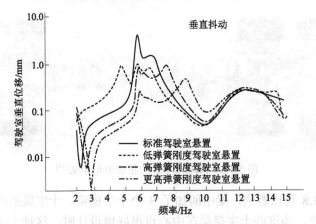

图 5.3.9 驾驶室悬置刚度对驾驶室垂直抖动的影响[51]

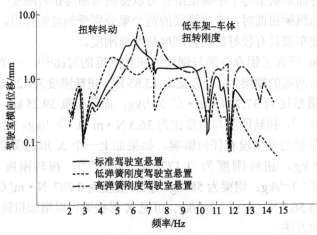

图 5.3.10 动力总成悬置刚度对驾驶室扭转抖动的影响[51]

由此可以看到,驾驶室悬置弹簧刚度对车辆的垂直与扭转抖动有很大影响。更有意义的是,驾驶室弹簧刚度与车架和货厢的扭转刚度是紧密相关的。对于扭转抖动来讲,当车架与货厢的刚度高时,高的驾驶室悬置刚度会使扭转抖动特性更好;而当车架刚度低时,更低的驾驶室悬置刚度会有更好的扭转特性。由此可以得到结论:驾驶室悬置的刚度与车架的刚度看似不相干,但从车辆 NVH 角度来讲它们是非常相关的,需要根据车辆的 NVH 特性进行设计调制。

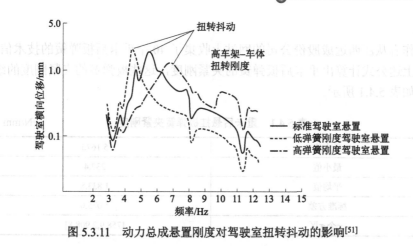

图 5.3.11 动力总成悬置刚度对驾驶室扭转抖动的影响[51]

5.4 卡车悬挂系统的隔振

卡车的振动部件装在车架的节点上是振动传递衰减的方法之一，以便减少传递到车架上的振动。发动机与变速箱的安装位置是沿着底盘第一阶扭转模态的对称轴上。在这个位置上，来自发动机的第一阶扭转振动模式的激励就可以减少[51]。

5.4.1 板弹簧悬挂

板弹簧悬挂是卡车悬挂的基本形式。重卡有三种板弹簧形式：不变刚度板弹簧、变刚度板弹簧和辅助弹簧。从 NVH 的角度来讲，我们更关心板弹簧的刚度。

板弹簧的主要优点是结构简单，制造成本低。作为悬挂连接，弹簧片之间的摩擦可以吸收一部分来自路面的，以及驱动轴与发动机脉冲的速度变化的振动。板弹簧的刚度有许多计算方法，最简单的应该是共同曲率法。这个方法假设板弹簧受到荷载作用时，各个叶片在任一截面上的曲率都是相同的。对于一个相对于 U 形螺栓固定的平面对称的板弹簧，其刚度可以近似用下式计算[52]：

$$K = \alpha \frac{6E}{\sum_{k=1}^{n} a_{k+1}^3 (Y_k - Y_{k+1})} \quad (5.4.1)$$

式中，E 为板弹簧材料的弹性模量；$a_2, a_3, \cdots, a_{n+1}$ 为叶片长度参数，$a_2=l_1-l_2$，$a_3=l_1-l_3, \cdots, a_{k+1}=l_1-l_{k+1}, a_{n+1}=l_1$，其中 $l_1, l_2, \cdots, l_n$ 为每一个板弹簧叶片总长度的一半；Y_k 为第 1 个叶片至第 k 个叶片各个叶片截面惯性矩之和的倒数，即 $Y_k = \dfrac{1}{\sum_{i=1}^{k} I_i}$，其中 I_i 为第 i 个叶片的截面惯性矩；α 为经验修正系数，α=0.90～

0.94。

作者从江西远成股份公司的网站上收集了 40 个重卡后板弹簧的技术信息，根据上述公式计算出重卡后板弹簧的夹紧刚度，这些板弹簧的夹紧刚度的统计特性如表 5.4.1 所示。

表 5.4.1　重卡后悬挂板弹簧夹紧刚度　　　　　　　　　　N/mm

最大值	5 167.1
最小值	237.4
平均值	1 833.8
标准方差	1 075.0
一个 σ 区	[758.9, 2 908.8]

由图 5.4.1 与表 5.4.1 可见，超过半数的重卡的后板弹簧的夹紧刚度值落在 758～2 909 N/mm。最高的板弹簧刚度是一个厚度为 38 mm（数据中最厚的板弹簧）的板弹簧。

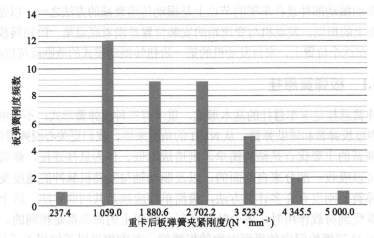

图 5.4.1　重卡后板弹簧的计算夹紧刚度

重卡前悬挂的夹紧刚度的计算结果列在表 5.4.2 与图 5.4.2 中。

表 5.4.2　重卡前悬挂板弹簧计算夹紧刚度　　　　　　　　N/mm

最大值	1 700.9
最小值	210.3
平均值	616.9
标准方差	306.7
一个 σ 区	[310.2, 923.6]

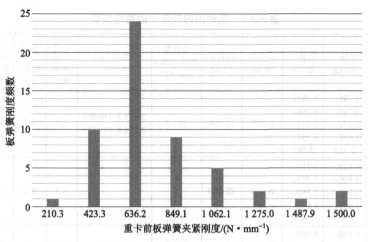

图 5.4.2　重卡前板弹簧的计算夹紧刚度

由图 5.4.2 与表 5.4.2 可见，超过半数的重卡后板弹簧的夹紧刚度值落在 310~923 N/mm。最高的板弹簧刚度是一个厚度为 38 mm（数据中最厚的板弹簧）的板弹簧。

Peterbilt、Freightliner 与 Volvo 都是美国"超级卡车"项目的参与者。"超级卡车"的许多技术都已经商业化。表 5.4.3 中 Peterbilt 的前悬挂就是参与"超级卡车"项目的 579 卡车使用的 Reyco 品牌的前悬挂。Freightliner 使用的前板弹簧是 Henderickson 品牌的前悬挂，它们的刚度在 268~320 N/mm。很明显，中国重卡的前悬挂的平均刚度高于国外重卡，最高达 3 倍左右。

表 5.4.3　某些国外重卡前悬挂板弹簧计算刚度（轴荷为 4.5~5.2 t）

重卡品牌	平均夹紧刚度/(N·mm^{-1})	最大夹紧刚度/(N·mm^{-1})	最小夹紧刚度/(N·mm^{-1})
Peterbilt	643.0	837.3	436.8
Freightliner	293.0	445.8	168.8
Volvo	507.0	666.9	255.2

根据能够查到的有限数据，作者收集了一些国内外重卡的悬挂偏频，作为一个参考，如表 5.4.4 所示。

我们可以看到，空载时前悬挂的偏频在 1.3~2.8 Hz，空载时后悬挂的偏频在 4.2~5.5 Hz。

根据远成股份板弹簧的数据，作者计算了这些弹簧的刚度。一般国内重型牵引车的自重在 8.6 t（±500 kg）左右，计算的重卡的前后悬挂偏频如表 5.4.5 所示。国内重卡的悬挂频率统计数据列于表 5.4.5 中。

表 5.4.4 某些国内外重卡的悬挂偏频

品牌	空载前轴/kg	空载后轴/kg	满载前轴/kg	满载后轴/kg	前弹簧刚度/(N·mm^{-1})	后弹簧刚度/(N·mm^{-1})	空载前悬偏频/Hz	空载后悬偏频/Hz	满载前悬偏频/Hz	满载后悬偏频/Hz
Hino 500 FM2632	3 798, 3 780, 3 832, 3 828, 3 916	3 698, 3 268, 3 740, 3 354, 3 861	6 500	20 000	321.7	2 877.3（中型） 2 294.8（长型）	1.7	4.7	1.1	1.9
Hino 500 FM2635	3 818, 3 800, 3 902, 3 991, 3 997	3 718, 3 283, 3 765, 3 876, 3 490	6 500	20 000			1.5	4.2	1.1	1.7
Hino 700 FS2844	4 860, 4 655, 4 770	4 105, 3 595, 4 050	55 000	72 000	489.4	2 461.5	2.1	4.4	0.4	1.0
Hino 700 FS2848	4 860, 4 770, 4 710, 4 655	4 105, 4 050, 3 395, 3 480	55 000	72 000	489.4	2 461.5	2.1	4.4	0.4	1.0
Hino 700 SH2045	4 860, 4 655, 4 770	4 105, 3 595, 4 050	55 000	72 000	334	4 空悬	1.7		0.4	
Hino 700 SS2848	4 835, 4 720, 4 765	3 475, 3 465, 3 460	GVM 28 300 GCM 72 000		334.4	hendriskcson HAS 460 airbag	1.3			
Hino 700 FY3248	6 345, 6 225, 6 135	3 705, 3 695, 3 140	GVM 32 000 GCM 72 000		334	2 460	1.2	4.5		
北汽福田某重卡							2.8	4.5		
陕重汽某重卡								5.5		

表 5.4.5 国内重卡的悬挂频率统计数据

参数	前悬	后悬
质量/kg	4 620	3 990
平均频率/Hz	1.8	3.6
最大频率/Hz	3.1	5.7
最小频率/Hz	1.1	1.2
一个 σ 区频率下限/Hz	1.3	2.2
一个 σ 区频率上限/Hz	2.3	4.3

从表 5.4.5 中可以看到，中国重卡平均前悬挂的偏频是 1.8 Hz，而后悬挂偏

频为 3.6 Hz。但是这里要说明的是，这些数据不包括因为超载而导致的后板弹簧的刚度增加，导致 NVH 变得更坏的情况，尤其是空载时。因为超载时荷载增加导致簧上质量增加，悬挂偏频相对降低，而且超载时车辆速度不会太快，车轮激励频率会很低。

空气悬挂的固有频率很低，可以为挂车与载物提供高水平的保护。空气弹簧设计与悬挂一起产生低于 1.5 Hz 的固有频率。一般的机械悬挂，根据荷载的不同，其固有频率在 2~5 Hz。空气弹簧的刚度随着荷载而变化，悬挂的固有频率保持不变，因此振动很低，可以为货物提供一致的保护，而与荷载没有关系。

5.4.2 空气弹簧悬挂

空气弹簧的一个基本数据就是，静力状态下，对于不同压力下空气弹簧的位移与荷载力的关系，以及空气弹簧位移与空气弹簧气囊内体积的关系。图 5.4.3 所示为美国 Firestone 公司型号为 1T14F-4 的空气弹簧的静力与位移曲线。

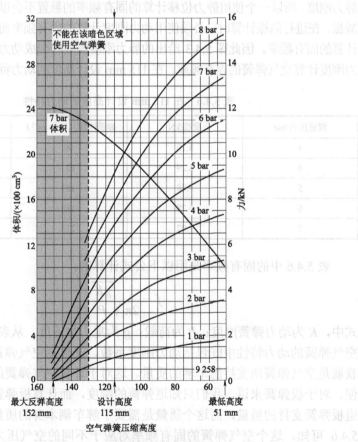

图 5.4.3　空气弹簧的静力数据

图 5.4.3 中的横坐标为空气弹簧的压缩高度，右边的纵轴为荷载与位移的关系曲线，对于不同的压力共 8 条，分别为 8 bar、7 bar、6 bar、5 bar、4 bar、3 bar、2 bar 以及 1 bar。这些曲线称为常压力曲线，就是当空气弹簧从最大高度到最小高度期间，空气弹簧保持一个调节的不变的压力。左边纵轴为空气弹簧的内部体积与位移的关系，只有一条对应于 7 bar 的压力的体积与空气弹簧高度的曲线。这条曲线是空气弹簧被压缩从最大高度到最小高度，其内部的压力一直调节在 7 bar 时所测量的排出液体的体积。图 5.4.3 中的最小高度是空气弹簧在内部接触之前的最低位置，最大回弹高度是空气弹簧在弹性元件受到压缩前的最大扩展位置。设计位置范围是静力高度的推荐运行范围。图 5.4.3 中左侧加暗的区域，130～160 mm 高度区段通常是不能用的，在这个范围空气弹簧是不能施加力的[53]。

卡车悬挂系统减振性能的最基本参数是固有频率。基于静力荷载与位移数据生成的固有频率一般低于在动力振动期间实际发生的固有频率。因为动力刚度不同于静力刚度，所以一个使用静力位移计算的固有频率的悬置不会以一个预见的方式去减振。在进行隔振计算时，必须使用动力刚度计算的固有频率而不是使用静力刚度计算的固有频率。因此图 5.4.3 给出的静力刚度需要转变成动力刚度，然后使用动力刚度计算空气弹簧的固有频率。在 115 mm 设计高度的动力特性如表 5.4.6 所示。

表 5.4.6 在 115 mm 设计高度的动力特性

测量压力/bar	荷载/kN	弹簧刚度/(kN·m⁻¹)	固有频率/Hz
3	3.10	99	2.82
4	4.29	127	2.72
5	5.48	157	2.67
6	6.78	189	2.63
7	7.92	218	2.62

表 5.4.6 中的固有频率是用以下公式计算的：

$$f = \frac{1}{2\pi}\sqrt{\frac{gK}{P}} \tag{5.4.2}$$

式中，K 为动力弹簧刚度；P 为荷载；g 为重力加速度。从表 5.4.6 可以看到，空气弹簧的动力特性中既包括动力刚度系数，又包括空气弹簧的荷载。这个荷载就是空气弹簧所支持的车辆的质量。这对于计算空气弹簧的固有频率非常方便。对于板弹簧来讲，我们只知道弹簧的刚度，而计算板弹簧的偏频时需要知道板弹簧支持的质量，而这个质量是需要了解车辆本身的质量分布特性。由表 5.4.6 可知，这个空气弹簧的固有频率对应于不同的空气压力和不同的支持荷载,基本是在 2.6~2.8 Hz。表 5.4.7 中列出了美国空气弹簧供应商 Goodyear 一部分空气弹簧的基本特性[54]。

表 5.4.7 Goodyear 空气弹簧的基本性能

产品范围	装配高度范围/mm	可用冲程范围/mm	设计高度范围/mm	压缩力范围/N	横向稳定性	固有频率/Hz
套筒装配	38.1~276.9	53.3~172.7	50.8~228.6	N/A	低	1.12~4.30
套筒气囊	45.7~228.6	50.8~165.1	63.5~203.2	22.2~177.9	低到中等	1.90~3.80
大气囊	58.4~457.2	91.4~381.0	81.3~381.0	22.2~734.0	中等到刚性	1.30~3.00
卷叶气囊	81.3~739.1	218.4~497.8	152.4~508.0	N/A	低	0.68~2.23

从表 5.4.7 中可以看到,对于不同类型的空气弹簧,其固有频率不大于 4.3 Hz。这些固有频率就是卡车悬挂的偏频。

作者搜索了卡车公司的网站与相关文献,希望能够取得重卡悬挂偏频的信息,结果令人失望。表 5.4.8 所示为一些非常有限的重卡前后偏频的信息,可以作为参考。

表 5.4.8 某些国内外重卡悬挂的前后偏频

品牌	空载前轴/kg	空载后轴/kg	满载前轴/kg	满载后轴/kg	前弹簧刚度/(N·mm^{-1})	后弹簧刚度/(N·mm^{-1})	空载前悬偏频/Hz	空载后悬偏频/Hz	满载前悬偏频/Hz	满载后悬偏频/Hz
Hino 500 FM2632	3 798, 3 780, 3 832, 3 828, 3 916	3 698, 3 268, 3 740, 3 354, 3 861	6 500	20 000	321.7	2 877.3(中型) 2 294.8(长型)	1.7	4.7	1.1	1.9
Hino 500 FM2635	3 818, 3 800, 3 902, 3 991, 3 997	3 718, 3 283, 3 765, 3 876, 3 490	6 500	20 000	323.4	234.4	1.5	4.2	1.1	1.7
Hino 700 FS2844	4 860, 4 655, 4 770	4 105, 3 595, 4 050	55 000	72 000	489.4	2 461.5	2.1	4.4	0.4	1.0
Hino 700 FS2848	4 860, 4 770, 4 710, 4 655	4 105, 4 050, 3 395, 3 480	55 000	72 000	489.4	2 461.5	2.1	4.4	0.4	1.0
Hino 700 SH2045	4 860, 4 655, 4 770	4 105, 3 595, 4 050	55 000	72 000	334	4 空悬	1.7	1.9~3.8	0.4	0.80~1.02
Hino 700 SS2848	4 835, 4 720, 4 765	3 475, 3 465, 3 460	GVM GCM	28 300 72 000	334.4	hendriskcson HAS 460 airbag	1.3	1.9~3.8		
Hino 700 FY3248	6 345, 6 225, 6 135	3 705, 3 695, 3 140	GVM GCM	32 000 72 000	334	2 460	1.2	4.5		
北汽福田某重卡							2.8	4.5		
陕重汽某重卡								5.5		

从表 5.4.8 中可以看到，空载时，使用板弹簧的后悬挂偏频都在 4～5 Hz。北汽福田某卡车的后悬挂偏频为 4.5 Hz[55]，而陕重汽某卡车的后悬挂偏频达到 5.5 Hz[56]。

5.4.3 空气弹簧悬挂的隔振率

隔振系统的隔振效果与其固有频率相关。隔振率可以进行粗略地估计，如图 5.4.4 所示。

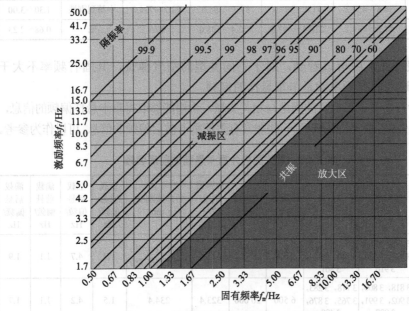

图 5.4.4 隔振系统的隔振率[57]（见彩插）

图 5.4.4 中的纵坐标为激励频率，横坐标是系统固有频率。图中的红色阴影区域是减振器的放大区，该区是将悬置的主动侧的激励力放大后传到悬置的被动侧。放大区左上边的绿色区域是减振区，该区是将悬置的主动侧的激励力减少后传到悬置的被动侧。图中的数字为隔振率的百分比数值。

5.5 卡车的驾驶室隔振系统

5.5.1 重卡驾驶室的几何特征

在表述驾驶室隔振时，需要对驾驶室的振动特性进行分析，而驾驶室的振动特性与驾驶室的尺寸有关，因为驾驶室的振动特性与其重心的平动质量和转动惯量相关,所以驾驶室最基本的特性就是它的轮廓尺寸及其由轮廓尺寸及质量分布所决定的平动质量与转动惯量。这些尺寸对驾驶室的共振频率与共振模式有很大影响。卡车驾驶室的尺寸一般比较大,作者收集了一些欧洲重卡驾驶室的尺寸(Scania, Volvo, Man, DAF),并将这些结果列入表 5.5.1、表 5.5.2 和表 5.5.3 中。

表 5.5.1　欧洲部分重卡的短驾驾驶室尺寸统计数据

	尺寸/mm		
	长	宽	高
平均值	1 824	2 329	1 594
最大值	1 990	2 490	1 850
最小值	1 620	2 100	1 500
标准方差	128	125	114

表 5.5.2　欧洲部分重卡的长驾驾驶室尺寸统计数据

	尺寸/mm		
	长	宽	高
平均值	2 231	2 380	1 730
最大值	2 300	2 490	1 960
最小值	2 000	2 130	1 437
标准方差	74	111	173

表 5.5.3　欧洲部分重卡的长驾高顶驾驶室尺寸统计数据

	尺寸/mm		
	长	宽	高
平均值	2 234	2 363	2 224
最大值	2 280	2 490	2 255
最小值	2 200	2 260	2 150
标准方差	34	100	35

从上面的表中可以看到,受到法规与道路的限制,一般各主机厂的驾驶室宽度尺寸相差并不大。对于短驾驾驶室（一排座的驾驶室）,各家驾驶室最大宽度与最小宽度的差别是 125 mm,而对于长驾驾驶室（带有卧铺的驾驶室）,最大宽度与最小宽度的差别只有 111 mm,而长驾高顶的驾驶室只有 100 mm。欧洲车辆的长度法规是包括驾驶室长度的,因此长度在保证驾驶员活动空间的条件下都尽可能短。但驾驶室的空间越大越有卖点,因此驾驶室长度各主机厂相

差不多，短驾在 1 800 mm 左右，而长驾在 2 200 mm 左右。驾驶室高度受到法规限制，同时也受到侧倾风险的限制，重心不能太高，短驾的平均高度在 1 600 mm 左右，长驾在 1 730 mm 左右，而高顶在 2 200 mm 左右。

如果以驾驶室在三维空间中的几何中心为参考点，即水平中心平面与两个垂直中心平面三个正交的平面的交点，以车辆前后、上下、左右为方向的话，那么驾驶室在横向的质量分布基本上左侧比右侧高一些，在纵向的质量分布前侧比后侧高一些，在垂直方向上的质量分布底部比上部高一些。因此一般来讲，驾驶室的重心位置要比其几何中心低一些，偏左边（驾驶员侧）一些，偏前边一些。例如某重卡半高顶与高顶驾驶室的重心测量结果为纵向（X 轴）距驾驶室前端向后的距离为 690 mm，距地板向上的距离为 886.5 mm[58]。对于一般中卡的驾驶室，重心位置有同样的结论[59]。重卡的驾驶室质量一般在 850～950 kg，在进行设计计算时，还要包括至少一名驾驶员的平均体重。

5.5.2 重卡驾驶室的模态特征

驾驶室的形状与尺寸，加上它的质量与重心的性质，使得当驾驶室在受到弹簧支撑时有 6 个刚体模态。这些刚体模态如图 5.5.1 所示。

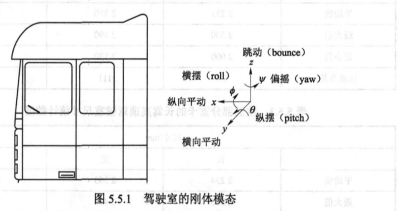

图 5.5.1 驾驶室的刚体模态

这些刚体模态的频率比较低，一般低于 10 Hz。而且这些刚体模态有时是以复合状态形式，即两种以上刚体模态的形式出现的。国内外某些重卡驾驶室的刚体模态如表 5.5.4 所示。

表 5.5.4 国内外某些重卡驾驶室的刚体模态

参考文献	[62]	[60]	[63]	[64]	[65]	[66]
驾驶室纵摆/Hz	2.35	1.30	2.41	1.68	1.55	0.90
驾驶室跳动/Hz	3.94	1.60	2.63	2.61	2.61	1.30

续表

参考文献	[62]	[60]	[63]	[64]	[65]	[66]
驾驶室横摇/Hz	5.05	1.80	2.58	1.97	1.97	1.40~1.60
驾驶室跳动+纵摆/Hz						1.30
驾驶室侧倾/Hz	3.47					0.90~1.50

根据这些数据，可知驾驶室纵摆的模态不高于 2.41 Hz，驾驶室跳动最大的是 3.94 Hz，而驾驶室横摇的频率在 1.40~5.05 Hz。

5.5.3 重卡驾驶室悬置的偏频

当将近 1 t 的驾驶室（包括乘员）支撑在四个支撑上时，驱动力、制动力、空气动力学阻力、轮胎横摇、滑动阻力与道路倾斜这些因素影响着驾驶室的纵摇模态。当车辆通过道路的一个坑或减速带时，悬挂与驾驶室在纵摇平面中的运动就会被激励。路面垂直方向的不平以及所导致的纵摇平面的响应也会影响纵向运动。也就是说，纵向运动与纵摇/跳动之间是有耦合的。当车辆转弯时，横摇与横摆运动模态也会被激励。所以驾驶室的刚体模态与车辆的运行质量（Ride Quality）是息息相关的，直接影响着运行质量。

卡车的运行质量比乘用车要粗糙得多。我们需要更好地了解振动对驾驶员的疲劳与操作能力的影响。驾驶室的悬置用来保护驾驶员，更好地减少来自路面的激励。重卡驾驶室是靠四点悬置支撑在底盘上的，这些驾驶室悬置与驾驶室本身构成一个振动系统，也是将来自底盘的振动与驾驶室相隔离最重要的一环。从驾驶室悬置的隔振功能来看，我们最关心的是驾驶室与悬置系统所组成的振动系统的振动传递率，以及与之相关的悬置偏频。

最简单的驾驶室悬置是使用 4 个螺旋弹簧支撑驾驶室，这能够在很大程度上减少驾驶室的振动水平。研究结果证明，驾驶室后两个悬置对减少驾驶室振动的影响要比驾驶室前悬置的影响大得多。有的卡车直接将前悬置去掉，代之以弹性悬置[42]。最高的振动水平通常发生在车架的弯曲模态时。如果将驾驶室的前悬置位置放在车架弯曲模态的节点上，则因为去掉前悬置而产生的运行质量的降低就会被最小化。驾驶室的悬置设计与底盘悬挂的设计类似，最重要的因素还是固有频率。需要一个低频特性，因此减振的频率段就会很大。固有频率应该在主悬置的固有频率之上。如果两个固有频率接近或重合，则它们就会放大同一个频率范围内的道路激励。卡车轴悬挂的固有频率通常在 1~2 Hz，所以驾驶室悬置的固有频率通常在 2~3 Hz，两偏频之间最好有一些分离[42]。对于驾驶室在发动机之上的平头式驾驶室（Cab over Engine, COE），其后悬置如果是空气弹簧支撑，其垂直方向的偏频为 1.0~1.4 Hz，而对于螺旋弹簧的驾驶室悬置，垂直方向上的偏频为1.8～3.0 Hz，前悬置的行程一般为5～20 mm，后悬置的行程为80～100 mm[60]。

许多重卡的驾驶室采用4点空气悬置[61]。空气悬置的特点是高度与刚度可以变化，以便根据不同的驾驶室加载或路面输入进行调整。而钢板弹簧的刚度是常数，与驾驶室的荷载无关。空气悬置的特点是其固有频率与充气的压力相关，而且随着空气压力的增加而增加。一般驾驶室空气悬置的固有频率都比较低，表5.5.5所示为部分国外重卡驾驶室空气悬置的固有频率。

表5.5.5　部分国外重卡驾驶室空气悬置的固有频率　　　　　　　　Hz

Firestone Part	W01–358–7025	W01–358–7201	W01–358–7109	W01–358–7092	W01–358–7145	W01–358–7035
空悬测量压力/PSIG	Western Star	Freightliner Sterling Day Cab	Kenworth Aerocab	Kenworth CSA	Volvo GM	Hino
40	2.54	1.60	2.37	2.37	1.89	2.54
60	2.45	1.57	2.26	2.26	1.80	2.45
80	2.42	1.54	2.21	2.21	1.75	2.42
100	2.36	1.51	2.17	2.17	1.71	2.36

这些驾驶室空气悬置的偏频是通过空气悬置的动力位移与荷载曲线计算的。我们可以看到，所有的偏频都不大于2.54 Hz。当驾驶室悬置安装到重卡上时，也可以在车辆中实际测量重卡驾驶室悬置偏频。部分国内外重卡驾驶室悬置的偏频如表5.5.6所示。

表5.5.6　部分国内外重卡驾驶室悬置测量的偏频　　　　　　　　Hz

参考文献	[61]	[67]	[59]	网络	网络	[68]	[68]	[69]
空悬前偏频				2.3		0.7	1.31	
空悬后偏频	1.0～1.4			2.4		0.7	1.31	
螺旋弹簧前偏频		2.5	2.3	2.5	2.2			
螺旋弹簧空悬后偏频	1.8～3.0	2.5	2.3	2.7	2.2			3.31

从表5.5.6可以看到，大部分重卡驾驶室空气悬置的偏频都比较低，最大的为1.31 Hz。而所测得的驾驶室螺旋弹簧的最高频率为3.31 Hz，应该属于比较高的，高于欧洲平台卡车驾驶室规定的频率。至于这个频率实际上是不是可以接受，也要看该卡车实际上的频率分布情况，看看这个频率是否与其他激励频率相吻合，能否产生驾驶室的共振。

5.6 座椅的减振功能

在美国，由《美国联邦高速公路管理服务时间》规定的重卡驾驶员的开车时间是 10 h。实际上卡车驾驶员的工作时间总是或者经常超过这个极限。由于卡车驾驶员长时间坐在座椅上操作卡车，所以说卡车驾驶员最重要的工作环境就是卡车座椅。

当轮胎在道路上遇到凸出物时，轮子就会升起，引起连接到轮子上的车轴的垂直运动。这些垂直运动的部分能量就会传递到连在轴上的悬挂、板弹簧及车架上，然后激励驾驶室的悬置系统引起振动，而且这些振动的一部分能量会传递到驾驶室的地板上，再进一步传递到卡车座椅上。座椅与坐垫通常代表这些振动能量在到达人体前，潜在地引起受伤或不舒服的最后的消散振动能量的机制。

座椅首要的功能就是支撑驾驶员的身体，使驾驶员能够有一个稳定、舒服的坐姿来操纵卡车。其次就是通过驾驶室与座椅基本点的设计为驾驶员提供定位，可以使驾驶员对车辆周边的道路、车辆以及车辆内部的仪表等有良好的视野，同时能够为驾驶员提供人机工程的标准，使得驾驶员能够没有障碍地操纵卡车。再次，要为驾驶员提供舒适的乘坐环境，还要为驾驶员的安全提供保护。最后一个功能就是减少来自地板传递到人体的振动。

卡车座椅按其与地板的连接方式可以分为四类，即固定式座椅、机械减振座椅、空气悬浮座椅[70]，还有一类是半主动或主动控制座椅。顾名思义，固定式座椅就是座椅直接固定在卡车地板上，除了坐垫外座椅与地板之间没有任何减振元件。机械减振座椅是座椅的支撑系统中装有减振弹簧与阻尼器，通过减振弹簧与阻尼器组成的减振系统进行减振。空气悬浮座椅是使用空气弹簧进行减振。空气减振器的特点是刚度小，共振频率低，具有较好的减振性能。具有半主动或主动控制的座椅，可以根据路面的信息调整座椅的高度，控制座椅的姿态，达到减少振动、提高座椅舒适性的目的[70]。

5.6.1 座椅的减振能力

座椅的减振能力可以用二自由度系统的传递率进行衡量。对于固定式座椅，可以用驾驶室地板的加速度与座椅处加速度之比来衡量[71]。

从图 5.6.1 可以看到，固定式座椅在低于 2 Hz 的频率下没有衰减振动。在 6 Hz 时传递率最小，也就是减振最大，可以减少振动高达 90%以上。在大于 9 Hz 时坐垫的减振还不如座椅。

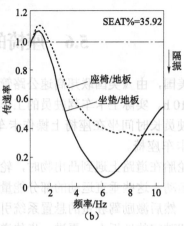

图 5.6.1　固定式座椅振动传递率
(a) 标准发泡坐垫；(b) 空气坐垫

一种机械减振座椅如图 5.6.2 所示[72]。

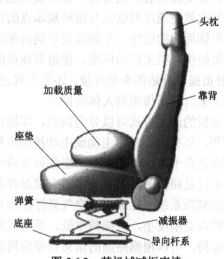

图 5.6.2　某机械减振座椅

然后，研究人员根据不同的弹簧刚度，减振器压缩与拉伸行程阻尼，做了 9 个座椅，并测量了这些座椅在不同振动强度下进行的传递率，结果如图 5.6.3 和图 5.6.4 所示。

从这些测试结果可以看到，这些座椅在振动强度为 $0.1g$ 时，传递率都大于 1，几乎没有减振功能，而是放大振动。当振动强度为 $0.3g$ 时，只有频率大于 5.3 Hz 时座椅传递率才小于 1。由此可以看出，机械减振座椅的参数需要优化才能取得良好的减振效果。

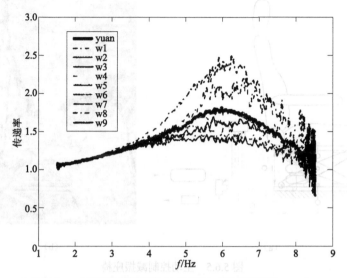

图 5.6.3 某机械减振座椅的传递率（振动强度为 0.1g）

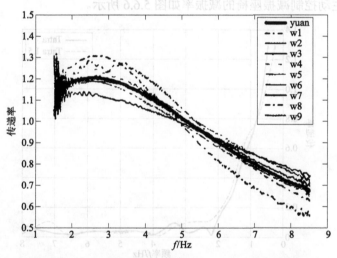

图 5.6.4 某机械减振座椅的传递率（振动强度为 0.3g）

5.6.2 座椅的振动减振

主动减振座椅需要有对地板振动感知的传感器，需要根据振动的信号进行控制的算法，还需要根据控制算法输出的信号去执行控制行动的执行器。图 5.6.5 所示为一种主动减振座椅的布置图与在卡车上的安装图[58]。

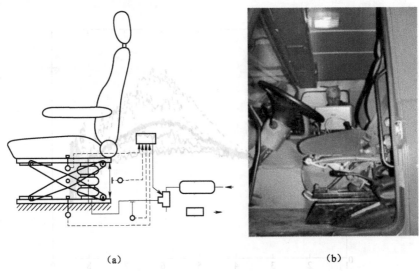

(a) (b)

图 5.6.5 主动控制减振座椅

(a) 主动控制减振座椅布置图；(b) 安装在卡车上的主动控制减振座椅

这种主动控制减振座椅的减振率如图 5.6.6 所示。

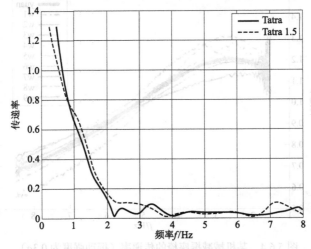

图 5.6.6 主动控制减振座椅的减振率

从图 5.6.6 中可以看到，主动控制减振座椅在很低的频率上减振率低于 1，因为是主动减振，所以减噪的传递率与座椅的共振频率以及座椅系统的阻尼没有关系。

另一种主动控制座椅不是控制座椅减噪的指标传递率，而是控制座椅的高度，即不管道路的表面在垂直方向如何变化，也不管驾驶室的地板如何振动，它的控制目标是座椅始终保持一个固定的设计高度。Bose Ride System 的座椅系统表示如图 5.6.7 和图 5.6.8 所示[72]。

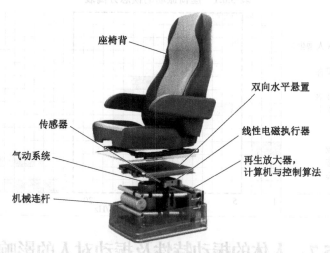

图 5.6.7　主动控制减振座椅的减振率

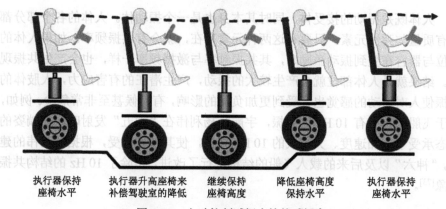

图 5.6.8　主动控制减振座椅的减振率

图 5.6.8 比较详细地说明了主动控制座椅的工作原理。假如车辆降低一个比较大的高度，那么座椅为了保持在降低之前的高度必须提高高度，这样就使驾驶员被抬高了，在极限的情况下有可能使驾驶员的腿脱离油门踏板或制动踏板。

5.6.3　座椅的模态分离

与座椅相关的各个系统的模态需要小心设计，模态分离是非常必要的。表 5.6.1 所示为座椅模态分离的形式，虚线框为座椅的抖动频率范围。在座椅设计中，首先要考虑的是人体对振动感知的敏感频率范围；然后需要考虑其他系统的共振频率，使这些频率尽可能分离到不会影响人体对振动的感受。

表 5.6.1 座椅振动的模态分离表

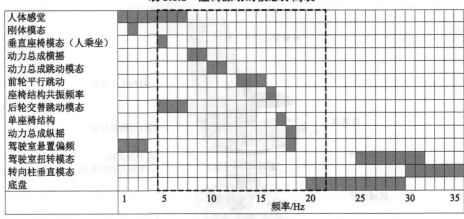

5.7 人体的振动特性及振动对人的影响

人体既是振动的接受体，同时其本身也是一个振动体。人体的各个部分都具有质量与弹性元素。只要有这两种元素存在，就会有共振频率。如果人体的部位与器官在受到振动激励时，其共振频率与激振频率一样，也会产生共振现象。结果就是人体部位就会产生较大的振动，产生潜在的有害应力，人肢体的共振使人对振动的感觉也会受到更加负面的影响，有时候甚至非常危险。例如，由于飞船结构上有 10 Hz 的共振，宇航员杨利伟在"神五"发射时，在躺姿的状态承受了大加速度、大荷载的 10 Hz 共振，使其特别难受，根据杨利伟的建议，"神六"以及后来的载人飞船的结构进行了改进，消除了 10 Hz 的结构共振现象[73]。

5.7.1 人体振动频率

要了解振动对人体各个部位的危害，需要了解人肢体的共振频率。人体的共振频率可以通过建立人体生物数学模型来计算，也可以通过试验测量获得。1998 年，一个名为 Sven-Olof Emanuelsson 的瑞典机械工程师在"国际家用电器技术会议"（International Appliance Technology Conference）上，在研究一个手持的、简单的、自动平衡的机制时，提出了包含人体各种机械共振频率的人体模型——一个令人惊叹不已的简单的带有人体各个部位共振频率的人体模型，称为"Sven Jr."，这是最早用来计算人体各部位振动的机械模型。在这个机械模型里，人体的重要部分用一系列的弹簧与质量来代表，依此计算出人体在站姿与坐姿时各部位的共振频率，如图 5.7.1 所示[74]。

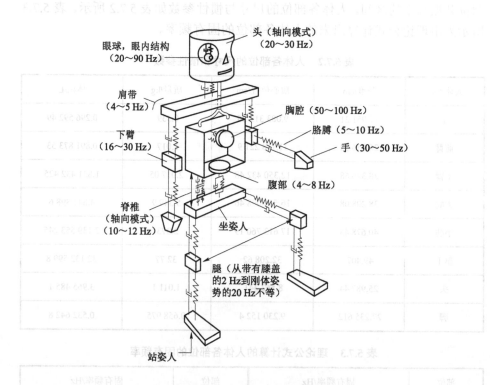

图 5.7.1　人体的机械共振频率

根据这个模型，人体各部分的共振频率如表 5.7.1 所示。

表 5.7.1　人体的共振频率范围　　　　　　　　　　　　　　Hz

眼球眼内结构	肩带	胸腔	胳膊	下臂	腹肌	脊椎	手	腿（柔性膝）	腿（刚性姿势）
20～90	4～5	4～5	5～10	16～30	4～8	10～12	30～50	2	20

人体是一个复杂的生物学系统，为了研究驾驶员在运行中所感受到的舒服程度，在航天工程中，使用人体各部位质量作为人体的模型，在电子工程中使用一系列电阻与电容作为人体的模型，人们通过建立人体的生物动力学模型来研究人体对振动的生物动力学响应以及振动通过人体的传递。万馨等利用 GB/T 5703—1999 规定的人体划分方法对人体进行了划分，将人体以明显的骨性标志为分界点进行划分，分为头颈、上躯干、下躯干、臀、左上臂、右上臂、左手、右手、左大腿、右大腿、左小腿、右小腿、左足、右足等共 16 个部位并建立了人体的物理模型，然后遵循物理模型的运动规律，将人体的每个部位赋予数学

模型，利用 AMESim 软件搭建仿真模型[75]。AMESim 的模拟结果给出了人体部位共振频率的区间。人体各部位的尺寸与惯性参数如表 5.7.2 所示。表 5.7.3 所示为用理论公式计算出来的人体各部位的固有频率。

表 5.7.2　人体各部位的尺寸和惯性参数

人体部位	长度/cm	质心位置/cm	质量/kg	体积/L
手	17.951 21	9.083 312 26	0.339	0.296 592 49
前臂	26.856 33	11.118 221 9	1.017	0.891 873 53
上臂	28.326 68	12.350 432 48	2.017 05	1.831 432 425
大腿	38.208 08	16.544 098 46	5.349 9	4.841 898 6
小腿	40.678 43	17.613 760 19	2.373	2.139 553 245
躯干	49.407	32.208 62	32.77	32.132 599 8
头	25.987 44	8.562 341	1.011 1	3.965 485 1
脚	27.235 612	9.230 152 4	0.658 975	0.532 642 8

表 5.7.3　理论公式计算的人体各部位的固有频率

部位	固有频率/Hz	部位	固有频率/Hz
头	35	左手	36.67
肩膀	6.14	右手	37.26
躯干	12.2	左大腿	49.26
臀	14.69	右大腿	50.94
左上臂	19.52	左小腿	73.63
右上臂	20.3	右小腿	73.64
左前臂	30.77	左脚	91.4
右前臂	30.78	右脚	91.4

万馨等还使用 AMESim 模型计算方法，给出了人体部位的共振频率，如表 5.7.4 所示。

表 5.7.4　人体模型模拟得出的人体部位的共振频率

部位	固有频率/Hz	部位	固有频率/Hz
头	30～400	左手	10～200
肩膀	4～5	右手	10～200
躯干	4～60	左大腿	10～75
臀	20～35	右大腿	10～75
左上臂	16～30	左小腿	61～95
右上臂	16～30	右小腿	61～95
左前臂	39～50	左脚	80～100
右前臂	39～50	右脚	80～100

这种理论计算方法给出来的是看似精确的解,但实际上并不存在精确解。除了理论计算、计算机模型计算外,Randall 等对站姿人体的共振频率进行了试验[76]。他们认为在人体的全身共振频率,在一个器官与骨骼之间应该有最大的位移,因此应该有一个在工作地点最小化的共振频率。他们邀请了 113 位参加试验的人,然后测量他们在站姿时的全身共振频率。结果是:人体共振频率的总范围在 9～16 Hz 内,而与质量、身高及质量对身高之比无关。男性的平均共振频率是(12.2±0.1)Hz,女性的平均共振频率是(12.8±0.2)Hz,男女平均为(12.3±0.1)Hz。

5.7.2 振动对人的影响

振动以不同的方式影响人体,人体对于振动暴露的响应主要取决于振动的频率、幅值与暴露的时间,振动输入的方向、位置,不同身体部位的位置与质量,疲劳的水平与外部支持的存在。人对振动的响应可以是机械的,也可以是心理的。对人体各种组织器官内的共振,机械破坏会出现,心理应力反应也会出现,但它们不一定是相关的。

从振动暴露的观点来看,振动的低频范围是最有意义的。暴露给垂直振动的频率是 5～10 Hz,通常引起在胸腹系统的共振,20～30 Hz 引起头-颈-肩系统共振,6～90 Hz 引起眼球共振。振动的机械能力传递的量取决于身体的位置与肌肉的收缩,在站立的情况下,第一共振出现在腿骨、肩膀,头在 5 Hz。人体在坐姿式可共振出现在肩膀,某种程度上是头部在 5 Hz。有意义的共振从肩膀到头部出现在 30 Hz。

当振动在人体中衰减时,它的能量被组织与器官吸收,振动导致志愿的与非志愿的肌肉收缩,可以引起肩部的肌肉疲劳,特别是在共振时振幅增加可能引起更大的不舒服。

根据心理学研究，振动影响一般的感知状态。具有中等烈度的 1~2 Hz 的低频振动易引起瞌睡。同时人们也注意到其他心理应力反应，以及影响视觉与功能性能的车辆效应（Motor Effect）。某些低频振动暴露所引起的症状以及这些症状的主导地位的频率范围如表 5.7.5 所示[74]。

表 5.7.5　人体不舒服的频率范围

症状	频率/Hz
一般感到不舒服的感觉	4~9
头症状	12~20
下巴症状	6~8
影响语言	1~16
咽喉部	12~16
胸痛	5~7
腹痛	4~10
尿感	10~18
增加肌肉紧张	13~20
影响呼吸运动	4~8
肌肉收缩	4~9

最近几年，人们在思考振动对脊椎的影响。许多研究表明，拖拉机、卡车、公共汽车、飞机等的驾驶员有增加腰痛的风险。这些研究表明，腰痛在暴露在振动的早期就出现了。驾驶卡车使引发腰椎间盘突出的风险增加了 3 倍。

众所周知，当人体承受垂直加速度时，脊椎骨会产生裂纹。许多研究结果表明，低水平加速度的振动会引起脊椎不同部件结构的疲劳失效。这些振动也与脊椎盘的营养相干涉，使它容易罹患退化变化。伊朗曾经使用两组人员进行专业重卡驾驶员的对比试验。一组 70 人是开过一年卡车的参考人员，这些人员没有脊椎病史；另一组是 155 个具有医学记录的男重卡驾驶员。然后通过面试，医疗记录进行检查，共有 6 个分类：神经心理学、胃肠道、视觉、听觉、新陈代谢、心血管疾病。他们的结论是：长期职业暴露于全身振动是这六种疾病的一个风险因素[78]。

5.8 发动机悬置的减振

5.8.1 发动机悬置的功能

一款优秀的悬置系统可以有效隔离动力总成传递到驾驶室内的振动，提高整车的 NVH 性能。发动机悬置系统的主要功能如下[66]：

(1) 支持与定位发动机系统。
(2) 控制/限制发动机系统的运动。
(3) 为了减噪减振而隔离发动机系统。
(4) 当作为一个辅助质量阻尼器去吸收路噪声时，衰减悬置系统对车身的输入。
(5) 对发动机的输出扭矩与动力荷载输入提供反作用力。
(6) 衰减来自路面的振动与冲击。

5.8.2 刚体模态与解耦

重卡发动机质量比较大，一般在 800~1 000 kg，尺寸与体积也比较大。这就决定了安装在悬置上的发动机一定具有 6 个方向的低频刚体模态。在低频范围内（100 Hz 以下），动力总成的主要振动形式为刚体运动，包括前后（X）、左右（Y）、上下（Z）的平动和绕着垂直（Yaw）、纵向（Roll）、横向（Pitch）三个轴的转动，其振动产生的主要激振力来自发动机工作过程中自身产生的不平衡惯性力和惯性力矩及输出扭矩的波动。发动机外形复杂，加上各种辅助设备安装在发动机上，发动机惯性主轴与车辆的坐标方向一定是不平行的，其惯性质量与惯性矩的分布是不均匀的，通常发动机总成悬置系统 6 个自由度的振动是耦合在一起的，使得发动机的振动特性相当复杂；一个自由度的激振力会引起发动机悬置系统多个自由度的振动。耦合振动会导致发动机的振幅加大，振动频率范围过宽。振动耦合有惯性耦合和弹性耦合两种，质量矩阵为非对角阵的定义为惯性耦合，刚度矩阵为非对角阵的定义为弹性耦合[80]。

发动机悬置的隔振效果的评价指标包括模态解耦率、阻尼特性、振动衰减率以及模态分离。

在发动机悬置隔振的要求中，解耦率作为优化设计的核心部分，要求自由度之间的耦合振动是设计中力求避免的，最好的结果是能实现 6 个自由度的完全解耦。

耦合具有以下特点：

(1) 某个自由度上存在耦合，则该自由度上共振的概率增大。单独优化系统的某一自由度，会影响其他自由度的隔振性能。

（2）耦合使共振频率的分布范围增大。

（3）耦合使共振时的振幅增大。

（4）耦合给隔振改进措施和频率布置增加难度。

由以上这些特点可以看出，耦合会给系统的隔振带来不利影响，动力总成悬置系统在设计过程中一般要求 Z 方向和 RX 方向的模态解耦率大于 85%，其他方向大于 75%。

实际工程中，为了满足悬置系统的模态解耦要求，满足整车 NVH 指标，根据动力总成的质量及质量惯性参数方案的设计匹配，以悬置静刚度及方位为优化变量，模态解耦率为优化目标，在能量解耦理论基础上求解动力总成悬置系统的六阶固有频率、各阶模态的振型、每个悬置的解耦贡献率。根据隔振理论，发动机悬置需要减少发动机传递给车架的力，需要将发动机各个模态耦合进行分离。谭达明博士利用多自由度振动理论，分析了发动机悬置的动力性能，提出了发动机悬置刚体模态解耦率的理论公式[80]。系统以第 j 阶固有频率振动时第 k 个广义坐标分配到的能量所占系统总能量的比例为

$$E_{kj} = \frac{(KE_k)_j}{(KE)_j} = \frac{\sum_{l=1}^{6}[m_{kl}(\Phi_j)_k(\Phi_j)_l]}{\sum_{k=1}^{6}\sum_{l=1}^{6}[m_{kl}(\Phi_j)_k(\Phi_j)_l]} \times 100\% \quad (5.8.1)$$

式中，E_{kj} 代表系统的解耦程度，其数值越大，表示系统解耦程度越大；反之，表示系统耦合程度越大。表 5.8.1 所示为一款经典的重卡发动机悬置的解耦率。

表 5.8.1 一款动力总成悬置系统模态频率、振型及解耦率 %

方向	频率/Hz					
	12.31	11.16	14.49	9.67	8.18	10.75
前后（X）	88.1	5.5	1.9	0	9.9	0
横向（Y）	0	97.7	0.2	0.9	0	1.1
跳动（Z）	0.1	0	86.2	0.2	8.8	7.6
横摇（RX）	0.1	0	0.3	88.4	0.1	10.9
纵摆（RY）	11.4	0.2	3.4	0	80.8	2.4
偏摇（RZ）	0.3	0	7.9	10.5	0.3	7.8

扭矩横摇轴（Torque Roll Axis，TRA）是发动机总成在没有约束的情况下对变速箱的输出轴施加一个扭矩，动力总成旋转所绕的那个轴。扭矩纵摇轴完全由刚体动力总成的质量与惯性性能决定，与悬置或悬置的结构无关。在发动

机中，扭矩横摇轴很少与发动机的主轴重合或平行，所以加到曲轴上的扭矩会同时引起绕所有主轴的旋转运动。动力总成的弹性轴是当零质量的由悬置支撑的刚体动力总成在受到扭矩轴一个单位扭矩作用下旋转的那个轴。根据定义，这个弹性轴是动力总成悬置位置与角度的函数。发动机总成的横摇模态的完全解耦可以通过设计达到，设计条件是调节悬置的刚度使动力总成的扭矩横摇轴与其弹性轴重合。当这两个轴重合时，动力总成的横摇运动是绕着扭矩横摇轴进行，而与激励频率没有关系。

纵摇模态与跳动模态的分离可以通过如下方法实现：前悬置垂直刚度与前悬置沿着弹性轴到质量中心的距离的乘积等于后悬置垂直刚度与后悬置沿着弹性轴到质量中心的距离的乘积[81]。

5.8.3 隔振率

在实际工程中，常用隔振率来评价悬置系统隔振效果，其定义是：振动物体振动响应与基础振动响应的比值。常用加速度的形式表示隔振率：

$$T_{dB} = 20 \lg \left| \frac{a_a}{a_p} \right| \tag{5.8.2}$$

式中，a_a 为振动物体（发动机）端振动加速度幅值；a_p 为基础（车架或车身）端振动加速度幅值。

动力总成悬置系统设计中一般要求隔振率在 15～25 dB，也就是能够衰减 90%以上的发动机振动，这样隔振系统才具有较好的隔振效果，可以避免振动的问题。

5.8.4 阻尼性能

阻尼是发动机悬置减振性能的另一个重要指标，根据隔振原理，阻尼的理想特性应该是这样的：在频域的共振区，阻尼越大振动的峰值越小；在频域减振区，阻尼越小减振效果越好。悬置的阻尼与多种影响因素呈现非线性特征，这就为阻尼的设计选择提供了基础。在不同运行条件下，对阻尼的要求也不尽相同。对于合成橡胶类型悬置（压缩性、倾斜性、剪力性），预荷载会对阻尼产生很大的影响，一般地，预荷载增加阻尼也增加。对于液压悬置，阻尼变化率类似于传统悬置。当预荷载增加时，阻尼也增加。液压悬置对于阻尼的变化有很大贡献。激励的位移对于阻尼也有影响。对于橡胶悬置，当激励位移增加时，阻尼增加，而对于液压悬置来说，激励位移增加阻尼也增加。基于这些非线性特点，悬置的阻尼策略对于不同发动机运行条件，要求也不尽相同。在怠速条件下以及卡车刚起动的一挡条件下，希望阻尼低一些。在车辆抖动的情况下，悬置的最大阻尼应该与车轮的跳动频率一致（5~6 Hz）。当车辆运行在较好的平滑路面上以及过减速带之类所产生的抖动，应该能够最小化这种不平顺性[82]。

5.8.5 发动机悬置模态分离策略

发动机总成的模态特性分为低频与高频。低频特性的振动范围在 1~20 Hz[83]。设计上要求所有的动力总成刚体模态都应该小于 20 Hz，以便将动力总成与车身、转向柱以及驱动线的模态耦合最小化；所有的动力总成刚体模态都应该大于 6 Hz，以便使动力总成的刚体模态与车辆的刚体模态之间的模态耦合最小化。低频振动特性是由发动机总成的刚体模态控制的，而且与整车其他部分相关联。

整车在低频振动范围内（1~20 Hz）的模态主要包括：整车的俯仰和平动，整车弹性弯曲和扭转模态，车轮的同向和反向跳动模态，动力总成悬置系统刚体模态。这些模态的分布和搭配基本确定了车辆的低频 NVH 工况，因此要对这些模态进行合理规划，使各阶模态相互分离。尽管这 6 个频率的调整策略要根据具体车辆的情况进行对待，但还是有一些对每个模态都适应的一般规则。

横摇模态：当发动机输出转矩时，必然会有与悬置动刚度相关的反作用力矩反作用在发动机上，而且这个反作用力矩与发动机悬置的位移有关。在换挡时，发动机会有一个突然的扭矩增加，发动机悬置会对这个扭矩有一个突然的反力矩，而这个反力矩主要是由左右侧的悬置施加，所以横摇模态容易被低频扭矩事件所激励（如换挡，第一挡变加速度，第一挡常速度等）。例如，六缸柴油机的 0.5 阶频率才 5 Hz。从模态分离角度而言，其模态频率应该放在低频（7~9 Hz），但如果太低就会被半阶扰动频率或低频扭矩瞬间事件（如换挡等）激发。在换挡后，车辆有一个前后方向的加速度，这个纵向速度的突然增加容易激发发动机总成的纵向模态。同样道理，车辆刹车时也容易激励纵向模态。另外，如果纵向模态与横摆模态耦合，在换挡时激励的横摆模态会激励纵向模态。物理上控制这种现象的方法就是将悬置纵向的橡胶加硬，使其在前后方向的刚度大于左右方向的刚度。

当车辆运行时，车辆垂直方向的激励容易激励发动机总成垂直方向的跳动模态。另外，车辆的前后轮由于路面激励导致的垂直方向的激励并不是同时的，而有一个时间差。这样的特性容易激励发动机总成的纵摇模态。而且人体对垂直方向的全身振动的敏感性的频率范围在 4~8 Hz。因此，跳动与纵摇模态的频率应该高于这个频率范围。根据隔振理论，这些固有频率也不能太高，否则会使振动传递率增加。如果把车辆（除了发动机）+发动机看作两个自由度的振动系统，车辆的悬挂系统用来调制车轮的同向与反向振动模态，那么发动机总成系统的质量就可以用作一个质量调节的能量吸收器，即将车辆一个质量系统的一个共振峰值变成两个振动系统的振动峰值，这两个频率峰值分散在一个系统共振频率两边，而且对应着两个共振频率的振幅峰值小于一个质量系统的共振峰值。对于卡车而言，在车辆运行时发动机总成被选择用来控制道路轮胎输入，使用动力总成作为减振器。例如，对于 5~7 Hz 的车辆抖动问题，动力总成的跳动模态应该大于 8 Hz，使动力总成上下抖动问题与车辆的上下抖动问题相分离。

横摇模态与俯仰模态的分离原则是将横摇模态设计的比俯仰模态高。对于卡车来说，俯仰模态容易被车辆的悬挂系统的运动所激励，一种减少卡车的俯仰模态影响的方法就是将卡车的俯仰频率调整到悬置系统的跳动频率，利用发动机作为调制质量减振器。这种设计通常比较难，因为发动机的质量是固定的，发动机与整车的质量比很难调整。

偏摆模态：一般情况下，悬置的支撑结构在纵向的刚度比横向的刚度要相对小一些，因此与纵向悬置系统模态会有很大的相互作用。这种相互作用有时影响到对整车动力响应。悬置支撑的纵向运动很大程度上决定了发动机的偏摆运动。如果将发动机的偏摆模态频率设计的与悬置支撑的纵向频率相重叠，会有效的抑制偏摆模态。

横向模态：人体对于横向振动的敏感性在低频是很高的，在 1~2 Hz 时整个身体在横向与纵向的敏感性是最高的。因此发动机的横向模态应该高于 2 Hz。另外，横向模态与横摇模态之间因为振动模式比较接近，所以特别容易互相激励，因此我们设计时应该将这两个模态尽可能的分离。这两种模态的分离可以减轻车辆的横向抖动问题。卡车的横向模态也会影响到卡车转弯与操控性能，所以我们希望把卡车的横向模态的频率设计的越高越好。

模态分离：横摇模态应该与俯仰模态、纵向模态以及横向模态相分离。模态分离的理想状态是设计发动机的扭矩横摇轴与其弹性轴相重叠。当这两个虚拟的轴相重叠时，动力总成的横摇运动理论上将是绕着扭矩横摇轴运动，因为这种纯理论上的横摇模态分离，所以将与激励频率无关。

动力总成的主要激励是发动机的点火激励。发动机的怠速点火频率到发动机最大转速时的点火频率就是发动机的主要激励频率范围。在这个频率范围内，原则上不允许任何发动机部件的共振频率存在。根据隔振理论，动力总成悬置系统的刚体模态频率应低于发动机怠速激励频率的 $1/\sqrt{2}$ 倍（直列六缸柴油机怠速工况下的转速为 600 r/min，怠速工况的激振频率为 30 Hz），所以悬置系统的固有频率上限为 21.2 Hz；同时需考虑道路激振，一般路面随机激励频率较低，对于动力总成悬置系统而言，这属于发生在底盘的低频外激强制振动，动力总成悬置系统的刚体模态频率应高于底盘垂向和俯仰频率的 1.5～2.0 倍（>5 Hz）。因此，动力总成六阶刚体模态频率一般要求在 5～21 Hz。各阶模态频率要求如下：

（1）动力总成在横向（X 向）上的振动容易与俯仰模态（RY）产生振动耦合。横向模态频率范围限定在 5～21 Hz，同时避开俯仰模态频率 2 Hz 以上。

（2）通常在侧方向（Y 向）上发动机受到的激励力以及外部干扰力都很小，并且对发动机的振动影响较小，在此方向上不做过多的要求。因此，将侧向模态的频率范围限定在 5～21 Hz。

（3）路面的激励主要为 Z 方向，整车以 Z 方向的振动为主，所以动力总成的垂向（Z 向）模态应当避开整车一阶弯曲固有频率，远离整车垂向振动和车轮跳动的固有频率。发动机最主要的激励（扭矩波动）在 RX 向，要求动力总成 Z 向与 RX 向模态频率间隔大于 2 Hz。

（4）直列六缸四冲程发动机最主要的激励就是绕曲轴方向（RX）的三阶扭矩激励力。因此，为了达到更好的隔振效果，动力总成滚动模态频率应当小于发动机怠速激励频率的 1/2.5（即<16 Hz），同时避开其他各阶模态频率 1 Hz 以上。

（5）动力总成悬置系统的俯仰模态（RY）与整车的俯仰模态容易发生振动模态耦合情况，所以动力总成悬置系统的俯仰模态频率应当远离整车俯仰模态频率 2 Hz 以上。

（6）动力总成受到偏摆方向（RZ）的激励很小，因此对动力总成偏摆模态频率上的要求较低，其频率分布范围在 5～21 Hz。

发动机悬置通过两个支架安装在卡车上，一个与动力总成相连接，另一个与车身或者与车架相连接。

（1）发动机侧悬置支架应该尽可能安放在发动机振动最小的位置，即模态节点，这样传递到车身的振动也最小。

（2）车架或车身侧支架也要安装在车身或者车架结构传递率最小的位置，即模态节点。这个位置对振动的传递最不灵敏，车体上的响应可以达到最小。如果在传递率大的位置，小的扰动可能导致很大的响应。

（3）支架与悬置组成了一个"支架-悬置-支架"系统，是振动的传递通道。由于支架有一定的刚度，所以悬置系统的刚度是悬置和支架串联起来的总刚度。"上支架-悬置-下支架"串联模型系统的总刚度可用下式计算：

$$K = \frac{1}{\frac{1}{K_u} + \frac{1}{K_{xz}} + \frac{1}{K_d}} \tag{5.8.3}$$

式中，K_u 为上支架的刚度；K_{xz} 为悬置的刚度；K_d 为下支架的刚度。如果支架硬度较高，刚度趋向于无穷大，则有 $K = K_{xz}$，即悬置系统的刚度就是悬置的刚度。当支架的刚度较低时，悬置系统的刚度与悬置的刚度会有较大差别。为了达到良好的隔振效果，支架的刚度必须足够大，一般要求支架刚度高于悬置刚度的 40 倍，支架的最低模态频率在 500 Hz。

支架主动侧与被动侧传递函数的峰值频率不应该重复，这两个峰值之间需要有一定的分离。

动力总成的主要作用是降低低频噪声与振动，而降低高频噪声与振动（高频是指 50~1 000 Hz）则是第二位的。动力总成的高频噪声与振动分量来自于发动机的高速旋转，变速箱齿轮啮合啸叫、冲击噪声与振动，辅助系统（如增压器）的高频噪声与振动，这些都是通过悬置传递到车架上而后传递到驾驶室中的。动力总成的悬置对低频噪声与振动及高频噪声与振动的贡献都很大，只是高频贡献在设计时被忽略，许多高频噪声与振动问题在设计后期车辆试验中才发现，改进起来特别困难。悬置橡胶的动刚度随着频率的增加而增加，在非常高的频率下刚度就非常大。因此，动力总成的选择对高频振动没有衰减与隔离作用。因此很难设计一款发动机悬置满足非常广泛的频率范围的减振与减噪要求。低频的良好减振性能在高频时可能是很糟糕的。

动力总成的模态与整车的模态有着非常强的相关性，而且相互影响。我们需要将动力总成的模态与整车的模态进行必要的分离。完全的分离是不可能的，能做的是减少这些模态之间耦合的能量。动力总成系统的特点是质量大，一般重卡动力总成的质量相当于卡车自重的 9%~12%。其次外形复杂，重心坐标不在车辆横纵坐标的中心线上，惯性矩也与车辆的坐标系不对称。发动机总成支撑在 4 个弹性悬置上，会产生 6 个低频的刚体模态。

怠速时发动机的振动与噪声与整车的振动与噪声是客户感受与评价整车 NVH 特性的第一个印象，所以在怠速时整车与动力总成必须具有良好的 NVH 特性。

整车模态之间至少要有 2 Hz 的分离，而且不能与发动机的怠速点火频率相重合。

所有动力总成的刚体模态应该小于 6 Hz，最小化与车辆刚体模态的耦合。所有动力总成的刚体模态应该大于 20 Hz，最小化与车身、转向柱及驱动线的模态耦合。动力总成的跳动模态应该大于 8 Hz，最小化发动机的抖动。

0.5 阶或 1.5 阶都可能接近发动机的横摇模态，1.0 阶发动机扭矩可以激励发动机的横摇模态。悬置的阻尼可以为这些阶次上的振动提供减振机制。

当重卡承受来自路面的激励而振动时，动力总成作为整车振动的质量阻尼器，其跳动模态应该与车辆悬挂的跳动模态耦合，才能起到减少车辆道路振动的作用。发动机作为整车振动阻尼器，还可以用于发动机偏摆与方向盘扭振的调制及纵摆与跳动度轻微耦合，使用动力总成作为质量阻尼器需要很精确的设计,同一个批次的车辆的每一个个体都是不一样的,随着时间的变化橡胶制造的悬置的性能会产生变化,设计的模态分离要比设计的模态重合容易得多。而且这些变化会引起其他 NVH 问题,所以使用这个方法需要特别小心。

跳动与横摇模态都与悬置的左右垂直方向的悬置刚度相关,它们之间的分离是非常必要的(至少10%)。对于悬置的前后垂直方向的刚度,动力总成的刚体跳动模态应该与纵摆模态相分离(至少10%)。

发动机的横摇频率与所有其他动力总成刚体模态频率有至少10%的分离;发动机的弯曲模态越高越好。直列四缸机,隔振第二阶次抖动,所有动力总成的横向、横摇与偏摆模态,发动机的1.0阶次和1.5阶次与车架的横向或车架前端的横向弯曲模态至少有10%的分离。排气弯曲模态与发动机的发火阶次至少要有 2 Hz 的分离。座椅的刚体模态及座椅后背模态应该与具有座椅导轨振动的发动机阶次至少有10%的分离。排气系统的模态与发动机及底盘的关键模态至少有10%的分离。

对于两根驱动轴的,前驱动轴的弯曲频率与后驱动轴的弯曲频率应该有至少 80 Hz 的分离;避免轴弯曲模态与齿轮啮合力的峰值重合,两个模态至少分离 50 Hz;前桥的第一阶固有频率应该比最大第一阶驱动线频率高出 15%;后桥第一阶固有频率也应该有这样的分离。驱动轴与半轴的弯曲模态至少有 50 Hz 的分离。

发动机的弯曲频率与扭转频率至少要有20%的分离,防止发动机点火啸叫。动力总成的弯曲模态与扭转模态应该尽可能高。动力总成的弯曲频率至少要比发动机最大激振频率高出 10%。第一阶柔性悬挂模态至少要比发动机在最大转速时的第一阶频率高 15%[82]。

5.8.6 发动机悬置对车辆 NVH 的影响

发动机悬置的刚度对驾驶室扭转与垂直抖动是有影响的,如图5.8.1、图5.8.2 和图5.8.3 所示[51]。

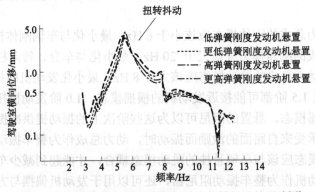

图 5.8.1 动力总成悬置刚度对驾驶室扭转抖动的影响[48]

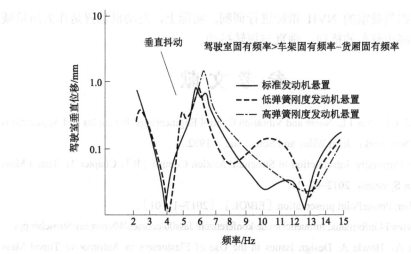

图 5.8.2　动力总成悬置刚度对驾驶室垂直抖动的影响[51]

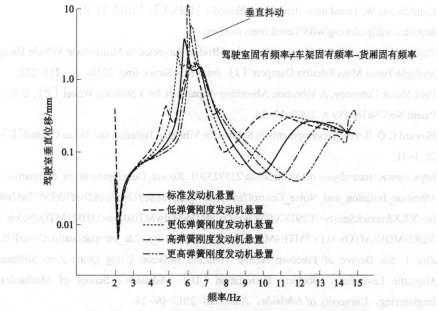

图 5.8.3　动力总成悬置刚度对驾驶室垂直抖动的影响[51]

从图 5.8.1 可以看到，驾驶室悬置的弹簧刚度不管高低大小，驾驶室的扭转抖动几乎不变，也就是说它们对驾驶室扭转抖动的影响非常小。但是对于驾驶室的垂直抖动，动力总成的刚度影响就很大。驾驶室悬置的刚度对驾驶室的垂直抖动是很大的，但这种影响取决于驾驶室的固有频率与车架的固有频率之比。我们的结论是：发动机悬置不仅需要对发动机本身的刚体模态进行解耦，还需要根据驾驶室的 NVH 指标进行调制。实际上，发动机悬置是作为质量减振器用来减少整车的横向、垂直与扭转抖动。

参 考 文 献

[1] Beranek L L，Ver I L. Noise and Vibration Control Engineering：Principles and Applications [M]. New York：John Wiley and Sons，Inc.，1992.

[2] Purdue University. Introduction to Structural Motion Control [R]. Chapter 4：Tuned Mass Damper Systems，2012-07-11.

[3] Stroscher. PowerPoint presentation [EB/OL]. [2017-11-01]. http://www14.informatik.tumuenchen.de/konferenzen/Jass06/courses/4/Stroscher/Stroscher.ppt.

[4] Aubert A，Howle A. Design Issues in the Use of Elastomers in Automotive Tuned Mass Damper [C]. 2007 SAE Noise and Vibration Conference，2007.

[5] Contributors W. Tuned mass damper，Wikipedia [EB/OL]. [2017-11-01]. http://en.wikipedia.org/wiki/Tuned mass damper.

[6] Pisal A Y，Jangid R S. Vibration Control of Bridge Subjected to Multi-Axle Vehicle Using Multiple Tuned Mass Friction Dampers [J]. Int. J Adv Struct. Eng. 2016，8：213-227.

[7] Ford Motor Company. A Vibration Absorbing Apparaturs for a Steering Wheel [P]. U.S.，Patent No US6164689 A. 2000-12-26.

[8] Howard C Q. Recent Developments in Submarine Vibration Isolation and Noise Control[C]，2011-11. https://www.researchgate.net/publication/235923201_Recent_Developments_in_Submarine_Vibration_Isolation_and_Noise_Control?enrichId=rgreq-b88e7174a3bc82b8f7def5072a82d40d-XXX&enrichSource=Y292ZXJQYWdlOzIzNTkyMzIwMTtBUzoxMDM1MTQ0NzkwMDU3MDVAMTQwMTY5MTE4MzczNw%3D%3D&el=1_x_2&_esc=publicationCoverPdf.

[9] Zhu T. Six Degree of Freedom Active Vibration Isolation Using Quasi-Zero Stiffness Magnetic Levitation，Doctoral Dissertation [D]. Adelaide：School of Mechanical Engineering，University of Adelaide，Australia，2013-09-23. https://digital.library.adelaide.edu.au/dspace/bitstream/2440/47986/8/02whole.pdf.

[10] Carrella A，Brennan M J，Waters T P. Static analysis of a passive vibration isolator with quasi-zero stiffness characteristic [J]. Journal of Sound and Vibration 2007，301（3-5）：678-689. http://dx.doi.org/10.1016/j.jsv.2006.10.011.

[11] Carrella A，Waters T P，Brennan M J. Optimisation of a Passive Vibration Isolator with Quasi-Zero-Stiffness Characteristic[R]. ISVR Technical Memorandum No. 960，2006-02.

[12] Carrella A, Brennan M J, Kovacic I, et al. On The Force Transmissibility of a Vibration Isolator with Quasi-zero-stiffness[J]. Journal of Sound and Vibration 2009, 322: 707–719. http://www.sciencedirect.com/science/article/pii/S0022460X08009437?via%3Dihub.

[13] Wang S, Gao P, et al. A Novel Dual-Parallelogram Passive Racking Vibration Isolator: A Theoretical Investigation and Experiment [J]. Applied Science, 2017-04, 7 (367).

[14] Meng L, Sun J, Wu W. Theoretical Design and Characteristics Analysis of a Quasi-Zero-Stiffness Isolator Using a Disk Spring as Negative Stiffness Element [J]. Shock and Vibration, 2015, Article ID 813763. http://dx.doi.org/10.1155/2015/813763.

[15] Brennan M J. Some Recent Developments in Adaptive Tuned Vibration Absorber/Neutralisers [J]. Shock and Vibration, 2006, 13.

[16] Hill S, Nyder S, Cazzolato B. An Adaptive Vibration Absorber[C]. Innovation in Acoustics and Vibration Conference of the Australian Acoustical Society, 2002-11-13~11-15. Adelaide, Australia.

[17] Churchill C B, Shahan D W, et al. Dynamically Variable Negative Stiffness Structures [J]. Science Advances, 2016-02-19, 2 (2). http://advances.sciencemag.org/content/2/2/e1500778/tab-pdf.

[18] Platus D L. Smoothing out bad vibes [J]. Machine design, 1993: 123–130. http://www.minusk.com/content/in-the-news/MacDes_0293.html.

[19] Platus D L. Negative-stiffness-mechanism vibration isolation systems [C]. SPIE conference on Current Developments for Optomechanical systems, 1999, Denver, Colorado, USA. http://www.minusk.com/content/in-the-news/pdf_articles/SPIE_Vibration_Control_In_Microelectronnics_Optics&Metrology_November1991.pdf.

[20] Platus D L. Negative Stiffness Vibration Isolation in Lase and Optical System [C]. SPIE, DOI: 10.1117.2.1200811.1225, 2008-11-24. http://spie.org/newsroom/1225-negative-stiffness-vibration-isolation-in-laser-and-optical-systems?ArticleID=x31693.

[21] Platus D L, et al. Vibration Isolating System[P]. US Patent No 5, 669, 594, 1997-09-23.

[22] Ahn H J. Performance Limit of a Passive Vertical Isolator Using a Negative Stiffness Mechanism [J]. Journal of Mechanical Science and Technology, 2008, 22: 2357–2364.

[23] Hase A V, Shinde T B, Bhaler G. Negative Stiffness Structure for a Vehicle Seat [J]. Int. J. of Emerging Trends in Sci. & Tech. 2015-05, 02 (05): 2404–2414, ISSN 2348-9480.

[24] Moaaz A O, Ghazaly N M. A Review of the Fatigue Analysis of Heavy Duty Truck Frames [J]. American Journal of Engineering Research, 2014, 3 (10): 1–06.

[25] Gillespie T D. Heavy Truck Ride [J]. Society of Automotive Engineers, Inc., 1985, 14–42.

[26] VOLVO Trucks North America, Inc. Service Manual Trucks Group 710–500 Frame Rails and Crossmembers VN/VHD [R]. PV776–TSP143123, 2000–08.

[27] Krishna M M R. Chassis Cross–Member Design Using Shape Optimizaition – A Case Study [C]. International Congress and Exposition, 1998–02–23~02–26, Paper No. 981011.

[28] Rajappan R, Vivekanandhan M. Static and Modal Analysis of Chassis by Using FEA [J]. The International Journal of Engineering and Science, 2013–02–15, 2 (2): 63–73.

[29] Patricio P S. Effects of Frame Design and Cab Suspension on Ride Quality of Heavy Trucks [D]. Blackburg: Mechanical Engineering, Virginia Polytechnic Institute and State University, 2002–07–03.

[30] Enrico Sampo, et al. Chassis Torsional Stiffness: Analysis of the Influence on Vehicle Dynamics [J]. 2010, SAE Paper No: 2010–01–009.

[31] Kurdi O, Rahman R A, Samin P M. Optimization of Heavy Duty Truck Chassis Design by Considering Torsional Stiffness and Mass of the Structure [J]. Applied Mechanics and Materials, 2014–06–02, 544: 59–463.

[32] Kurdi O, Rahman R A, Samin R M. Optimization of Heavy Duty Truck Chassis Design by Considering Torsional Stiffness and Mass of the Structure [J]. Applied Mechanics and Materials, 2014–06–02, 554: 459–463.
https://www.researchgate.net/publication/2726261243.

[33] Tebby S, Esmailzadeh E, Barari A. Method to Determine torsion Stiffness in an Automotive Chassis [J]. Computer–Aided Design & Applications PACE, 2011: 67–75.

[34] Soyturk A, Yildirim H, Akinci V. Methods to Determin Torsional Stiffness in a Semi–Trialer Chassis Frame [R].

[35] Mikesell D R, et al. Semitrailer Torsional Stiffness Data for Improved Modeling Fidelity[J]. 2011–09–13, SAE Paper No: 2011–01–2163.

[36] Vehicle Research and Test Center, National Highway Traffic Safety Administration. Trailer Stiffness Table [EB/OL]. 2011–03.
http://www.nhtsa.gov/DOT/NHTSA/NRD/Multimedia/PDFs/VRTC/ca/Trailer%20Stiffness%Table.pdf.

[37] Ao K, et al. Analysis of Torsional Stiffness Share Rate of Truck Frame, SAE International Truck & Bus Meeting and Expo, Chicago, Illinois [J]. 1991–11–18~11–21, SAE Paper No: 912676.

[38] Murphy J F. Transverse Vibration of a Simply Supported Beam with Symmetric Overhang of Arbitrary Length [R]. Technical Note, The American Society for Testing and Materials, 1997.

[39] Patil H B, Kachave S D. Effects of Web and Flange Thickness on Bending Stiffness of Chassis [J]. Int. J. of Advance Research in Science and Engineering, 2013.

[40] Molitoris H J. Modal Analysis of a Heavy Tactical Wheeled Vehicle [D]. Ann Arbor: Masts of Engineering-Automotive Engineering, University of Michigan, USA, 2007.

[41] Venkatesh K, Kannan M, Kuberan J. Optimization of Truck Chassis of Support Stiffness to Improve the Fundamental Natural Frequency [J]. The American Society for Testing and Materials, IOSR Journal of Mechanical and Civil Engineering, e-ISSN: 2278-1684, p-ISSN: 2320-334X, 2014: 6-14.

[42] Anderson J. Development of a Dynamic Vibration Absorber to Reduce Frame Beaming [J]. 2014-09-20, SAE Paper No: 2014-01-2315.

[43] Olley M. Chassis Desing: Principles and Analysis [M]. New York: Willians F. Milliken and Douglas L. Millken, 2002.

[44] Gehm R, Aluminum Frame Rails. New Alloy Castings from Alcoa helps cut 2500 lb from Tractor-Trailers [J]. SAE, Truck & Off-Highway Engineering Article, 2015-05-20. http://articles.sae.org/14161/.

[45] National Research Council. Review of the 21st century truck partnership, Third report [R]. National Academies Press, Washington, DC., 2015.

[46] AALCO. Aluminum Alloy - Commercial Alloy-6262-T6 Extrusions [EB/ON]. http://www.aalco.co.uk/datasheets/Aluminium-Alloy-6262-T6-Extrusions_156.ashx.

[47] Patil H B, Kachave S D, Effects of Web and Flange Thickness on Bending Stiffness of Chassis [J]. Int. J. of Advance Research IN Science and Engineering, 2013-07, 2（7）.

[48] Volvo. Supertruck Aluminum Frame Assembly Website [EB/OL]. [2017-11-07]. http://www.volvotrucks.us/about-volvo/supertruck/.

[49] Freightliner. Supertruck Aluminum Frame Assembly Website [EB/OL]. [2017-11-07]. http://freightlinersupertruck.com/Nomain.

[50] Automotive Design: Chassis Design.

[51] Takeshi Inoh, Masaharu Aisaka. Vehicle Research and Test Center, Tuning Techniques for Controlling Heavy-Duty Truck Shake-Vertical, Torsional, and Lateral [J]. 1981-12, SAE Paper No: 730650.

[52] 于安和, 桂良进, 范子杰.钢板弹簧刚度特性的有限元 [J]. 汽车技术, 2017, 2.

[53] Firestone Industrial Products Company. Airide Design Guide [OB/ON]. 1992.

[54] Veyance Technologies. Basic Principles of Air Springs [EB/OL]. [2017-11-07].

[55] 赵敬义, 张满良, 姜建中. 降低某重型卡车异常振动的研究 [J]. LMS首届用户大会论文集, 2006.

[56] 雷启明, 运伟国, 等. 某重型卡车驾驶室抖动现象试验研究与改进 [J]. 汽车科技,

[57] Firestone Industrial Products Company. Engineering Manual and Design Guide [EB/OL], 2013.

[58] Apetaur M, et al. Transmissibility of Suspended Seat Loaded with Passive Mass and with Human Driver – discussion [C]. 18th International Conference of Engineering Mechanics 2012, 2012–05–14～05–17, Svratka, Czech Republic, Paper No 69: 35–46.

[59] 徐金志, 等. 某重型卡车驾驶室悬置系统的改进 [J]. 合肥工业大学学报（自然科学版）, 2007–12, 30 增刊.

[60] Turkay S, Akcay H. Multi–Objective Control Design for a Truck Cabin [C]. The 19th International Federation of Automatic Control World Congress, 2014–08–24～08–29, Cap Town, South Africa.

[61] Gross A, Wynsberghe R V. Development of a 4–point–Air–Cab Suspension System for Conventional Heavy Trucks [J]. 2001, SAE Paper No: 2001–01–2708.

[62] 张广世, 等. 基于 LMS 混合路谱法重卡驾驶室悬架的优化匹配设计 [R]. 山东美晨.

[63] 王楷炎, 等. 基于 ADAMS 的商用车驾驶室悬置系统的振动模态于传递特性 [J]. 吉林大学学报, 2010–03, 40（2）.

[64] 赵金龙（中国重汽）. 重型商用车驾驶室悬置系统匹配设计 [J]. 重型汽车, 2010–05.

[65] 陈静, 等. 重型商用车驾驶室空气悬置系统的匹配优化 [J]. 吉林大学学报（工学版）, 2009–05, 39（5）.

[66] Evers W J. Improving Driver Comfort in Commercial Vehicles: Modeling and control of a low–power active cabin suspension system [D]. Amsterdam: Thesis of Eindhoven University of Technology, Netherlands, 2010.

[67] 叶福恒, 许可, 张延平, 等. 某商用车驾驶室全浮式悬置系统开发 [J]. 汽车技术, 2010, 6.

[68] Sampaio J. Design of a Low Power Active Truck Cab Suspension [R]. 2009–11–20.

[69] Mclean A, et al. Investigation of Heavy Vehicle Air Spring Suspension and Load Sharing Characteristics [C]. 30th Australasian Transport Research Forum.

[70] 郭立群, 等. 商用车汽车座椅振动传递特性研究 [J]. 噪声与振动控制, 2009–08, 4.

[71] Mehdi Ahmadian, Michael Seigler T. Alternative Test Methods for Long Term Dynamic Effects of Vehicle Seats [J]. 2002, SAE Paper No: 2002–01–3082.

[72] Parison J. The Bose Ride System [R]. 2010–01–27.

[73] 杨利伟. 天地九重 [M]. 北京: 解放军出版社, 2010–01.

[74] Abbas W, et al. Optimization of Biodynamic Seated Human Models Using Genetic Algorithms [J]. Engineering, 2010–02, 2: 710–719. http://www.SciRP.org/journal/eng.

[75] 万馨，芮延年. 基于 AMESim 的人体固有频率计算[J]. 南通职业大学学报，2014–03，28（1）.

[76] Randall J M，Matthews R T，Resonant M A. Frequencies of Standing Humans [J]. Ergonomics，1997–09，49（9）：879–886.

[77] Rasmussen G. Human Body Vibration Exposure and its Measurement [J]. J. Acoustic Soc. Am. 1982，73（6）：2229.

[78] Neghab，Kasaeinasab M A，et al. Health Effects of Long–term Occupational Exposure to Whole Body Vibration: A Study on Drivers of Heavy Motor Vehicles in Iran[J]. Health Sci Surveillance Sys，2016–04，4（2）.

[79] Adhau A，Kumar V.Engine Mounts and Its Design Considerations[J]. Int. J. of Engineering Reseach & Tech.，ISSN：2278–0181，2013–11，22（11）.

[80] 谭达明. 内燃机振动控制 [M]. 成都：西南交通大学出版社，1993.

[81] Williams J S，teyer G C，et al. The Dynamics of Powertrain Mounts and Brackets and Their Contribution to High Frequency Powertrain Noise [R]. 1117–1123.

[82] Sathawane A S. Analytical Study of Engine Mount to Suit the Damping Requirements of Engine [J]. Int. J. of Latest Trends in Engineering and Technology，2014–01，3（3）.

[83] Kim G and Singh R. High–Frequency Performance Characteristics of A Passive Hydraulic Engine Mount [R].

第 6 章

卡车的模态分离策略

卡车运行的 NVH 的重要特性就是卡车在怠速及道路上运行时会产生许多周期性的激励或者随机性的激励（发动机激励、变速箱激励、驱动轴激励、车轮与道路激励、空气动力学激励），这些激振力有的具有周期性，有的具有随机性。卡车 NVH 的重要特征就是组成卡车的各个系统具有的质量通过各种弹性支架或弹性/刚性连接直接或间接地安装到底盘上。这些弹性-质量系统特性形成这些系统的模态（固有频率、振型）。除了这些系统模态外，整车作为一个整体也有它自己的模态。发动机、辅助动力系统、空气动力学以及道路不平所产生的激励会通过机械连接传到车架、驾驶室以及卡车的各个系统，成为这些系统力与整车的激励。当卡车的这些激励频率与卡车系统/整车的固有频率重合时，就会产生共振现象。这些系统的共振或者使卡车乘员感到不舒服，或者使系统部件在共振情况下受到破坏。

卡车模态分离的任务有三个：确定车辆激励频率；确定系统/整车固有频率；将它们进行合理分离。卡车 NVH 设计的主要任务就是在设计初期，即硬件还没有生产之前，设计人员就要确定卡车上述各种激励频率，在设计卡车系统与部件时，在满足所有其他功能标准的同时，确定系统与部件的固有频率，并尽可能将这些系统的固有频率与激励的频率相分离，还要尽可能避免相邻系统的固有频率的耦合。这种在设计初期的模态分离策略将为设计出杰出的车辆 NVH 性能提供一个不可替代的工具，而且会大量减少设计后期的 NVH 修改，节省大量的开发时间与开发费用。

整车模态分配，包括振型和频率，是整车 NVH 质量的基石。在成本和子系统配置允许的条件下，合理优化模态分配能取得事半功倍的效果。就卡车设计来说，在低频振动范围内（7~16 Hz）有 13 个主要模态。它们是：一阶整车纵向翘曲扭转和横向翘曲模态（3 个）；一阶前后悬挂结构 hop 和 tramp 模态（4 个）；引擎传动系统刚体模态（6 个）。影响车辆舒适性的模态有驾驶室刚体模态、座椅模态、动力总成刚体模态、前后悬挂的模态、车轮的模态（即车轮的激励模态）。这些模态的分布和搭配基本确定了车辆的低频 NVH 工况。在卡车设计初期进行优化模态的工作，使用的工具是计算机辅助工程（CAE）。一般来说，模态分布是需要在设计阶段就进行检验的，检验的方法是用 CAE 工具模拟车辆运行工况，确定卡车系统模态耦合现象。下列基于试验验证过的理论载荷可用于 CAE 卡车模型的模拟，来检测模态分配选择的合理性：发动机和传动系统的怠速荷载；较大坑洼的路面荷载（70 km/h）；小起伏的平坦路面荷载（40 km/h）；3σ 轮胎不均匀性（uniformity）荷载（车辆在平坦路面上行驶时的振动分布）（60~100 km/h）。

6.1 激励频率

对于发动机的激励频率，我们需要计算发动机发火的最低频率与最高频率，以便确定发动机的激励频率范围[1]。

发动机对应于最大转速 RPM_{max} 的频率：

$$f_{emax} = \frac{RPM_{max} \times 0.5 \times 2}{60} \quad (0.5 \text{ 阶}) \quad (6.1.1)$$

发动机对应于最小转速 RPM_{min} 的频率：

$$f_{emin} = \frac{RPM_{min} \times 0.5 \times 2}{60} \quad (0.5 \text{ 阶}) \quad (6.1.2)$$

对应于发动机最小转速 RPM_{min} 的驱动轴最小转速：

$$RPM_{smin} = \frac{RPM_{min}}{\text{变速箱第一传动比}} \quad (6.1.3)$$

卡车驱动轴对应于发动机最小转速 RPM_{min} 的激励频率：

$$f_{smin} = \frac{RPM_{smin}}{60} \quad (6.1.4)$$

对应于发动机最小转速的车轮转速：

$$\text{RPM}_{wmin} = \frac{\text{RPM}_{smin}}{桥传动比} \qquad (6.1.5)$$

卡车车轮对应于发动机最小转速 RPM_{min} 的激励频率：

$$f_{wmin} = \frac{\text{RPM}_{smin}}{60} \qquad (6.1.6)$$

根据上述公式，可以计算卡车发动机的最小、最大激励频率，结果列在表 6.1.1 中。

表 6.1.1　重卡发动机对应于不同阶次的最小与最大激励频率

阶次	RPM_{min} / (r·min^{-1})	频率/Hz（最小）	RPM_{max} / (r·min^{-1})	频率/Hz（最大）
0.5	600	10	2 300	38.3
1	600	20	2 300	76.7
1.5	600	30	2 300	115
3	600	60	2 300	230

其中对于六缸发动机而言，3 阶次对应于发动机的发火阶次。

一款卡车，桥传动比为 2.846，怠速转速为 600 r/min，最高转速为 2 300 r/min，使用 12 挡变速箱（如 12JS240T）。传动轴与车轮的激励频率范围如表 6.1.2 所示。

表 6.1.2　一款卡车的激励频率范围计算

传动比	驱动轴 RPM_{min} / (r·min^{-1})	驱动轴 RPM_{max} / (r·min^{-1})	车轮 RPM_{min} / (r·min^{-1})	车轮 RPM_{max} / (r·min^{-1})	驱动轴最小频率/Hz	驱动轴最大频率/Hz	车轮最小频率/Hz	车轮最大频率/Hz
12.10	49.59	190.08	17.42	66.79	0.83	3.17	0.29	1.11
9.41	63.76	244.42	22.40	85.88	1.06	4.07	0.37	1.43
7.31	82.08	314.64	28.84	110.55	1.37	5.24	0.48	1.84
5.71	105.08	402.80	36.92	141.53	1.75	6.71	0.62	2.36
4.46	134.53	515.70	47.27	181.20	2.24	8.59	0.79	3.02
3.48	172.41	660.92	60.58	232.23	2.87	11.02	1.01	3.87
2.71	221.40	848.71	77.79	298.21	3.69	14.15	1.30	4.97
2.11	284.36	1 090.05	99.92	383.01	4.74	18.17	1.67	6.38
1.64	365.85	1 402.44	128.55	492.78	6.10	23.37	2.14	8.21
1.28	468.75	1 796.88	164.70	631.37	7.81	29.95	2.75	10.52
1.00	600.00	2 300.00	210.82	808.15	10.00	38.33	3.51	13.47
0.78	769.23	2 948.72	270.28	1 036.09	12.82	49.15	4.50	17.27

表 6.1.2 给出了传动轴与车轮的激励频率的范围,可以根据车轮的半径计算出对应于不同车轮的激励频率的车辆运行速度范围。如果与激励频率范围中的频率相重合,就有可能产生共振。在这些激励频率上,因为动不平衡等因素形成系统的激励。有时这些动不平衡力是现有的问题,有时是潜在的问题。比如,车轮不平衡力的激励根据选择的轮胎而定,对于选择的轮胎有时会有问题,有时没有问题,有时在新胎时没有问题,但轮胎的磨损会产生振动激励。在这种情况下,我们需要稳健设计,利用模态分离的方法将这个问题消灭在萌芽状态。

6.2 卡车整车与系统模态

卡车整车的模态可以用来观察整车的振动现象,确定影响振动传递的参数,分析振动对整车动力运行状态的影响,研究、设计并优化车辆的动力学特性。整车的模态主要包括刚体模态的跳动与俯仰,弹性模态的弯曲与扭转,以及高阶模态。表 6.2.1 和表 6.2.2 分别表示某轻型卡车和某重型卡车的整车模态。

表 6.2.1 某轻型卡车的整车模态[2]

整车模态/Hz	模态描述
2.3	前后平动
2.5	横向平动
3.7	前端俯仰,节点在后轴
3.9	横摇,节点在顶棚前端
4.9	后端俯仰,节点在前轴之前
6.2	纵摇
9.2	一阶弯曲
12	一阶扭转
17	横向弯曲
19.8	转向柱高阶弯曲+扭转
20.8	前悬挂交变跳动,弯曲与扭转
27.5	横向转向柱扭转

表 6.2.2 某重型卡车的整车模态[3]

整车模态/Hz	模态描述
1.81	整车沿 Y 轴平动
3.48	前悬架簧上质量固有频率

续表

整车模态/Hz	模态描述
3.98	整车绕 Z 轴转动
4.76	整车沿 Z 轴平动
6.06	后悬架簧上质量固有频率
7.60	整车绕 X 轴转动
9.93	整车一阶扭转
10.79	整车侧向一阶弯曲
14.61	整车侧向二阶弯曲
17.83	车架前端扭转
20.68	整车二阶扭转
23.83	整车垂向一阶弯曲
24.62	整车弯扭复合模态

重卡的刚体模态都在几赫兹之间，一阶弯曲与一阶扭转的弹性模态都在 8～10 Hz；轻卡会高一点，在 9～12 Hz。重卡后悬架的偏频达到了 6 Hz，这样的频率很可能是车辆抖动的潜在风险。

卡车有许多大质量的部件，如燃油箱、电池箱、SCR 箱、排气管、制动气罐、挡泥板、水寒宝、车梯、倒后镜、仪表盘、导流罩等。这些部件与其支架组成一个动力系统，而且这些动力系统都有自己的固有频率。因为它们的质量比较大，在共振时产生的振动力非常大，极有可能导致部件破坏。例如，某箱质量只有 20 kg，但它的支架厚度却要 6 mm 才能保证不断裂。原因是它的系统固有频率与车辆的某激励频率耦合，产生共振。因此这些附件的固有频率必须与车辆的激励频率有足够的分离。

车轮的模态形式很复杂，基本上是 Hop 与 Tramp 两种模态形式的组合。车轮 Hop 模态是指车轮都是以同一个相位跳动，而车轮的 Tramp 模态是指车轮以相反的相位跳动。以 4×2 为例：车轮跳动的模态有前轮的 Hop 与 Tramp，后轮的 Hop 与 Tramp。左（右）前右（左）是 Hop 模式，而右（左）前左（右）是 Tramp 模式。车轮的 Tramp 模态是非常关键的，通常 Tramp 的幅值大于 Hop 的幅值，因为这个模态形式将产生扭转的位移与振动。如果驾驶室绕扭转轴的刚度不够大，道路的行驶很容易激励车轮的 Tramp，在这种激励下，驾驶室就经受了一个强迫振动。Hop 对应着车架的平动模态，而 Tramp 对应着车架的扭转模态。Tramp 模态就会通过座椅后背的横向方向的振动而被乘员感受到，也会引起座椅垂直方向的振动。座椅的模态主要由座椅整体的垂直模态以及后背的横向模态组成。某重型卡车的座椅模态如表 6.2.3 所示。

表 6.2.3 某重型卡车的座椅模态[3]

座椅模态/Hz	模态描述
5.83	驾驶员座椅侧向弯曲
6.19	乘员座椅侧向弯曲
9.57	驾驶员座椅前后弯曲
9.62	乘员座椅前后弯曲

驾驶员座椅侧向弯曲与乘员座椅侧向弯曲的频率都在车轮激励频率的范围之内，这些频率很可能会在卡车抖动时引起座椅的共振[4]。

使用整车模态分离策略避免车辆的系统、子系统与部件的共振频率与车辆的主要激振源的频率的耦合。将模态频率与激振频率分离对取得车轮系统水平的声学与振动敏感性目标是非常关键的。

6.3 模态分离的基本原则

卡车由车架、驾驶室、发动机、传动系统、驱动系统、轮系等组成。这些系统本身具有自己的固有频率，而整车集成起来也有自己的振动模式与频率。这些系统又通过悬挂链接系统相互链接，例如，动力总成通过悬置与车架相连，驾驶室通过悬置与车架相连，轮系通过悬挂与车架相连。发动机本身也有刚体运动、弯曲与扭转运动，还有周期性的燃烧与机械激励。车辆在运行时，车轮经历道路的激励通过车轮及其悬挂传递到车架上。车架本身是个梯形结构，具有复杂的动力性能（弯曲、扭转、刚体）。这些激励由于车辆的动力子系统相互影响，这些子系统对激励的动力响应与这些子系统的动力性能相关，根据我们对设计参数的选择，或者子系统的动力响应小于系统的激励，或者子系统的动力响应大于系统的激励，设计的责任就是合理选择子系统的动力参数，将来自各种激励对子系统与整车的动力响应减至最低。根据动力系统的减振原则，系统的激励频率必须高于固有频率 1.414 倍时系统才能进入减振区，才能起到减振的作用。另外，子系统本身各种模态的分离以及与它有影响的相邻子系统的模态之间的分离也会减少子系统的动力响应[1]。这就是模态分离最基本的理论。

重型卡车的子系统与整车的振动对车辆的性能与可靠性影响非常大。系统的共振会使螺丝松动，而螺栓松动是卡车的一个常见的、令人头痛的质量问题，小则影响车辆性能，造成质量问题，引起客户对主机厂的抱怨，或影响部件的疲劳寿命，大则造成车辆事故。

6.4 与发动机激励相关的模态分离原则

怠速是卡车的一个重要运行模式。发动机怠速时激励整车，特别是对车架产生很大的激励。一般大功率六缸柴油机的怠速转速是 600~700 r/min，故其发火激振频率是 30 Hz 左右。这个频率经常是许多支架或转向柱的固有频率的重合，所以是一个很重要的频率。子系统与怠速频率耦合而使子系统产生共振，而且这些系统缺乏合适的阻尼，因此导致子系统由于振幅过大而产生破坏。所有子系统的固有频率都应该避开这个频率，因此我们定义怠速频域为红色区域。怠速频率是卡车模态分离的最基本频率，与之对应的整阶与半阶频率也是怠速模态分离的延伸。从理论上讲，只要所有的部件振动固有频率都高于发动机常用运行转速所对应频率的 1.414 倍，它们的固有频率就不会被激励，而且传递率低于 1，是处于减振区。因此整个车辆的动力响应都会很低。

发动机整个运行转速的激励频域都定义为模态分离的红色区域，即这个频域内不建议有任何系统的共振频率存在。这个区域是由发动机最低转速与最高转速所定义的发火频率区域。在模态分离表中，以某六缸发动机为例，最高常用转速为 2 300 r/min，其运行频率为 2 300/60×6/2=115 Hz。所以直列六缸柴油机的激励频域为 30~115 Hz，是红色预警频率分离区域。理想情况是：如果设计的卡车所有部件与系统的固有频率都高于 115×1.414=163 Hz，那么这些系统对所有的发动机激励都不会有共振现象，而且都处于减振区，发动机激励不会引起这些系统或部件大的振动加速度，这对于系统与部件的寿命不会有大的负面影响。但是实际情况是车辆及有些系统的固有频率大多数是很高的，因此处于减振曲线的放大区。而重卡发动机的 0.5 阶次（5 Hz）与 1 阶次的频率比较低（10 Hz），所以需要通过模态分离的方法避免这些激励频率与系统的共振频率相重合。

6.5 车轮激励的模态分离原则

另一重要的频域是车轮的激振力频域。车轮的激励是卡车抖动最重要的激振源，这个激振源是车辆在平滑道路上抖动的最主要的源泉。

车轮基本激励频率的计算公式：

$$f_{wn} = nv_{车} / 车轮周长 （Hz） \tag{6.5.1}$$

式中，n 为整数，$n=1, 2, \cdots$，代表车轮激励的阶次。

以国内一卡车的牵引车轮胎为例，直径为 1 263 mm，车速为 70 km/h 时车轮的基本激励频率（$n=1$）为

$$f_{w1} = \frac{70 \times 1\,000}{3\,600} \frac{1}{1.263 \times \pi} = 5 \text{（Hz）}$$

车辆运行在 80 km/h 时的激励频率为 5.6 Hz。当车轮、轮胎、轮毂或制动轮鼓的静、动平衡做得不好时，车辆运行到 70 km/h 时在 5 Hz 就可能出现车辆抖动问题。

图 6.5.1 中 Z 轴为地板加速度，横轴与纵轴分别代表车轮速度与地板加速度的频率。可以看到，地板的加速度对应着车轮的速度有峰值，这个峰值的频率与车轮的激励频率有着非常强的相关性。这个现象说明了悬挂偏频与车轮激励频率必须有良好分离的必要性。

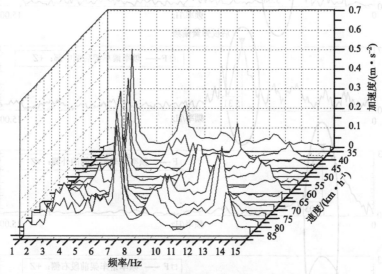

图 6.5.1　某重卡的地板加速度与激励频率/速度的关系

与车轮激励模态分离相关的频率包括前悬挂系统的偏频、后悬挂系统的偏频、驾驶室悬置的偏频、座椅的频率。总体车身模态应该有 4 Hz 的分离，车身模态至少应该大于运行（Ride）模态的 3 倍；车身的模态与动力总成与悬挂模态有 3 Hz 的分离；弯曲模态与转向柱模态应该有 5 Hz 的分离。驾驶室的声学模态不应该与弯曲模态耦合。转向柱垂直模态应该高于 35 Hz，以避免与发动机怠速的激励以及减少对制动粗糙性的敏感性。车身的模态也应该与怠速点火频率相分离。

6.6 整车模态分离

车辆系统通过支架或悬置、悬架等弹性或刚性形式安装在整车上，整车各种形式的振动频率与系统的共振频率互相影响，有些整车的模态与系统的耦合会使系统振动幅值增加，影响这些系统的性能甚至寿命。因此需要将整车模态与系统模态相分离。

卡车的运行质量（Ride Quality）与卡车的模态分离也有着很重要的关系。图 6.6.1 所示为一款没有抖动的卡车的各种偏频的测量。

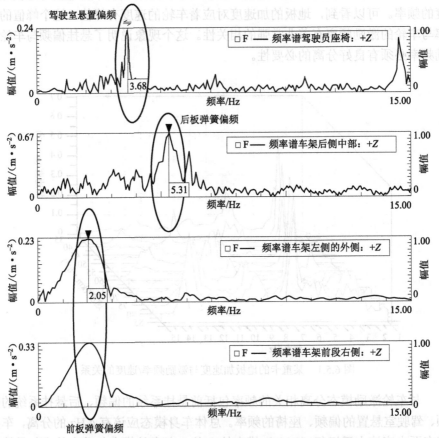

图 6.6.1　某卡车的驾驶室悬置与底盘悬挂的偏频分离

这是一个经典的卡车防止抖动的例子。该车驾驶室悬置偏频、底盘前后悬挂偏频都与车轮激励频率有很好的分离，使得车辆在有车轮不平衡激励时不会产生共振，车辆就不会产生抖动。

整车的扭转模态通过悬置影响发动机的扭转，也会影响发动机的横向刚体模态。同样道理，发动机的模态也是通过悬置影响整车的模态。整车的一阶扭转模态应与发动机刚体转动模态及横向模态分离。

怠速时应该将排气系统与方向盘/柱的模态与发动机点火模态（RPM）相分离。

当车辆通过比较差的路面时，路面会激励车辆产生扭转与弯曲模态振动。为了车辆的运行平稳性，不希望弯曲频率引发扭转振动，整车的弯曲与扭转频率应该至少有 1 Hz 的分离。同时，车辆一阶横向弯曲模态应该与后悬挂的横向偏频有足够大的分离。如果发动机偏摆与横向模态与车辆扭转模态相耦合，将会加重车辆横向抖动。在路面很差的道路上运行，整车与后悬挂的模态有相互作用，从运行质量的角度来看，希望后悬挂的跳动模态以及发动机的纵向刚体模态应该与整车的一阶弯曲模态相分离。

6.7 模态振型分布

振型是系统共振时各个点上的振动模式，以及系统各个点在平衡点左右的位移形式。特点是有节点，即系统的某个点，系统在这个频率共振时这点是不动的。例如，如果驾驶室的安装点是某个经常发生共振的节点，在以这个频率共振时，安装点是不动的，那么驾驶室的振动就会大大减少。因此振型的分布合理利用整车的振型分布，可以最大限度地减少地面荷载的传输，使车上人员的可感受振动（座椅、方向盘接触处）和噪声降低。另外，减振器的作用是通过减振器上下的运动速度提供阻尼，所以减振器的悬挂点不应该选择在节点上。

重卡牵引车主要的运行道路是高速公路。牵引车在高速公路跳动（Freeway Hop）的情况下，需要车辆的弯曲模态更高一些（9.5 Hz），与后悬置有很好的模态分离，最好与驱动速度的激励频率范围有很好的分离。

6.8 模态分离实例

模态分离表是将卡车的激励频率（能够产生车辆振动的激励频率，如发动机发火频率、车轮不平衡激励频率、驱动轴不平衡力的频率）与车辆各个系统的共振频率都列在一张表中，对系统与车辆激励频率的重合性进行比较，同时比较各系统的共振频率的重合现象。这个表在设计初期帮助我们调整系统的固有频率，避免这些共振频率在硬件中出现，从而在设计阶段就避免共振现象。在车辆投放市场后出现 NVH 问题时，这个表可以帮助我们寻找产生 NVH 问题的根本原因，为解释 NVH 的物理现象提供依据，同时为解决 NVH 的工程方法提供依据。表中激励频率标为红色，表示任何系统与整车的共振频率都不能与之重合。凡是存在重合的必须采取设计或硬件修正措施进行合理的分离。

图 6.8.1 所示为一款轻卡的模态分离/发布表[1~6]。从图 6.8.1 中可以看到，发动机的怠速发火频率以及一阶发动机频率都与车辆系统的共振频率没有任何耦合。但是车轮的激励频率与驱动轴一阶横向、排气系统的一阶上下平动以及发动机的一阶跳动相重合。如果车轮的动平衡出现问题，这个频率很可能出现 NVH 问题。这个表还可以与整车的噪声与振动测量数据相结合，为找到产生噪声/振动的根本原因提供参考数据。例如，某中卡在定置、2 400～2 500 r/min 时在 40 Hz 有轰鸣声，对照其模态分布表，发现顶棚与车门的固有频率都是在 40 Hz 左右，与整车轰鸣声的频率重合。

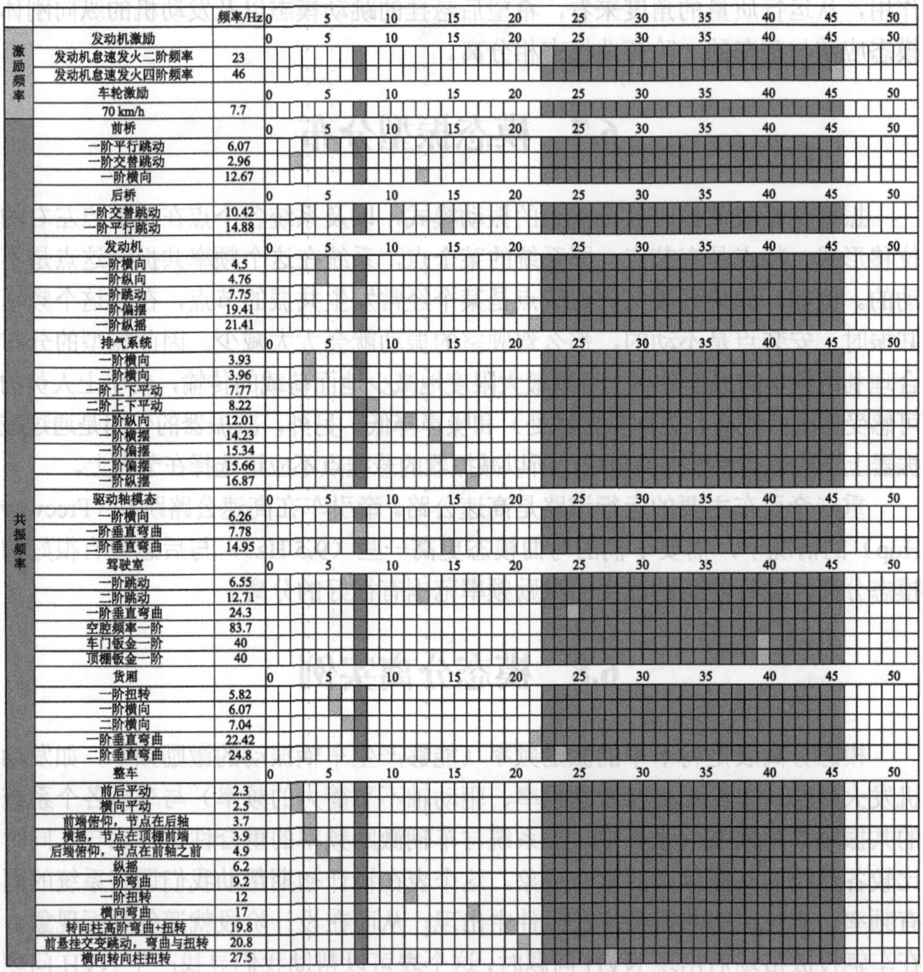

		频率/Hz										
激励频率	发动机激励		0	5	10	15	20	25	30	35	40	45	50
	发动机怠速发火二阶频率	23											
	发动机怠速发火四阶频率	46											
	车轮激励		0	5	10	15	20	25	30	35	40	45	50
	70 km/h	7.7											
共振频率	前桥		0	5	10	15	20	25	30	35	40	45	50
	一阶平行跳动	6.07											
	一阶交替跳动	2.96											
	一阶横向	12.67											
	后桥		0	5	10	15	20	25	30	35	40	45	50
	一阶交替跳动	10.42											
	一阶平行跳动	14.88											
	发动机		0	5	10	15	20	25	30	35	40	45	50
	一阶横向	4.5											
	一阶纵向	4.76											
	一阶跳动	7.75											
	一阶偏摆	19.41											
	一阶纵摇	21.41											
	排气系统		0	5	10	15	20	25	30	35	40	45	50
	一阶纵向	3.93											
	二阶横向	3.96											
	一阶上下平动	7.77											
	二阶上下平动	8.22											
	一阶纵向	12.01											
	一阶横摆	14.23											
	一阶偏摆	15.34											
	二阶偏摆	15.66											
	一阶纵摇	16.87											
	驱动轴模态		0	5	10	15	20	25	30	35	40	45	50
	一阶横向	6.26											
	一阶垂直弯曲	7.78											
	二阶垂直弯曲	14.95											
	驾驶室		0	5	10	15	20	25	30	35	40	45	50
	一阶跳动	6.55											
	二阶跳动	12.71											
	一阶垂直弯曲	24.3											
	空腔频率一阶	83.7											
	车门钣金一阶	40											
	顶棚钣金一阶	40											
	货厢		0	5	10	15	20	25	30	35	40	45	50
	一阶扭转	5.82											
	一阶横向	6.07											
	二阶横向	7.04											
	一阶垂直弯曲	22.42											
	二阶垂直弯曲	24.8											
	整车		0	5	10	15	20	25	30	35	40	45	50
	前后平动	2.3											
	横向平动	2.5											
	前端俯仰，节点在后轴	3.7											
	横摇，节点在顶棚前端	3.9											
	后端俯仰，节点在前轴之前	4.9											
	纵摇	6.2											
	一阶弯曲	9.2											
	一阶扭转	12											
	横向弯曲													
	转向柱高阶弯曲+扭转	19.8											
	前悬挂交替跳动，弯曲+扭转	20.8											
	横向转向柱扭转	27.5											

图 6.8.1 某轻卡的模态分离/分布表

参 考 文 献

[1] Chavan U S, Sandanshiv S R, Joshi S V. Modal Coupling Effect from Modal Alignment Perspective For Light Commercial Vehicle [J]. Int. J. of Advanced Engineering Technology, 2011–03, (II)I: 120–130.

[2] Dede M. Ride and Shake Study of a Light Truck Vehicle by Using Test Data Based Computer Modal Synthesis[J]. 1984, SAE Paper No: 841144.

[3] 李飞, 黄显利, 樊飞龙, 等. 重型卡车的整车模态分析 [C], 中国汽车工程师协会会议, 2014.

[4] 江中华. 汽车座椅舒适性开发的初步研究 [J]. 企业科技与发展, 2011, 19.

[5] Tufano A R, Braguy C, Blairon N. Dynamic Characterization of a Complete Truck: Methodology and Physical Phenomena[C]. the 22nd International Congress on Sound and Vibration, 2015–07–12～07–16, Florence, Italy.

[6] Winton D M, Rowling D R. Modal Content of Heavy-Duty Diesel Engine Block Vibration [J]. 1997, SAE Paper No: 971948.

第 7 章

客车的振动与噪声及控制策略

客车的功能是将乘客从出发点运送到目的地。这个运送过程应该是一个安全、安静和舒适的过程，特别是长途客运更应该如此。旅客感受到的振动与噪声是定义旅客乘坐舒适性的重要指标。因此减少客车内的噪声与振动是评价客车质量的标准，也是使旅行者满意的一个关键性诉求。这是客车设计人员在设计开发客车时必须考虑的设计指标。客车的振动与噪声有政府规定的噪声与振动指标，也有各个公司为了竞争而自己定下的指标。根据这些振动与噪声的指标，主机厂的设计师与工程师们要想增加客车的振动与声学的舒适性，就必须定性与定量地了解噪声与振动的根源以及这些振动与声源的传递路径，然后根据声振源与其传递路径的特点，使用优化设计的方法有效地、低成本地减少客车内的噪声与振动对乘客的影响，满足客户的需求。

城市客车一般行驶在城市中人口较多的地区，城市客车所辐射到车辆外面的噪声成为一种声学的环境污染，是政府控制的一种目标。

城市客车的运行特点不同于其他重型卡车。城市客车一般运行在人群众多的区域与地点，特点是停靠点之间距离比较近，车辆速度不是很快，起动/停止频繁，加速/减速频繁。多缸发动机产生的脉冲扭矩是客车的主要振动源之一。客车 1/3 的运行时间是在停车而发动机在怠速，而客车 1/2 的运行时间是在加速或减速[1]。

第7章 客车的振动与噪声及控制策略

7.1 客车的噪声源

客车的主要噪声源是发动机、变速箱、传动系统、滚动运动与空气动力学。发动机无疑是最重要的噪声源，因为发动机在客车运行条件下持续运行，而其他噪声源则只是在客车运动时才运行并产生振动与噪声。

汽车车身形成一定形状的封闭空腔，所以会发生与封闭管道类似的共振现象，称为空腔共鸣。它具有增强车内噪声的效果。车内空腔共鸣的特征主要由声学模态决定。当外界振动激振频率或声激励频率等于车厢声空腔固有频率时，车厢将产生空腔共鸣，使得车内噪声增强。

客车内外钣金，在两者之间使用的任何材料，以及它们的任何组合应该为客车提供足够的噪声隔声，以保证在客车外钣金的 80 dBA 的声源，在客车内部的任何一点的噪声不高于 65 dBA。这些结果应该是在所有的开口（门、窗口）都关闭，而且发动机及所有的辅助设备都关闭的情况下测得的。

在客车内的任何位置，乘客所感受的噪声水平不能超过 83 dBA，而且驾驶员在如下试验条件下所感受到的噪声不应该超过 75 dBA：客车是空的，除了试验人员与试验设备之外，车上不超过 4 个人；所有的辅助设备在试验期间都在运行状态；该客车应该从静止到 56 km/h 运行；道路为商业水平的水泥路或沥青路；50 ft[①]之内没有大的反射平面。在试验期间，在试验区域附近的噪声水平至少低于客车噪声 10 dBA。测试设备及其他一般要求应该遵循 SAE J366 标准。

外部噪声：客车产生的空气噪声，在 56 km/h 的速度全功率、自重的条件下，变速箱在换高挡之前，从任何一面测量都不应该超过 83 dBA；客车产生的噪声在怠速时不超过 65 dBA。所有的噪声测试都应该在 50 ft 之外并垂直于客车的中心线，所有的辅助系统都在运行。测试设备及其他一般要求应该遵循 SAE J366 标准[3]。

发动机多重气缸产生的脉冲扭矩是城市客车的主要振动源。在这些城市客车中，客车停车时发动机怠速的情况代表了 1/3 的运行时间，而加速或减速运行则占 1/2 的运行时间。发动机的悬置在振动与噪声舒适性方面起到一个非常重要的作用，这些悬置的作用就是支持发动机总成并防止发动机总成的振动传到车辆的其他部分[1]。悬置的位置与刚度作为设计参数，直接影响到振动与噪声的舒适性。

振动永远是与可靠性和质量相关联的重要问题。噪声对车辆使用者和环境都越来越重要。声振粗糙性与质量、振动与噪声的品质、瞬态性质相关。

---

① 1 ft=0.304 8 m。

7.2 客车的空腔共振频率

公共汽车与卡车相比,不同之处之一是公共汽车的长度比卡车驾驶室的长度要大很多,因此公共汽车的内部空间比卡车驾驶室的内部空间要大得多。这对公共汽车的声学特点产生影响。假定客车的内部为理想的长方体(忽略座椅等车内部件的影响),如图 7.2.1 所示[4]。客车内部的空腔频率为

$$f_{lmn} = \frac{C}{2}\sqrt{\left(\frac{l}{l_x}\right)^2 + \left(\frac{m}{l_y}\right)^2 + \left(\frac{n}{l_z}\right)^2}$$
(7.2.1)

式中,C 为声速;l,m,n 为大于等于零的任意整数,代表了模态的阶数。

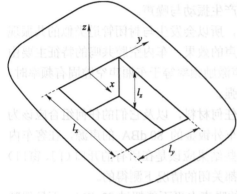

图 7.2.1 长方体空间坐标系简图

我们估算一下公共汽车的空腔共振频率。公共汽车的长度可以参照中国公共汽车类型规定的尺寸,如表 7.2.1 所示。

表 7.2.1 中国公共汽车类型规定[5]   m

类型	特大型	大型	中型	小型
车长(L)	10<L≤13.7 双层客车	12<L≤18 单层客车(含铰接车)	10<L≤12	7<L≤10	4.5<L≤7

但该标准没有规定公共汽车的高度与宽度的限制,因此采用美国运输部规定的公共汽车宽度的最大值作为计算公共汽车空腔的宽度,即 2.6 m[6]。至于公共汽车的高度,美国联邦政府没有特别的规定,但美国的各个州却有对公共汽车高度的规定,大多数的限值为 4.11 m 到 4.27 m 不等,我们取 4.27 m。

由式(7.2.1)可知,空腔的共振频率与几何尺寸(长、宽、高)成反比,公共汽车有不同的长度,长度越长,第一阶频率就越低。或者说,大的车辆驾驶室相对于小的车辆驾驶室有比较小的低阶共振频率。公共汽车的宽度与高度变化不大,因此横向与高度方向的第一阶频率(轴向频率)及其整数倍频率都相差不大,沿着 X、Y 与 Z 向的模态为轴向模态。任何包括四个表面的封闭路径都叫切向模态。作者计算了各种客车内部空腔频率并展示在图 7.2.2 中。

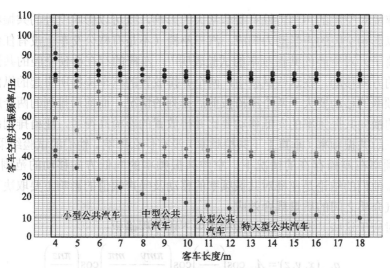

图 7.2.2 客车内部空腔前 10 阶共振频率估计

公共汽车空腔的低阶共振频率,也就是驻波频率,可以根据空腔频率的特点进行估计。这对确认噪声问题的源非常有帮助,而且非常简便。空腔的共振模态是由声波在两个相反的边界之间传播而产生的。在这种条件下产生驻波。例如,车顶与地板之间,左右两边的钣金之间。第一阶共振是一个声波在两个边界之间的传播距离等于波长的一半时出现的,因此我们有

$$2\times 空腔几何尺寸 = \frac{c}{f} \quad 或 \quad f = \frac{c}{2\times 空腔几何尺寸} \quad (\text{Hz}) \qquad (7.2.2)$$

注意:这个频率的整数倍也是空腔的固有频率。

这个公式的应用也特别实用。例如,如果你发现一辆公共汽车高度为 4.27 m,有一个频率为 40 Hz 的噪声峰值,最简单最快速的方法是先估计一下空腔频率,看看噪声频率是否与空腔频率或其整数倍数的频率相吻合,或者证明该噪声与空腔频率无关,或证明相关。这个公共汽车的横向一阶频率就是 2×4.27=344/频率,结果就是频率=40.28 Hz。这与上面的计算是一致的。需要说明的是,这些空腔共振频率都是在非常理想化的假设下的理论计算值,给我们提供了一个快速的参考值。这些理想化的条件是空腔的六个面都是刚性墙,没有任何装饰,没有任何阻尼与吸声材料,而且空腔也是空的,没有任何物体在空腔之间,波在空腔传播时也没有波的任何反射与折射。但是客车中的座椅、隔断、装饰、车窗、车门、顶棚以及声学包等对空腔的共振频率,特别是空腔的声学动力响应都有影响。即使两辆车的几何尺寸完全一样,它们的车窗、车门以及装在钣金上的装饰也对空腔的共振频率产生很大的影响,它们的共振频率与声学响应都是不一样的。因此,实测的空腔频率及其声学响应在很多情况下还是必要的,甚至是不可替代的。

座椅对空腔的声学特性有着非常大的影响，既可以影响空腔的共振频率，也可以影响空腔的声学动力响应。汽车座椅（不是有些公交车上没有任何包装的铁椅子）对空腔的共振频率的试验表明[7]，座椅的存在会使空腔的共振频率向低的方向移动。在这些试验中，两个并排放置的汽车座椅所引起的纵向空腔共振频率的移动要大于两个座椅按前后排列的情况，而前后排列的两个座椅所引起的横向共振频率的向低移动要比并排放置的座椅高得多，座椅排列的方式对第三阶共振频率（垂直上下共振频率）没有什么影响。他们的试验结果表明，共振频率在座椅存在的情况下，空腔共振频率的向低方向移动的范围为5～30 Hz。他们的结论是座椅对共振频率的移动及噪声幅值的影响主要取决于驻波与空气介质之间的质量耦合效应。

对应于这些共振频率的共振模式由下述方程确定：

$$p_{lmn}(x,y,z) = A_{lmn}\cos\left(\frac{\pi l x}{l_x}\right)\cos\left(\frac{\pi m y}{l_y} - \frac{m\pi}{2}\right)\cos\left(\frac{\pi n z}{l_z}\right) \quad (7.2.3)$$

方程（7.2.3）代表了在一个长方形空间中的三维驻波，也就是一个共振振型。

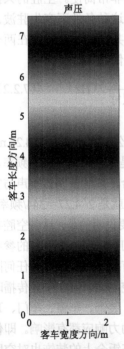

图 7.2.3　某客车内部空腔第一阶共振时的声压分布（见彩插）

从方程（7.2.3）可以看到，驻波在空腔中各点的声压是不一样的，所以在空腔中不同的点听到的声音有不同的声压，有些点的声压是零，这些零点称为节点，还有些点上声压达到最大（边界上）。乘客在客车内不同的座位，在不同的共振频率上所感受到的噪声声压是不一样的。在一个像公共汽车这样的长方形空腔中，当式（7.2.3）中的一个余弦因子为零时，声压为零，这个现象代表了一个节点平面，这个平面就是$\frac{\pi l x}{l_x}$是奇数的那个平面。例如，当$x=\frac{l_x}{2}$时，$\frac{\pi l x}{l_x}=\frac{\pi l}{2}$，$l=1,3,5,7,\cdots$。对于$Y$、$Z$方向也有类似的结论。

我们通常关心在空腔共振情况下，哪些部位的声压是最大的，那么空腔的共振振型能够给出该振型声压在空腔中的分布图。这对我们了解最大声压是非常有帮助的。

一款客车长7.5 m，宽2.36 m，高1.93 m，第一阶声学频率为22.9 Hz，对应该频率的声压分布如图7.2.3所示。

我们可以看到，在该频率下，驾驶员部位的声压比较低，乘员舱的前部、中部与后部的噪声比较高。

7.3 客车钣金的临界频率

当一个钣金的弯曲波速与介质中的声波速相同时，则钣金的声传递效率大大提高，即声传递损失降低，这个频率称为临界频率或耦合频率[8]。

$$f_c = \frac{c_0^2}{2\pi}\sqrt{\frac{\rho_M h}{B}} \quad (7.3.1)$$

式中，$B = \frac{Eh^3}{12(1-\nu^2)}$，为薄板的弯曲刚度；$\rho_M$ 为体积密度；h 为板的厚度；c_0 为声速。

表 7.3.1 所示为一些钢板与铝板的耦合频率。

表 7.3.1 铝板与钢板的耦合频率

钣金厚度/mm		耦合频率/Hz
铝	0.8	15 923
铝	1.0	12 738
铝	3.5	3 639
钢	1.0	12 580
钢	1.2	10 483
钢	1.5	8 387

耦合频率与板的厚度成反比，厚度越大耦合频率越低。当铝板厚度为 3.5 mm 时，耦合频率为 3 639 Hz，这个频率上声传递损失大大降低，因此在这个频率上需要增加板的阻尼以增加板在这个频率的声传递损失。

薄板的固有频率可以用下式表达[9]：

$$f_{mn} = \frac{1}{2\pi}\sqrt{\frac{B}{\rho h}}\left[\left(\frac{m\pi}{L_x}\right)^2 + \left(\frac{n\pi}{L_y}\right)^2\right] \quad (7.3.2)$$

式中，m，n 为非零整数。

对应的振型为

$$\phi_{mn}(x,y) = \sin\left(\frac{m\pi x}{L_x}\right)\sin\left(\frac{n\pi y}{L_y}\right) \quad (7.3.3)$$

表 7.2.3 所示为一款公共汽车的后板的共振频率。该板为铝板，厚度为 2.5 mm，泊松比为 0.3，弹性模量为 74 GPa，宽度为 850 mm，支撑结构的跨度为 1 200 mm，该板的边界条件为四边简支。

表 7.3.2 某公共汽车后板与空腔的共振频率

	铝合金板				不锈钢板				客车空腔			
序号	频率	m	n	f_{mn}/Hz	频率	m	n	f_{mn}/Hz	频率	l	m	n	f_{lmn}/Hz
1	f_{11}	1	1	4.1	f_{11}	1	1	2.4	f_{100}	1	0	0	22.9
2	f_{21}	2	1	8.3	f_{21}	2	1	4.8	f_{001}	0	0	1	72.7
3	f_{12}	1	2	12.4	f_{12}	1	2	7.3	f_{101}	1	0	1	76.2
4	f_{31}	3	1	15.1	f_{31}	3	1	8.9	f_{010}	0	1	0	88.9
5	f_{22}	2	2	16.5	f_{22}	2	2	9.7	f_{110}	1	1	0	91.8
6	f_{32}	3	2	23.4	f_{32}	3	2	13.7	f_{011}	0	1	1	114.8
7	f_{41}	4	1	24.8	f_{41}	4	1	14.5	f_{111}	1	1	1	117.0
8	f_{13}	1	3	26.1	f_{13}	1	3	15.3	f_{002}	0	0	2	145.3
9	f_{23}	2	3	30.2	f_{23}	2	3	17.7	f_{102}	1	0	2	147.1
10	f_{42}	4	2	33.0	f_{42}	4	2	19.4	f_{012}	0	1	2	170.4

这些后板的共振频率，低阶频率比较低，频率的分布又比较密。如果使用铝合金板，第六阶板的共振频率为 23.4 Hz，而客车空腔第一阶频率为 22.9 Hz。两个频率太接近了，会产生结构与空腔共振频率的耦合，并且这个频率是四缸发动机的 2 阶频率。

图 7.3.1 所示为频率在 23.4 Hz 的板的振型。空腔在 22.9 Hz 的振型的方向性为（１００），是 X 方向上的压缩−扩张振型。所以后板与空腔的共振频率的耦合会产生共振，因此需要与发动机的激励频率有很好的分离。

图 7.3.1 后板在 23.4 Hz 的振型

第 7 章 客车的振动与噪声及控制策略

一款公共汽车的第一阶模态频率为 13.4 Hz，第二阶扭转频率为 13.8 Hz[10]。另一款公共汽车的第一阶结构模态为 11.5 Hz，而空腔频率为 25 Hz[11]。还有一款公共汽车的第一阶扭转频率为 5.95 Hz，第一与第二阶弯曲频率为 8.79 Hz 与 10.4 Hz，扭转与弯曲组合频率为 11.7 Hz[12]。虽然各种客车的设计不尽相同，但受到国家对客车尺寸的限制，其结构拓扑的相似性使得它们相近长度客车的低阶振动频率与空腔频率相差并不大。

7.4 客车车内噪声与振动

美国对有 36 座的 BYD 电动客车进行了测试，其中有噪声与振动。客车静止时，使用 80 dBA 的白噪声源进行激励，然后测其内部噪声[13]。外噪声源设置如图 7.4.1 所示。BYD 电动客车的静止车内噪声与加速车内噪声如表 7.4.1 和表 7.4.2 所示。

图 7.4.1 客车静止外噪声源的设置

表 7.4.1 一款 BYD 电动客车的车内噪声

客车左侧外部声源：静止 80 dBA 白噪声		
测量位置	噪声水平/dBA	噪声衰减/dBA
驾驶员座位	47.2	32.8
前排乘员座位	46.2	33.8
与后喇叭对应	47.4	32.6
与后喇叭对应	46.7	33.3
与后喇叭对应	45.8	34.2
后排乘员座位	44.7	35.3

麦克风的位置在坐垫上方 737 mm。表 7.4.1 第三列为声源噪声减去座椅处所测的噪，就是该客车对外噪声的衰减能力，其范围在 32.8~35.3 dBA。

表 7.4.2 一款 BYD 电动客车的加速车内噪声

测量条件：加速 0～56 km/h

测量位置	噪声水平/dBA
驾驶员座位	68.3
前排乘员座位	70.4
中间乘员座位	71.9
后排乘员座位	71.1

巴西对正在运行的四类不同车型的 80 辆客车进行噪声测量，以便获得客车车内噪声的统计数据[14]。这四类客车分别为：传统型、速度型、微型与铰接型。传统型是发动机在前面，速度型的发动机在后面，微型客车的发动机在前面，铰接型的发动机是在前车的中间。每一种车型随机抽取 20 辆。试验的路径、乘客的上下、路径的选择、过往车辆的噪声等条件都是模拟实际运行条件，力求测量的噪声数据能够反映客车运行的实际情况。巴西公交车噪声统计数据如表 7.4.3 所示。

表 7.4.3 巴西公交车噪声统计数据　　　　　　　　　　　dBA

	传统型	速度型	微型	铰接型
平均值	80.2	75.1	78.3	77.0
最大值	90.6	87.3	90.0	89.8
最小值	68.5	66.3	66.6	63.4
标准方差	2.3	2.0	2.4	2.6

这些噪声测量值说明这些卡车的噪声满足巴西政府法规规定的 8 小时暴露时间的噪声值。但是某些客车的噪声水平非常接近噪声标准而且大于 65 dBA。因为巴西 NR–17 法规规定每天 8 小时暴露给大于 65 dBA 噪声水平被认为是不舒服的，可能引起健康问题。这些公交车的车内噪声代表了巴西公交车内的噪声水平。

为了了解客车噪声的频率特性，下面介绍一下客车噪声的频率曲线。为了满足美国的法规，对一辆土耳其的 TS–45 公交车（见图 7.4.2）进行了测试，并使用不同的声学包对关键声源部分进行覆盖，获得了 2～5 dB 的改进，如图 7.4.3 所示[15]。

第 7 章　客车的振动与噪声及控制策略

图 7.4.2　TS–45 公共汽车

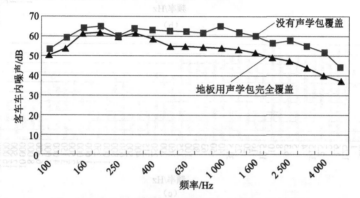

图 7.4.3　TS–45 测量的车内噪声：油门全开加速[15]

从图 7.4.3 可以看到，该客车的内部噪声几乎所有的频率都对总噪声有贡献，而且声学包对车内噪声的减少也几乎是全频率段的。

波兰的城市公共汽车广泛使用 MAN SG242 型。波兰政府对驾驶员与乘客在乘坐公共汽车时所承受的噪声与全身振动都有法规规定。这些规定促使他们对客车的内部噪声与振动进行了测试[16]。波兰公共汽车的噪声与振动的结果如图 7.4.4 所示。

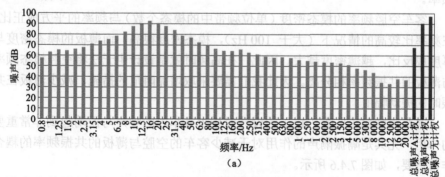

图 7.4.4　波兰 MAN SG242 车内噪声
(a) 驾驶员处

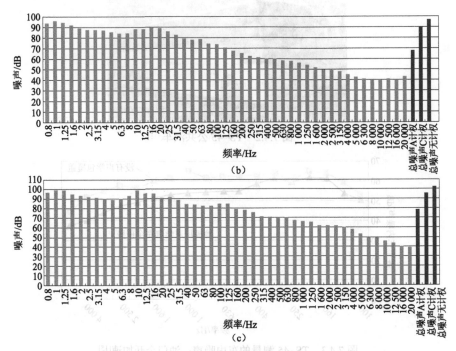

图 7.4.4　波兰 MAN SG242　车内噪声（续）
(b) 中间；(c) 后面

从图 7.4.4 可以看到，驾驶员所感受到的噪声主要是低频的 10～25 Hz 噪声，即 90 dB；乘客承受的噪声是次声波，主要频率是 0.8～20.0 Hz，次声波与驾驶员感受的噪声相比高出 5 dB，在 95 dB 左右。另外，我们注意到该客车在 16～20 Hz 的噪声最高，这个频率很可能是客车空腔的第一阶共振频率。

客车空腔频率的模态密度（单位频带中的模态个数）与频率的平方成正比，在频率比较高的情况下（大于 100 Hz），模态密度很高，而薄板的模态密度与厚度成反比，越薄密度越大。因此，在高频时就是设计也无法将空腔模态频率与薄板的共振频率相分离。因此我们需要采取增加阻尼的措施，减少薄板在共振时的振动幅值。

客车声学包（见图 7.4.5）的设计对减少客车内的噪声与振动起到非常重要的作用，尤其是隔振隔声的作用对于减少客车的空腔与薄板的共振频率的耦合非常重要，如图 7.4.6 所示。

客车驾驶员受到全身振动暴露的影响，因此研究客车对驾驶员的全身振动的影响也是非常重要的。表 7.4.4 所示为波兰公交车噪声振动数据。

第7章 客车的振动与噪声及控制策略

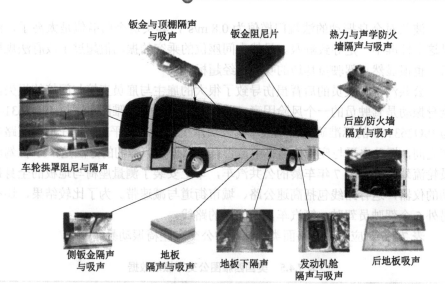

图 7.4.5　典型公共汽车的声学包[15]（见彩插）

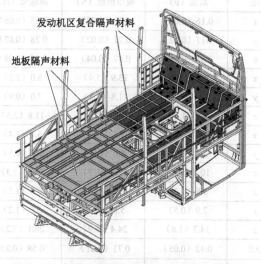

图 7.4.6　典型公共汽车的后部地板隔声措施[15]

表 7.4.4　波兰公交车噪声振动数据[16]

参数	驾驶员	中间	后排
$a_{v,eq}/(m \cdot s^{-2})$	0.411	0.823	0.641
$L_{Aeq,T}/dB$	70.0	66.5	78.2
L_{Amax}/dB	99.2	84.7	87.5
$L_{Ex,8h}/dB$	63.8	60.0	71.5
L_{Cpeak}/dB	138.7	124.8	121.7

波兰对全身振动的法规门槛值为 0.8 m/s^2，其实这个门槛值是太高了，满足这个标准不一定导致舒服。显然中间座位的乘客的振动值超过了政府法规要求。也很显然，驾驶员耳边的噪声已经超标。

公共汽车驾驶员的后背损伤导致了很大的雇主与雇员直接与间接的损失，全身振动是驾驶员的一个风险因素。美国华盛顿州的西雅图市通过 ISO2631-1 与 ISO2631-5 的标准确定公共汽车驾驶员承受的振动水平，确定在不同道路类型之间，振动水平与座椅传递率中是否有什么差别。他们的方法是：13 位驾驶员轮流驾驶一辆有 7 年车龄的公共汽车，车上安装了测量座椅与地板的全身振动的仪器，运行路线包括高速公路、城市街道与减速带。为了比较结果，还有另外 5 个驾驶员驾驶一辆汽车，跑同样的路线。

表 7.4.5 对应于轴与路面类型的平均公交车座椅振动暴露[17]。

表 7.4.5 美国西雅图公交车振动数据

		公交车（n=13）			
	轴	高速（F）	城市街道（S）	减速带（H）	P
A_w（8）/ (m·s^{-2})	x	0.16（0.06）	0.20（0.05）	0.25（0.06）	<0.001
	y	0.17（0.02）	0.21（0.02）	0.28（0.02）	<0.001
	z	0.51（0.04）	0.47（0.04）	0.46（0.08）	NS
振幅因子	x	8.6（2.7）	13.9（5.4）	8.0（2.2）	<0.001
	y	6.2（0.75）	11.8（2.3）	7.0（0.9）	<0.001
	z	8.5（1.4）	15.3（3.8）	11.8（2.5）	<0.001
VDV（8）/ (m·s$^{-1.75}$)	x	3.4（1.2）	5.3（1.8）	5.7（1.4）	<0.001
	y	3.2（0.4）	4.6（0.9）	6.3（0.5）	<0.001
	z	10.8（0.7）	12.7（1.7）	12.5（3.3）	<0.001
D_k（8）/ (m·s^{-2})	x	3.8（1.2）	6.8（2.85）	6.0（1.5）	<0.001
	y	2.9（0.5）	5.8（0.5）	5.6（1.2）	<0.001
	z	14.3（1.8）	24.4（6.9）	20.1（7.2）	<0.001
S_{ed}（8）/MPa	All	0.42（0.05）	0.71（0.21）	0.58（0.2）	<0.01
SEAT$_{AW}$/%	z	101.7（1.30）	106.9（1.68）	122.8（3.04）	<0.001
SEAT$_{VDV}$/%	z	109.3（1.14）	112.3（5.39）	139.2（5.22）	<0.001
速度/（km·h^{-1}）		83.4（7.4）	32.7（2.9）	21.4（2.7）	<0.001

表 7.4.4 中，A_w 是频率计权的加速度，VDV 是振动计量值，D_k 是加速度计量值，S_{ed} 是静脊椎压缩计量，SEAT$_{AW}$ 和 SEAT$_{VDV}$ 为座椅的振动传递率与加速度计量。这些数值都归一到 8 小时驾驶暴露。其中 $P<0.05$ 定义为差别在统计上是有意义的。

从表 7.4.4 可以看到，驾驶员的主要振动暴露是在 Z 方向。加速度在高速

第 7 章　客车的振动与噪声及控制策略

公路上的 Z 方向加速度（0.51）超过了暴露加速度水平，振动计量值在 Z 方向的三个道路类型都超过了暴露加速度水平。静脊椎压缩计量 S_{ed} 暴露城市街道与减速带都超过 0.5，这说明驾驶员可能有后背健康问题，而且出现这种现象的概率很大。我们还可以看到，道路的类型对所有的振动暴露的参数都有很大影响。

7.5　客车模态分离表

不论是客车 NVH 设计还是客车 NVH 问题的解决都需要了解客车的模态分离状况，尤其是设计新车的时候一定要把模态分离融入产品开发流程之中。根据上几节的客车例题，我们可以编制一个客车的模态分离表，如表 7.5.1 所示。

表 7.5.1　一款 12 m 客车的模态分离表

分类	模态	频率Hz
系统共振频率	空腔模态 第1阶	14.3
	第2阶	72.7
	第3阶	74.1
	侧板模态 第1阶	2.4
	第2阶	4.8
	第3阶	7.3
	第4阶	8.9
	第5阶	9.7
	第6阶	13.7
	第7阶	14.5
	第8阶	15.3
	第9阶	17.7
	第10阶	19.4
	第11阶	21.8
	第12阶	26.7
	发动机机体 一阶横向	4.5
	一阶纵向	4.76
	一阶跳动	7.75
	一阶偏摆	19.41
	一阶纵摇	21.31
	悬挂 前悬	9.9
	后悬	11
	整车 第1阶扭转	8.38
	第2阶扭转	9.25
	第3阶扭转	11.9
	第4阶扭转	14.3
	第5阶扭转	15.8
	第6阶扭转	17
	第1阶弯曲	17.9
	底盘 第1阶	5.2
	第2阶	8.5
	第3阶	10.3
	第4阶	14.5
	第5阶	16.1
	第6阶	19.8
	第7阶	19.8
	第8阶	22.2
	第9阶	24.1
	第10阶	24.8
激励频率	发动机激励 发动机怠速发火	25
	发动机第1阶频率	12.5
	发动机最高转速发火	92
	车轮激励 车轮1阶（40 km/h）	3.5
	车轮2阶（80 km/h）	7

表 7.5.1 中部分模态频率来自文献 [18～20]，其中深灰色区域为发动机与车轮的激励频率区域，这些区域内系统不应有共振频率存在。从表 7.5.1 可以看到，该客车的空腔频率与发动机的发火频率有耦合现象，侧板的高阶模态也与发动机的发火频率有重合。最坏的情况是钣金共振频率与空腔频率耦合，将产生严重的噪声问题。在这种情况下，空腔频率只与几何尺寸相关，无法修改，只能考虑钣金。可以选择的设计方案包括，但不限于，在钣金上加阻尼材料减少振动的幅值，加材料增加密度改变钣金频率，或隔声/隔振措施（见图 7.5.1）。

图 7.5.1　典型公共汽车侧板的隔声/隔振措施[21]

底盘的高阶共振频率与发动机最低发火频率非常接近。所有这些共振频率与激励频率的耦合在设计时必须采取隔振与减振/减噪措施，避免成本高昂的开发后期设计修正。

参考文献

[1] Hafidi A E, Martin B，Loredo A, et al. Vibration Reduction on City Buses: Determination of Optimal Position of Engine Mounts[J]. Mechanical Systems and Signal Processing,2010–10, 24: 2198–2209.

[2] Berasategi J, Galfarsoro U, Elejabarrieta M J, et al. Structure borne noise inside a coach[C]. Acoustics '08 ,2008–06–29～07–04.

[3] American Public Transportation Association. Standard Bus Procurement Guidelines[R]. 2000–05–08.

[4] Rona A. The Acoustic Resonance of Rectangular and Cylindrical Cavities[J]. American Institute of Aeronautics and Astronautics.

[5] 中华人民共和国交通运输部. 公共汽车类型划分及等级评定[S]. JT/T888-2014, 2014.

[6] US Department of Transportation Federal Highway Administration. Federal Size Regulations for Commercial Motor Vehicles[S]. 2004-10. https://ops.fhwa.dot.gov/freight/publications/size_regs_final_rpt/size_regs_final_rpt.pdf.

[7] Cherng J G, Yin G, Bonhard R B, et al. Characterization and Validation of Acoustic Cavities of Automotive Vehicles[R].

[8] Renji K, Nair P S. Critical and Coincidence Frequencies of Flat Panels[J]. J. of Sound and Vibration, 1997, 205(1): 19-32.

[9] Robin O, et al. A Plane and Thin Panel with representative Simply Supported Boundary Conditions for Laboratory Vibraoaccustic Tests[J]. ACTA ACUSTICA UNITED WITH ACUSTICA, 2016, 102 (1-1).

[10] Heskitt M, Smith T, Hopkins J. Design & Development of LCO-140H Series Hydraulic Hybrid Low Floor Transit Bus, Solutions Final Technical Report[R]. FTA Report No.0018, 2012-09.

[11] Surketwar Y, Patel K, Amara S, et al. The Applications of the Simulation Techniques to Predict and Reduce the Interior Noise in Bus Development[J]. 2012-04-16, SAE Pater No: 2012-01-0219.

[12] Jain, R, Tandon P, Kumar M V. Optimization Methodology for Beam Gauges of the Bus Body for Weight Reduction[J]. Applied and Computatinal Mechanics, 2014, 8: 47-62.

[13] The Thomas D. Larson and Bus Testing and Researh Center. Federal Transit Bus Test[R]. Report Number: LTI-BT-R1307, 2014-06-27.

[14] Portela B S, Zannin P H T. Analysis of Factors that Influence Noise Levels Inside Urban Buses[J]. J. of Science & Indu. Research, 2014-09, 69:684-687.

[15] Aydin K, Esenboga F. Improvement of the Heat and Sound Insulation of a Bus Compliance with American Regulations[J]. Advances in Automobile Engineering, 2016, 5(1).

[16] Damijan Z. Investigation of the Vibroacoustic Climate Inside the buses MAN SG242 Used in Public Transport Systems[J]. ACTA PHYSICA POLONICA A, 2010, 118(1).

[17] Lewis C A, Johnson P W. Whole-body Vibration Exposure in Metropolitan Bus Drivers[J]. Occupational Medicine, 2012-07-09: 684-687.

[18] Kowarska I, Kuczek K, UHL T. Model-based Engineering – Fully Equipped City Bus Model – First Correlations between Numerical and Experimental Data[J]. Mechanics and Mechanical Engineering, 2011, 15(4): 81-91.

[19] Sun S, Zhang J, Peng Z. A Study of the Dynamic Characteristics of Transport Bus Frame Using Finite Element Analysis[EB/OL]. ISSN: 1473-804x online, 1473-8031.

[20] Zhong W, Su R, Gui L, Fan Z. Topology and Sizing Optimisation of Integral Bus Chassis

with the Use of A Cooperative Coevolutionary Genetic Algorithm with Independent Ground Structures[C]. 11th World Congress on Structural and Multidisciplinary Optimisation, 2015-06-7~06-12, Sydney Australia.

[21] Silka. Bus & Coach Innovative Technology for Customer Solutions[R]. 2013. www.sika.com/bus-coach.

第 8 章

军车的 NVH 问题

军车通常要求速度快、荷载大、运行里程长、机动性强，因此对发动机要求有较大的功率，这就使军车成为一个噪声非常大的工作环境。在北约军队中的军车、舰船与飞机，其内部极高的内噪声是非常普遍的。过去几十年，军车工作环境的噪声水平是在日益增加而不是减少，新型车通常比它们要替换的车辆噪声更大。与此同时，国际/国标及其法律法规对于最大噪声暴露的限制日趋严格。车辆越来越难以满足军事行动需求所要求的值班期间的人员听力保护。

8.1 噪声对乘员的听力危害

军事设备的噪声以许多方式损害车辆乘员与工作人员的听力：
（1）语音清晰度。
（2）与其他有用声音的可听性。
（3）长期暴露在高水平噪声环境，会引起不可以恢复的失聪。
（4）法律与法规限制噪声的水平。

人们听力的损失包括两种：临时性的听力门槛值（Temporary Threshold Shift, TTS）和永久性的听力门槛值（Permanent Threshold Shift, PTS）。

临时性听力门槛这样定义：一次暴露到高水平噪声；可能持续几分钟/小时；取决于噪声的频率、强度与时间；噪声消失时可以恢复，通常可以完全恢复。

永久性听力门槛这样定义：如果连续 15 h，最终引起永久性失聪；当噪声暴露停止时，不可恢复；临时性的可能变成永久性的。

长期暴露在高水平噪声中会降低人耳对噪声的敏感性；人们听力的门槛值会升高，导致声音的声强需要更高才能被听到。

美国国防部认为，因为噪声引起的失聪（Noise Induced Hearing Loss, NIHL）是仅次于因为爆炸、地雷、迫击炮或枪榴弹攻击士兵所受到的创伤的一种伤害。噪声引起的失聪对通信与正确识别噪声的特性会产生负面的影响。听力是一个多维感觉，它能够提供战场上不可估量的信息。当失聪出现时，士兵执行声频任务的能力被极大地削弱，因此好的听力是极其重要的。某些士兵即使经历了暂时的失聪，也会成为他所在单位在战斗中的不利因素或危险[1]。

另外一个原因是第二次世界大战结束后，有大量的美军复员军人患有失聪症。这作为退伍军人一个主要的残疾而提供的补偿从 1977 的不到 1 亿美元持续增长直到 2006 年的 9 亿美元，如图 8.1.1 所示[2]。

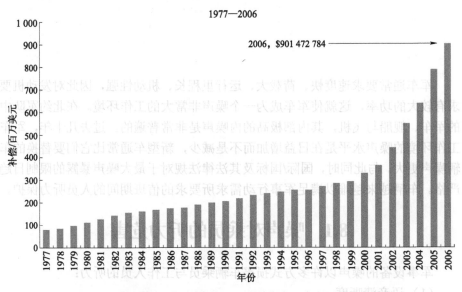

图 8.1.1　美国国防部对于复员军人失聪作为一个主要残疾的补偿

噪声与振动对国防系统与设备的影响包括财务考虑（工作人员的补偿与老兵的福利），在战斗环境下与社会环境下通信的干扰，与增加的被外部探测到的弱点。在培训、保护设备的使用与健康监控的听力保护计划来管理听力失聪的措施通常只有有限的成功。当乘员在这种大的噪声环境中长时间工作时，就会对乘员产生听力损害。对于军车乘员而言，语音通信极其重要。无线电与内部通信系统依赖于乘员之间及其外部世界快速有效的信息交换。如果通信的语音清晰度变得太低，危险情况就可能产生。声音的可听性与可辨别性通常因为噪声的存在而降低。为了防止惊吓反应与限制这些信号的侵害性，美军规则推荐：警告信号与噪声的比不高于 25 dB。

8.2 听力保护

在个人听力保护技术领域的法规从两个方面保护乘员的听力：限制噪声对乘员的长期影响；限制对语音清晰度的立即影响。保护乘员听力的最好办法是：减少车内噪声，增加信噪比（SNR）。美军对噪声的重视起源于第二次世界大战。由于飞机在战场上的大量使用，地勤与飞行员在高分贝的噪声中长期工作，常导致这些人员失聪。另外，战场上的声学通信能力是与军事任务完成的能力成正比的。因此，美国空军首先提出听力保护计划，以后各军种也提出了各自的听力保护计划。

最早启动听力保护法规的是美国空军（1948 年），美国陆军是最晚实行听力保护法规的（1956 年）。但在 1978 年美国国防部发布指示：建立全军统一的听力保护计划，目标就是消除美国国防部所属的军人与文职人员所有与职业噪声相关的失聪，减少补偿的成本。

美国陆军医疗部颁发了 ST 4-02.501《陆军听力计划》[1]，以便提供技术与流程，统筹管理防止士兵因为噪声引起的失聪，以保证士兵的最大战斗效率。美军认为，在科技高度发展的今天，语言通信依然是最主要的战场通信手段。高级电子通信技术不能克服这样一个事实：完成通信还是需要人的听力。美军的研究表明，完成一个单位的使命与他的有效通信能力成正比。如果这个单位的有效通信能力降低 30%，那么控制这个单位以便完成他的使命的能力也要降低 30%。在战斗中，混沌的环境、所遇到问题的复杂性、要求的反应时间使这个问题更加严重。所以必须保护士兵的听力以免受到有害的脉冲及持续的噪声损害，从而不会损害他们在这些环境中的听力与通信能力。在与敌人直接接触之前，声音通常是士兵的第一信息源。与视觉信息不一样，由声音所带来的信息来自各个方向，可以通过黑暗，不受视觉障碍的影响或通过障碍。进攻行动产生敌人不能隐藏或伪装的声音。听到以及识别与战斗相关的声音的能力是对战况信息了解至关重要的部分，这种能力提供了一个战术上的先手。噪声引起的失聪（NIHL）是一个战术上的风险，而且威胁到个人及战斗单位的战斗有效性。

美军对 M1A1 坦克的 30 位乘员在坦克模拟器上完成 10 项射击任务与语言清晰度的关系进行了量化研究。每次任务中有 4 个目标：坦克、卡车、直升机与士兵。任务完成能力的测量是在每一个任务中记录语言清晰度的 100%，75%，50%，0。具体的评价表现分为 4 个类型，即任务完成时间：确定目标的时间、向目标开火时间、消灭目标的时间以及完成任务的时间；任务完成：确定目标的百分比，以及消灭目标的百分比；任务错误：自己乘员被消灭的百分比、消灭错误目标的时间百分比以及通信错误的百分比；火器的精确性：要求消灭一个目标的弹药数量及瞄准错误。研究结果表示在图 8.2.1 中。

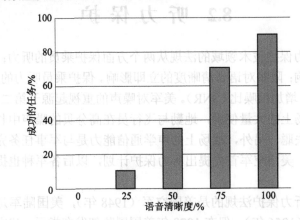

图 8.2.1　M1A1 坦克任务完成的成功率与语言清晰度[3]

从图 8.2.1 可以看出，完成任务的成功率与通信的语言清晰度成正比。由此可见，车内噪声的减少对执行任务的成功率有着直接的影响。任务完成的结果显示，当语音清晰度逐渐减少时，目标确定的数量从 98% 减少到 68%，消灭敌人目标的数量从 94% 减少到 41%，结果总结在表 8.2.1 中[3]。

表 8.2.1　听力损失减少战斗力–语音清晰性[4]

	好听力	坏听力
识别目标需要的时间	40 s	90 s
炮手听到的不正确的命令	1%	37%
正确目标识别	98%	68%
消灭敌人目标	94%	41%
错误目标射击	0	8%
坦克乘员被敌人消灭	7%	28%

从表 8.2.1 可以看出，噪声与语音清晰度对战斗力影响的严重性。先进的现代武器系统是由人来操作的，武器的脉冲与连续噪声除了对士兵的健康构成威胁外，还阻碍了士兵战斗力的发挥，严重影响到现代武器系统的设计性能发挥，有时很可能是致命的。非常遗憾的是，现在许多设备的噪声超过了限制标准，而且许多人还没有认识到这一点[5]。

根据国际上对噪声的研究，超过个人每天承受的噪声水平 85 dB 或声的高峰值 140 dB 的噪声都认为是对听力有害的[1, 6]。当噪声水平高于 80 dB 时，人们必须高声说话；当噪声水平在 85~90 dB 时，人们必须喊叫；当噪声水平高于 95 dB 时，有效的通信是非常困难的或者是不可能的。由于暴露于噪声而丧失听力通常发生在高频率上。因为人们给出意义的词汇（如辅音 ch, th, sh, f, p）的讲话声音以及提供武器、车辆的特征的声音都是高频，那么高频听力的丧失对军事行动来说更是毁灭性的。因此美国陆军部在 1998 年颁布了名为 DA PAM 40 501《HEARING CONSERVATION PROGRAM》的噪声法规[7]。该法规明确设置了高频或甚高频的噪声最大限制值，10~16 kHz 的高频噪声限制值是 80 dB。

连续噪声对听力的破坏风险准则是许多军事与工业听力保护项目的核心，其目的就是保护在噪声环境下工作的人员的听力不受到暂时的或永久性的损害。北约各国的听力破坏风险准则总结在表 8.2.2 中。

表 8.2.2　北约各国的听力破坏风险准则[2]

国家	部/立法政体	破坏风险准则（DRC）
美国	空军、陆军、国防部与环境保护局	85 dBA，8 h，3 dB 交换率
	海军	84 dBA，8 h，3 dB 交换率
	职业安全与健康局（OSHA）	90 dBA，8 h，5 dB 交换率
	空军全身限值	总噪声：150 dB；在任何倍频程带：145 dB
英国 法国 比利时 德国	欧盟指令：2003/10/EC"来自物理因素的风险" 英国-2005　工作环境噪声控制规范 —由国防部采用 法国-劳工部署 2006-892 号法令 2006 年 7 月 19 日 （暴露在噪声环境下工作的安全与健康法令） 比利时-皇家指令 16/01/2006 N.2006-603 德国-执行欧盟指令 2002/44/EC 与 2003/10/EC （2007 年 2 月 23 日） 中心服务法规"ZDv 44/3 噪声保护" 2007 年 8 月 24 日	暴露行动值下限： 80 dBA，8 h（3 dB 交换率）或 135 dBC 峰值压；进行噪声环境的风险评估，如果要求听力保护装置要可用 暴露行动值上限： 85 dBA，8 h（3 dB 交换率）或 137 dBC 峰值压；减少声源的噪声或在考虑听力保护装置之前采取管理控制，在此水平佩戴听力保护装置是强制性（有责任的） 暴露限值： 87 dBA，8 h（3 dB 交换率）或 140 dBC 峰值压力； 在佩戴听力保护装置时在耳边测量。 这是禁止水平。 就是说：超过就是非法的 德国（独家）： §1 为国防目的，国防部接受例外。 §6 曝露限值等同曝露行动上限值，85 dBA 连续或 137 dBC 峰值
荷兰	军事	要求的行动：限值 80 dBA

美国陆军、空军的听力破坏风险准则是工作人员不带耳塞或其他减噪设备的情况下一天 24 h 内可以在 85 dBA 的噪声环境下连续工作 8 h 而不会对他的听力造成破坏。如果噪声水平超过 85 dBA，则每超过 3 dBA 工作时间减半。

长距离与长时间在各种路况上运行的乘员的舒适性也是一种战斗力。士兵长距离输送如果经历不舒适性，会影响战斗力。所以这些噪声标准最终落实到车辆的 NVH 性能，落实到车辆的 NVH 设计，称为现代武器装备的倍增器。

8.3 军车的振动

军车在不平道路上行驶，经过若干个小时的颠簸，士兵下车后就立刻投入战斗，还要保证战斗力，那是不可想象的。因此可以说，军车的运行平稳性就是士兵的战斗力。军车上安装有精密仪器，在车辆运行中一定要保证这些仪器的运行平稳性，确保这些仪器在运行过程中不会受到任何破坏。这里面就有一个军车的姿态控制问题。Oshkosh 的专利[8]，陆地车辆装有可以监控车辆高度的传感器。中心控制装置监控来自传感器的数据，并根据这些数据控制调整一个或多个影响车辆运行高度的车辆系统。控制中心单元控制一个悬挂系统，而且控制悬挂系统运行高度设定的任何乘积倍数。运行高度也可以是驾驶员事先设定的车辆运行高度，并保持。当一个荷载被去掉后悬挂被解锁，在加一个荷载后就锁定悬挂。有一美军陆战队队员曾经在博客上讲，可以在一个以 50 km/h 运行在山路的军车上发短信。

军事车辆设计要求既能在高速公路上运行，也能在非常恶劣的道路上运行，而且运行的时间可能非常长。军事人员在装甲车内暴露到了高水平的全身振动[9]。而振动暴露的数量又取决于许多因素，包括车辆的类型与设计，车辆运行速度，环境条件与乘员的姿势。未来指挥与控制军事行动可能变得更加快速，这就对军车内乘员的认知与感官提出了更高的要求。在军事行动中，更清楚的通信与更敏锐的情况认知将是有效行动，最终在战场上生存的重要因素。实验证明，全身振动的暴露对人的视觉敏感度与手工作业的表现能力有负面影响。实验表明，当振动与噪声同时出现时，振动对失聪有贡献，因此在设计与评估车辆中的通信系统时应该考虑振动的影响。

表 8.3.1 是根据 ISO 2631 的方法测量的三种车辆的 RMS 加速度。可以看到，驾驶员座椅的加速度随着速度的增加而增加。显然，在 32 km/h 的铺设道路上，加速度为 1.26 m/s^2，ADATS 的驾驶员座椅的加速度最大。对于 Bison 与 LAVIII，在高速公路上以 80 km/h 的速度行驶时座椅的加速度小于 0.3 m/s^2，小于 ISO 2631 规定的 0.315 m/s^2 的舒服准则，应该是相当舒服了。

表 8.3.1　三种车辆的道路振动测量[10]

位置	道路条件	RMS 加速度/（m·s^{-2}）			
		X方向	Y方向	Z方向	综合
LAVIII驾驶员座椅	不平土路速度变化	0.17	0.20	0.66	0.75
	高速公路（80 km/h）	0.06	0.09	0.26	0.30
Bison 驾驶员座椅	不平土路速度变化	0.45	0.37	1.10	1.36
	高速公路（80 km/h）	0.05	0.06	0.28	0.30
ADATS 驾驶员座椅	铺路（8 km/h）	0.12	0.13	0.57	0.62
	铺路（32 km/h）	0.29	0.57	0.89	1.26

图 8.3.1 所示为 LAVIII 驾驶员座椅 Z 方向振动的频率谱。在不平地域行驶时，主要振动在 1 Hz，3.15 Hz，4 Hz 与 5 Hz 上，在高速公路上，主要频率是 2 Hz 与 2.5 Hz[10]。

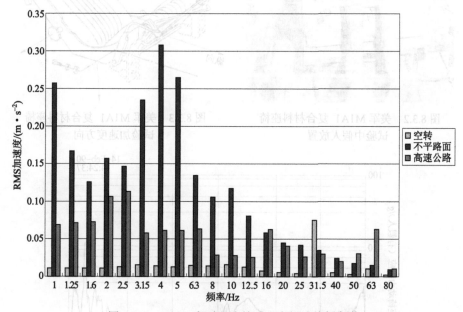

图 8.3.1　LAVIII 驾驶员座椅 Z 方向振动的频率谱

车载货物安全性：振动吸收系统的振动，主要平动模态共振频率应该大于 7.5 Hz[11]。

美国军用车辆 M1A1 经过不断改进，使设计质量由原来的 58 t 增加到 BLOCKI 的 65 t。为了增加它的战场存活性，必须进行减重，其中使用复合材料的座椅就是一个减重方向。在使用复合材料座椅时，必须验证它具有金属座椅的所有性能，其中一项试验就是复合材料座椅对激励振动的衰减能力，即传递率[12]，为我们考察军用车辆座椅的传递率提供了一个窗口。

图 8.3.2 所示为假人在坦克中的放置位置。图 8.3.3 所示为座椅加速度的方向。图 8.3.4 所示为试验的座椅在垂直方向的传递率数据，图 8.3.5 所示为试验的座椅在纵向的传递率，图 8.3.6 所示为试验的座椅在横向的传递率。

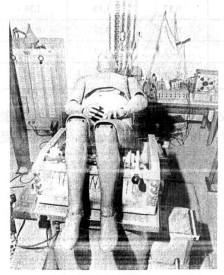

图 8.3.2　美军 M1A1 复合材料座椅试验中假人放置

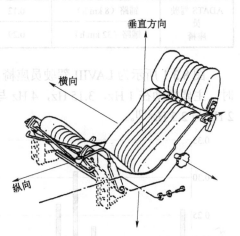

图 8.3.3　美军 M1A1 复合材料座椅试验加速度方向

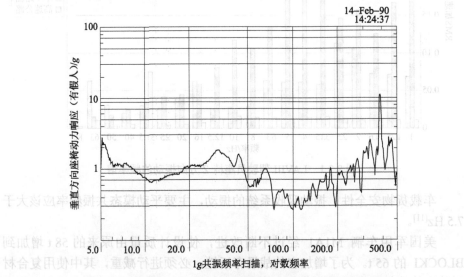

图 8.3.4　美军 M1A1 复合材料座椅的垂直方向的传递率测量

第 8 章 军车的NVH问题

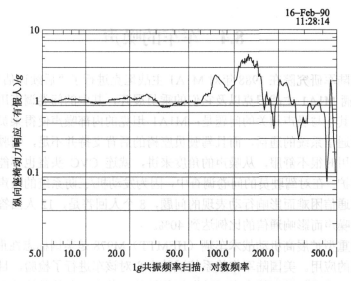

图 8.3.5 美军 M1A1 复合材料座椅的纵向的传递率测量

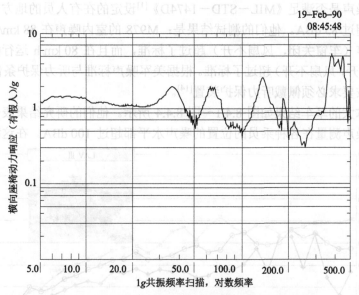

图 8.3.6 美军 M1A1 复合材料座椅的横向传递率测量

从这些数据可以看到，垂直方向在频率低于 6 Hz 时座椅振动传递率处于放大区，在 6～18 Hz 期间处于减振区。在纵向上，基本上处于既没有放大又没有减振的状态。在横向上，在 40 Hz 以下都处于放大区。最大的放大倍数达到 2。从减振的角度来看，这种座椅并不是非常好的。

8.4 军车的噪声

美国陆军研究院在 1988 年对 M1A1 主战坦克进行了"后续评估"。该评估针对 41 辆 M1A1 主战坦克以及它们的乘员展开,其中的问卷调查用来评估人的因素。其中与噪声相关的问题是:M1A1 坦克的内部噪声使得乘员很难听到坦克内部通信系统的通话,而且驾驶员座椅的后背支持并不足,驾驶员座位在长时间使用时很不舒服,从噪声的角度来讲,就连 CVC 头盔也不能提供相应的听力保护;在对驾驶员的问卷调查中,因为发动机/三防系统的噪声导致与其他乘员有通信困难而影响行动表现的问题,8 个人回答是,12 人回答不是[13]。驾驶员受噪声而影响通信的比例达到 40%。

美国重型扩展高机动战术车辆(HEMTT)M978 是美国标志性重型卡车,有着广泛的应用。美国陆军作战系统试验中心对该车进行了检验,目的是检查该车是否满足或超过初始生产试验车辆的性能。其中一条就是检验车辆的外部与内部噪声是否满足《MIL-STD-1474D》[1]设定的在有人员的地方的噪声限值:不超过 85 dBA。他们的测试结果是:M978 的室内噪声在 88 km/h 运行的稳态噪声(车窗关闭,风扇不开)超过了标准,而且在 80 km/h 运行的稳态噪声(车窗开,风扇不开)超过了标准。根据美军噪声标准与听力保护条例,M978 的乘员按要求必须佩戴听力保护装置[14]。

加拿大的军车结果如图 8.4.1~图 8.4.4 所示。他们的研究结果表明,陆地车辆的噪声测量在各种乘员的位置的噪声水平都超过 100 dBA。在这种噪声背

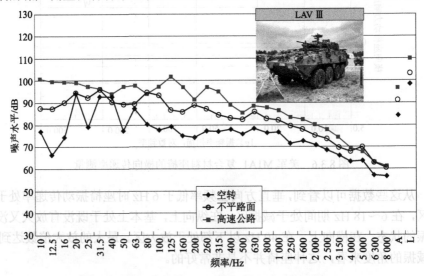

图 8.4.1 加拿大陆军 LAV Ⅲ 车内驾驶员耳边噪声[13]

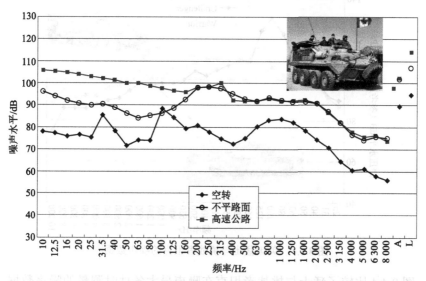

图 8.4.2　加拿大陆军 Bison 车内驾驶员耳边噪声[13]

图 8.4.3　加拿大 M113A2 ADATS（防空反坦克系统）驾驶员耳边噪声

景下，乘员中使用无线电通信时会增加通信的音量，会使噪声增加。在车辆中高分贝的噪声暴露会损坏乘员的听力与通信，而且重复的长时间的暴露会导致永久性的听力损坏[15]。

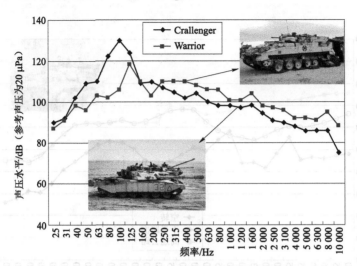

图 8.4.4　英国猛士与挑战者坦克的噪声数据[2]

图 8.4.4 比较了猛士与挑战者坦克在噪声最大条件时测量的噪声数据，这种最大噪声产生的条件是坦克以高速行驶在硬路面上。两种坦克都有一个峰值，挑战者在 100 Hz，猛士在 125 Hz。这个峰值是因为履带撞击地面产生噪声，然后通过行走部件与坦克的壳传入驾驶室内。

美军 M978 重型扩展高机动车辆的噪声测量结果如图 8.4.5 所示 [11]。

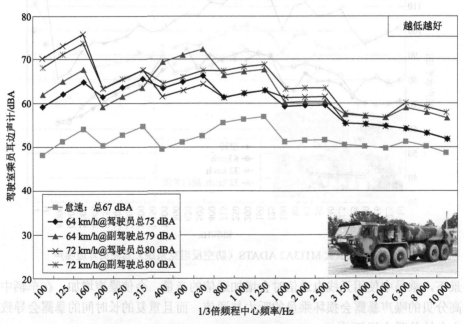

图 8.4.5　美军 M978 重型扩展高机动车辆的噪声[11]

北约对比利时、加拿大、法国、荷兰、英国与美国的陆军车辆的噪声进行了调查。对每一种类型的车辆，选择噪声最大的条件进行噪声测量，结果如图 8.4.6 所示。

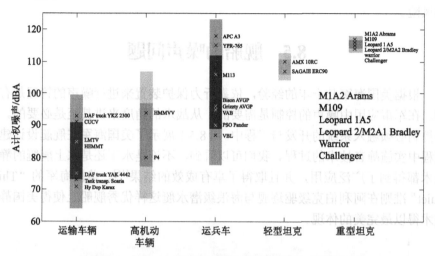

图 8.4.6　北约 26 种陆地军车的噪声数据[2]（见彩插）

图 8.4.6 中，深色条部分的中心代表噪声的平均值，而其长度代表了那种车辆噪声在其平均值上下的 1 个标准方差，即总跨度为 2σ；统计学上认为 68%的车辆 A 计权噪声落入这个范围；淡色与深色的条合在一起的总跨度为 4σ；统计学上认为 95%的车辆 A 计权噪声落入这个范围。我们可以看到，运输车辆的噪声最低，平均噪声在 80 dBA 左右，高机动战术车辆的噪声在 87 dBA 左右，而运兵车辆的平均噪声在 102 dBA 左右。按照北约对噪声的准则，除了运输车辆外，其他车辆的乘员必须佩戴消音装置，以防止失聪。

噪声引起的失聪（NIHL）是北约的一个非常重要的问题。在过去的数十年中，军事环境中的噪声水平一直在增加，而且新型车辆与武器类型通常都比它们替换的旧车辆与武器噪声更大。在北约国家中，与暴露给高水平噪声相关的听力破坏风险的认知度越来越高，作为结果，由这些北约国家标准设立的最大噪声暴露限值越来越严厉。因此作为军车设计人员来讲，既要满足噪声要求适当的保护乘员，又要满足军事行动期间需要的要求。有三种减少噪声的负面影响的基本方式：第一种也是最推荐的方式是通过工程控制来减少在噪声源处的噪声；第二种就是在噪声源与噪声传递的路径之间插入隔声与吸声材料；第三种方法，也是最后一道防线，就是使用个人保护设备或听力保护装置[2]。

避免被敌方探测到是提高军车在战场存活率的关键。控制军车在战场上的可探测性是一个很困难的问题，因为车辆有许多特征鲜明的信号，如可视性、外信号、雷达、灰尘、排放、地面振动，甚至味道。军车所辐射的噪声也是一个探测源。比较经典的是海军扫雷舰艇，太高的噪声甚至有触发水雷的风险。

8.5 舰船的噪声问题

根据美国海军几十年的经验，依靠听力保护装置来进行噪声的管理是有限的。在军事应用中噪声的控制是需要的，从战术的角度来讲甚至是必要的。噪声控制必须融入系统的开发与工程中。图 8.5.1 展示了美国海军在舰艇设计建造过程中实施静音技术的过程。我们可以看到，不论是水下还是水上舰艇的静音技术都得到了广泛应用，并且取得了卓有成效的结果[16]。美国海军的"Think Quiet"准则在阿利伯克级驱逐舰与海浪级潜水艇这样优秀舰船上使得美国静音技术得以最完美的体现。

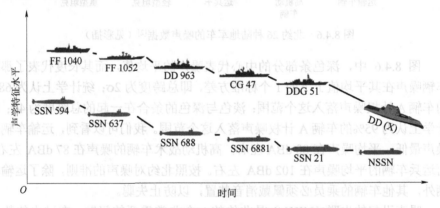

图 8.5.1　美国海军的舰艇静音投资的时间历程[16]

测量数据表明，美国航空母舰在 F-18 弹射起飞与着舰，弹射器蒸汽供应，水制动以及尾钩动作时，船尾甲板噪声都超过 104 dBA，已经超过使用双重听力保护设备的噪声标准[17]。

利用声学软件建立 CVN-72（林肯号航母）的声学模型，模拟在飞行甲板下面的"牧师房间"里当 F-18 起飞时的空气噪声与结构噪声，如图 8.5.2 所示[17]。美国航母 CVN 在飞机弹射起飞时的噪声传递路线如图 8.5.3 所示。

利用声学模型预测牧师房间的结构单元的贡献如表 8.5.1 所示。表 8.5.1 中的黑体数字是需要进行噪声控制的。

第 8 章 军车的NVH问题

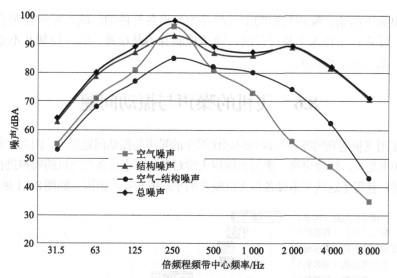

图 8.5.2 美国航母 CVN–72 在 F–18 起飞时牧师房间里的噪声

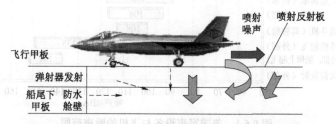

图 8.5.3 美国航母 CVN 在飞机弹射起飞时噪声传递路线

表 8.5.1 CVN–72 牧师房间在 F–18 起飞时的结构噪声贡献

倍频程频带频率/Hz 结构单元	31.5	63	125	250	500	1 000	2 000	4 000	8 000	dB (A)
飞行甲板	**102**	**105**	**103**	**101**	86	73	61	53	45	94
防水舱壁舷外	87	89	87	88	82	79	80	73	64	86
防水舱壁舷内	88	90	88	89	83	80	82	75	66	88
03 层甲板	88	91	89	90	83	**81**	**83**	**76**	66	88
防水舱壁舷前	88	91	89	90	83	80	82	75	66	88
防水舱壁后	86	89	86	87	80	77	78	71	61	85

许多人单纯从工程减振/减振措施的成本出发认为减少噪声的措施会增加造船的成本。美国海军曾经从总的生命周期来计算投资回报率（Return on Investment），即舰船采用减少噪声的工程成本与投资相对于舰船采用不减少噪声工程解决方案的投资回报率可以达到 9.2，还是相当可观的[18]。我们完全可

以得出如下结论：噪声是影响士兵战斗力与设备性能的；缺乏噪声控制会产生风险；噪声控制技术上是可行的，噪声控制并不是很难，噪声控制并不是高成本的，效费比是很高的。

8.6 飞机的噪声与振动问题

军用飞机遇到的噪声与振动问题比军车的噪声与振动问题更大，因为它们的发动机功率更大，转速更高。美国密西根大学对各种军事设备与飞机的噪声进行了多种测量，获得了这些军事设备与飞机噪声的平均值与噪声范围，如图 8.6.1 所示[19]。

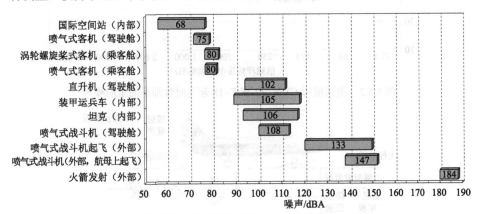

图 8.6.1　美国军事设备与飞机的噪声范围

国际空间站的噪声水平平均值为 68 dBA，最高也不过 77 dBA，这个噪声水平是相当不错的，在寂静的空间中噪声的源只能是飞船中设备的噪声源。客机的乘客舱的噪声都在可以接受的水平。直升机的平均值为 102 dBA，最高为 111 dBA；装甲运兵车平均值为 105 dBA，最高为 118 dBA；坦克平均值为 106 dBA，最高为 117 dBA；喷气式战斗机驾驶舱的平均噪声为 108 dBA，最高为 113 dBA（低于坦克噪声），都超出了可以接受的水平，这些设备的乘员需要配备消音设备。飞机起飞时的噪声更大，所以航母上或机场上接近起飞飞机的地勤人员也需要佩戴消音装置。

图 8.6.2 与图 8.6.3 为美国"大黄蜂"，苏联"米格–21"，瑞典"龙"战斗机 50 m 飞越最大噪声频谱。"大黄蜂"的噪声在高频与低频频段高于"米格–21"与瑞典的"龙"，在中频段三者都差不多，80 Hz 以下噪声都很低。图 8.6.4 所示为美国运输机的噪声。

但噪声在驾驶员座舱与飞行员戴头盔所感受到的噪声的频谱是不一样的。减噪头盔降低了驾驶员座舱的高频噪声（高于 160 Hz），但低于 160 Hz 的噪声却有些放大。

第 8 章 军车的NVH问题

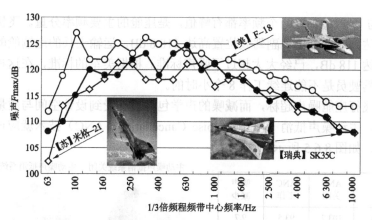

图 8.6.2　战斗机飞越噪声（50 m，0.9 马赫）[20]

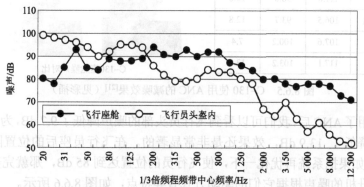

图 8.6.3　【美】F-18D "大黄蜂" 飞行舱与飞行员感受的噪声[20]

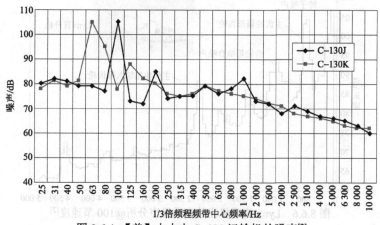

图 8.6.4　【美】大力士 C-130 运输机的噪声[2]

这些噪声的源来自螺旋桨、发动机、边界层流以及设备的冷却与座舱空调系统。C-130K 有 4 个螺旋桨，而 C-130J 有 6 个螺旋桨。叶片通过频率分别为

63 Hz 与 102 Hz，这两个频率都有峰值，是座舱的主要频率分量。飞机座舱的总噪声达到 103.2 dB，副驾驶位置高达 118.8 dB，运输士兵的运输舱的前端的噪声高达 118 dB，已经大大超过了噪声标准。根据美军的标准，在这种噪声环境下，驾驶员是不能连续工作 8 个小时的。

当飞行座舱噪声超标，而减噪的声学包等措施受到设计空间与质量限制的情况下，主动噪声抵消（Active Noise Cancellation，ANC）技术就应该是明智的选择，如图 8.6.5 所示。

位置	ANC 关闭	ANC 工作	噪声减少
飞行员	103.2	93.5	9.7
副驾驶	111.8	96.0	15.8
发动机舱	106.5	93.7	12.8
导航舱	107.6	100.2	7.4
休息舱	117.1	103.2	13.9

图 8.6.5 C-130 使用 ANC 的减噪效果[21]（见彩插）

使用了 ANC 后，我们可以看到飞行员头部的噪声降低了 9.7 dB，为 93.5 dB，休息舱降低了 13.9 dB，效果还是非常显著的。在飞行员座后的位置降低到了 85 dB，如果把系统再优化一下，使飞行员的位置达到 85 dB，那就完美了。

直升机的噪声根据它们的驱动方式有其特点，如图 8.6.6 所示。

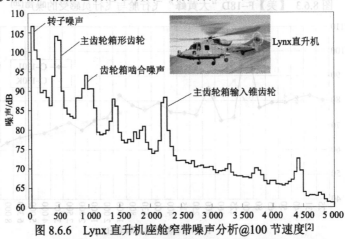

图 8.6.6 Lynx 直升机座舱窄带噪声分析@100 节速度[2]

直升机的座舱噪声有一个峰值，分别对应着转子噪声以及各个齿轮传动的齿轮噪声。转子的噪声频率最低，最高的为主齿轮输入的锥齿轮，大约在 2 100 Hz。这种噪声特点是机械激励、叶片激励比较明显，除了声学包减噪外，

第 8 章 军车的NVH问题

采用自适应主动噪声抵消技术可能会更有效一些。

黑鹰直升机是美国 Sikorsky 公司 S-92 系列直升机的一种,中国曾在 20 世纪 80 年代引入,至今还在使用。直升机噪声的主要振动与声源是转子,低频空气动力学产生的噪声,齿轮箱强烈的单频齿轮啮合噪声,扰动边界层激励的宽频噪声与其他噪声与振动(发动机、液压系统等),如图 8.6.7 所示。

图 8.6.7　S-92 黑鹰直升机

黑鹰直升机的基本结构如图 8.6.8 所示[22]。

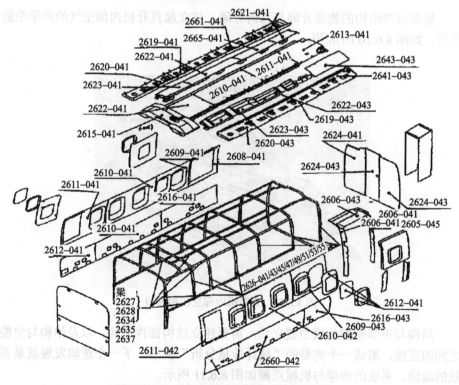

图 8.6.8　S-92 驾驶舱内钣金系统的不同部件

根据这些结构，构造统计能量分析（Statistical Energy Analysis，SEA）方法的模型。图 8.6.9 所示为 S-92 直升机的结构模型。

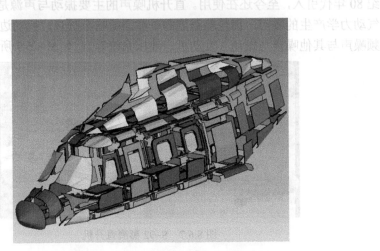

图 8.6.9　S-92 直升机的结构模型（见彩插）

根据这些结构的物理分隔与几何分隔，建立起直升机内部空气的声学空腔模型，如图 8.6.10 所示[23]。

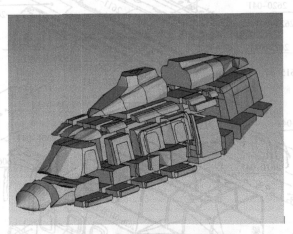

图 8.6.10　直升机内部空腔的模型

结构与声学空腔的模型建立后，需要建立结构部件之间，以及结构与空腔之间的连接，形成一个完整的"统计能量分析"模型。下一个逻辑发展就是系统的激励。系统的声学与机械点源如图 8.6.11 所示。

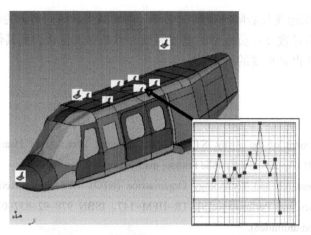

图 8.6.11　直升机模型的机械与声学点源

从图 8.6.12 可以看到，试验结果表明在 2 000 Hz 有一个比较大的峰值。模型的建立为改进直升机的噪声与振动提供了一个分析的工具，可以多快好省地为直升机的振动与噪声问题提供工程解决方法的发现与解析验证。

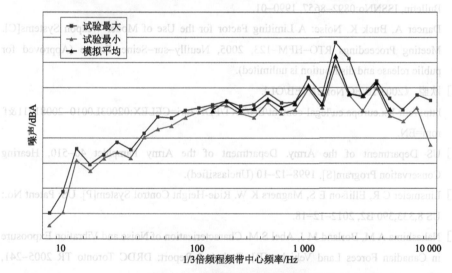

图 8.6.12　试验与模型模拟的对比

Kanenski 与 Nosova 使用现场研究试验来确认直升机驾驶员的觉醒与低频振动的关系。在 4 个小时与 2 个小时的试验飞行期间，监控低频噪声与振动对驾驶员的影响。清醒分析是根据监控的飞行员的脑电图与心电图记录。电极是贴在飞行员的头部与胸部监控心脏的行为。试验中的主要激励频率是 8~16 Hz，垂直方向的最高振动水平是 0.09~0.90 m/s^2。试验结果表明飞行员的清醒/疲劳水平在起飞与着陆时很高，在飞行期间减少。他们得出的结论是：低频噪声与振动是导致飞行员疲劳的重要因素。但是作者也认识到其他因素，如单调性与无聊性也是重要的因素[24]。

参考文献

[1] US Department of the Army. ST 4–02.501，Special Text，Army Hearing Program[S]. 2008–02–01 (Approved for public release; distribution is unlimited).

[2] NATO Research and Technology Organisation (RTO). Hearting Protection – Needs, Technologies and Performance[S]. TR–HFM–147，ISBN 978–92–837–0121–7, 2010–11 (unclassified/unlimited).

[3] Peters L, Garinther G. The effects of speech intelligibility on crew performance in an M1A1 tank simulator[R]. US Army Human Eng. Lab, Techn. Memorandum, 1990–11 (Approved for public release and distribution is unlimited).

[4] Garinther G, Peters L. Tank Gunner Performance and Hearing Impairment[EB]. Army RD&A Bulletin, ISSNNo:0892–8657, 1990–01.

[5] Dancer A, Buck K. Noise: A Limiting Factor for the Use of Moder Weapon Systems[C]. Meeting Proceedings RTO–HFM–123, 2005, Neuilly–sur–Seine, France (Approved for public release and distribution is unlimited).

[6] 欧盟.《2003/10/EC Noise》[EB/OL]. http://eur-lex.europa.eu/legal-content/EN/TXT/PDF/?uri=CELEX:02003L0010–20081211&from=EN.

[7] US Department of the Army. Department of the Army Pamphlet 40–510, Hearing Conservation Program[S]. 1998–12–10 (Unclassified).

[8] Linsmeier C R, Ellifson E S, Magners K W. Ride-Height Control System[P]. US: Patent No.: US 8,333,390 B2, 2012–12–18.

[9] Nakashima A M, Borland M J, Abel S M. Characterization of Noise and Vibration Expoosure in Canadian Forces Land Vehicles [R]. Technical Report: DRDC Toronto TR 2005–241, (Unclassified/Unlimited Distribution), 2005–12.

[10] Nakashima A M, Borland M J, Abel S M. Measurement of Noise and Vibration in Canadian Forces Armoured Vehicles [J]. Industrial Health, 2007, 45: 318–327.

[11] US Department of Defense.Department of Defense Design Criteria Standard: Specialized Shipping Containers[S]. MIL–STD–648D, 1999–02–11.

[12] Pytleski J, Rock D K, Hintz G J. M1A1 Driver's Seat Assembly[R]. Contract DAAE07–89–C–R041, (Unclassified/Approved for Public release: Distribution Unlimited),

1990–12.

[13] Lyons L E, Warnick W L, Kubala A L. Human Factors and Safety Assessment: M1A1 Abrams 120 mm Gun Tank[R]. Follow Evaluation, U.S. Army Research Institute for The Behavioral and Social Sciences Research Note 88–96, 1988–11.

[14] Lazzaro R J. Final Report: Comparison Test of the Heavy Expanded Mobility Tactical Truck (HEMTT), M978 Tank[R]. (approved for public release/unlimited distribution), 1989–02.

[15] Nakashima A M. Whole−Body Vibration in Military Vehicles: A Literature Review[J]. Canadian Acoustics/Acoustique Canadienne, 2005, 33(2).

[16] Yankaskas K. System Safety Implications and Applications of Noise Evaluation and Control in Military Ships[C]. PROCEEDINGS OF THE 23rd INTERNATIONAL SYSTEM SAFETY CONFERENCE, 2005.

[17] Fischer R, Yankaskas K. Noise Control on Ships – Enabling Technologies[C]. Presented During The Intelligent Ships Symposium IX, 2011–05–25～05–36 (Public Release).

[18] Bowes M D, Shaw G B, Trost R P, et al. Computing the Return on Noise Reduction Investments in Navy Ships: A Life−Cycle Cost Approach[R]. CRM D0014732.A2/Final, 2006–09 (Approved for Public Release; Distribution Unlimited).

[19] Bergr E H, Reitzel R, Kladden C A. University of Michigan, Noise Navigator™ Sound Level Database with over 1700 Measurement Values[EB/OL]. 2015–06–26.

[20] Kuronen P. Military Aviation Noise, Noise−induced Hearing Impairment and Noise Protection[D]. Oulu: Dessertation University of Oulu, Finland, 2004–09–03.

[21] Nelson R. Unique Acoustic Systems for the C–130 from Ultra Electronics[C]. Hercules Operatins Conference, 2011.

[22] Jayachandran V, Boniha M W. A Hybrid SEA/modal Technique for Modeling Structural−Acoustic Interior Noise in Rotorcraft[J]. J. Acoust. Soc. Am. 2003–03, 113(3).

[23] Ghiringhelli G L. Noise and Vibration in Helicopters, Postgraduate Course in Rotary Wing Technologies[R].

[24] Kamenskii Y, Nosova I M. Effect of Whole Body Vibration on Certain Indicators of Neuro−Endocrine Processes[EB]. Noise and Vibration Bulletin, 1989: 205–206.

索 引

B

1/4 波长旁支管 …………… 33, 34
12 平均律 …………………… 65
ENR ………………… 116, 117
PALS ………………… 111, 118

B

板弹簧刚度 ………………… 157
板弹簧夹紧刚度 ……… 158, 159
半阶波次 …………………… 26
北约各国的听力破坏风险准则 … 227
边带频率 …………………… 26
波兰车内噪声 ……………… 216
不均匀性 …………… 86, 87, 98
不平衡量 …………………… 95
不舒服频率 ………………… 178

C

柴油机噪声的等级 ………… 12
超级卡车 …………………… 153
车架 ………………………… 135
车架参数 …………………… 139
车架刚度 ……… 138, 149, 154, 156
车架基本频率 ……………… 146
车架截面惯性矩 …………… 141
车架抗弯矩 ………………… 143
车架扭转刚度 …… 136, 138, 144
车架弯曲抖振 ……………… 149
车架弯曲刚度 ………… 141, 142
车架对车辆 NVH 的影响 …… 155
车架振动中心 ……………… 151

车轮的激励 ………………… 85
车轮跳动 ……… 98, 99, 184, 198
齿轮比与音阶比 …………… 64
齿轮冲击 ………… 24, 25, 26, 27
齿轮啸叫 ……………… 24, 26
冲击问题 …………………… 7
传递函数 …………………… 99
传递路径 ……………… 16, 79
传递率 ………… 122~128, 130,
　　　　131, 167, 169~172, 182

D

底盘弹性中心 ……………… 151
底盘的平动 ………………… 150
电动客车的车内噪声 ……… 213
动不平衡 ……………… 86, 89
抖动 ……………… 75, 89, 91, 103

E

二次力偶 …………………… 93

F

发动机机体的振动 ……… 39, 40
发动机前罩 ………… 43, 44, 48
发动机各部件的噪声贡献 …… 13
发动机机体表面辐射噪声贡献 … 41
方向盘扭振 ………………… 105
飞机噪声 …………………… 238
风扇噪声 ……………… 37, 38
俯仰频率 …………………… 151

负刚度机制减振器 ………………… 134
辐射噪声的声功率 ………………… 41

G

刚体模态 …………………… 5，179
公共汽车类型 ……………………… 208
公交车座椅振动 …………………… 218
公交车噪声 ………………………… 214
共振拍 ……………………………… 103
共振破坏 …………………………… 7
管路模态 …………………………… 29
惯性激励 …………………………… 93

H

横梁 ………………………………… 136
簧上质量 …………………… 87，99
簧下质量 …………………… 87，98
回响时间 …………………………… 114
活塞偏置 …………………………… 20
活塞敲击 ……… 19，69，76，77，78
活塞销阻尼器 ……………… 78，79
货物的完整性 ……………………… 7
霍尔姆兹谐振器 …………… 33，34

J

机体辐射 …………………… 39，41
机械传递功率 ……………… 26，27
机械噪声 …………………… 18，78
激励频率 …………………………… 196
驾驶疲劳 …………………………… 2
驾驶室垂直抖动 …………………… 187
驾驶室几何特征 …………………… 164
驾驶室悬置偏频 …………… 167，168
减噪壳 ……………………………… 55
减振器 ……………………………… 121

舰船的噪声 ………………………… 236
解耦率 ……………………………… 180
进气管路 …………………………… 29
进气歧管 …………………………… 50
进气系统 …………………… 28，34
进气噪声 …………………… 33，34，69
径向误差 …………………… 86，87，88
静不平衡 …………………… 86，88
军用车辆座椅 ……………………… 230
军车的噪声 ………………………… 232
军车的振动 ………………………… 228

K

卡车碰撞原因 ……………………… 6
客车空腔共振频率 ………………… 209
客车声学包 ………………………… 216
空气弹簧 …………………………… 161
空气弹簧悬挂的隔振率 …………… 164
客车的空腔共振频率 ……………… 208
空腔对应的固有频率 ……………… 30
扩张腔 ……………………………… 33

L

离散频率 …………………… 25，38
力传递率 …………………………… 122
临界频率 …………………………… 211
路噪声 ……………………………… 51
轮胎刚度 …………………………… 100
轮胎的花纹 ………………………… 51
轮胎类型批准 ……………………… 56
轮胎噪声 ………… 51，52，53，55
轮胎噪声限值 ……………………… 57
轮胎的激励 ………………… 86，87
铝车架 ……………………… 154，155

M

模态分离表 …… 83，84，204，219
模态分配 ………………………… 195
模态解耦 ………………………… 180
魔鬼频率 ………………………… 26

N

逆向工程 ………………………… 1，2
啮合频率 ……………………… 26，94
扭转激励 ………………………… 92

P

排气噪声 ………… 34，35，37，69
旁支管 ……………………… 30，32
配气机构噪声 …………………… 21
疲劳与瞌睡 ……………………… 6

Q

桥交替跳动 ……………… 101，102
驱动线噪声 ……………………… 91
曲轴模态分离 …………………… 23
曲轴扭振 ………………………… 22
曲轴箱 ……………………… 49，76
全身振动暴露 …………………… 5

R

燃烧噪声 ………… 15，69，78，80
燃烧噪声的抵消周期 …………… 18
燃烧噪声的放大周期 …………… 18
燃烧振动 ………………………… 78
热释放率 ………………………… 80
人体振动频率 ………………… 174

S

萨宾系数 ……………………… 114
三和弦 …………………………… 68
商业价值 ………………………… 1
声传递损失 … 31，32，33，112，115
声功率传递函数 ………………… 40
声学包 …………………… 50，112
剩余不平衡量 …………………… 89
双墙减振 ………………………… 49
双墙结构 ……………………… 113

T

弹性隔振层 ……………………… 22
弹性主轴承 ……………………… 21
天棚阻尼 ……………………… 128
天棚阻尼减振器 ……………… 127
调频音调 ………………………… 26
调谐质量阻尼器 ……… 123，125
跳动模态 ……………………… 102
听力保护 ……………………… 225
通过频率 ………………………… 38
统计能量分析 ………………… 118

W

弯曲模态 ………………………… 5
万向节的角度 …………………… 92
位移传递率 ……………… 121，124

X

吸声系数 ……………… 114，115
消声器 …………………… 35，36
谐振腔 …………………… 30，32
许用不平衡限值 ………………… 92
许用剩余不平衡量 ……………… 90

悬挂偏频……………………99
悬置模态分离………………182

Y

音符频率………………65，66，67
音色……………………………69
油底壳………………41，43，45
油底壳…………41~46，50，69，81
预喷技术………………………17
圆柱度………………………104
跃摆振动…………………95，96

Z

噪声辐射效率…………………42
噪声音量………………………10
噪声与排量……………………11
噪声与音乐……………………63
战斗力与语音清晰性………226
振动源…………………………3
整车模态……………………197

制动颤振……………………61，103
制动鼓………………………90，102
制动力矩变化………………102
制动啸叫……………………58，59
制动噪声………………………60
制造误差………………………86
质量比………………………124，125
中重卡驾驶室内的噪声参考值……111
重卡驾驶室的噪声衰减率………117
重卡驾驶室的刚体模态…………166
重卡悬挂偏频………………160，163
轴承噪声………………………24
主动控制减振座椅…………172，173
主销自激摆振…………………96
主轴承箱………………………51
转向轮绕转……………………98
转向轮自激摆振……………96，97
准零刚度减振器……………128
自适应负刚度减振器………131
座椅振动的模态分离………174

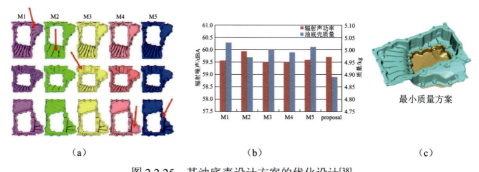

图 2.2.25 某油底壳设计方案的优化设计[38]

(a) 5 种油底壳优化方案；(b) 5 种优化方案的比较；(c) 油底壳最终产品

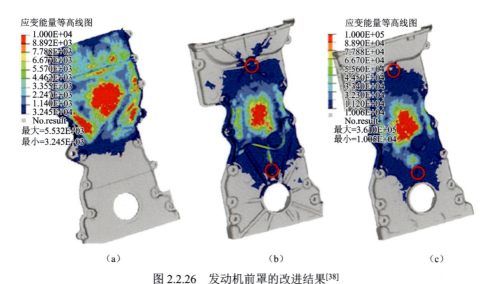

图 2.2.26 发动机前罩的改进结果[38]

(a) 原始设计：1 282 Hz；(b) 设计改进：2 472 Hz；(c) 最终产品：2 257 Hz

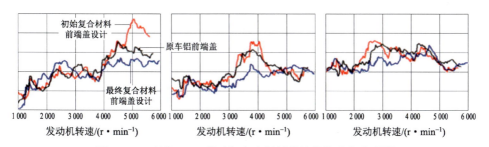

图 2.2.28 现代 2.0 L 发动机复合材料前端盖的噪声改进[42]

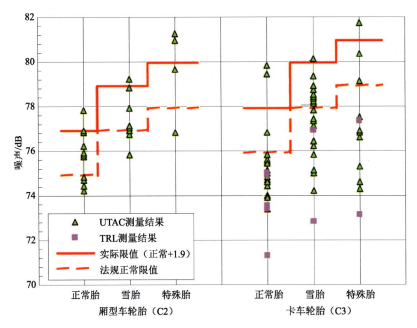

图 2.3.8　欧盟轮胎噪声限值[52]

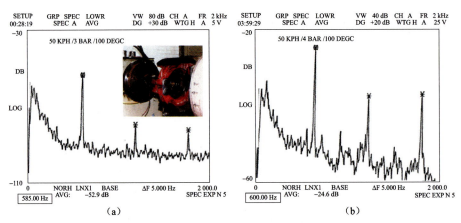

图 2.4.3　Scania 重卡鼓式制动器的制动啸叫噪声

（a）车辆的制动啸叫频谱，3 bar 制动压力；（b）车辆的制动啸叫频谱，4 bar 制动压力

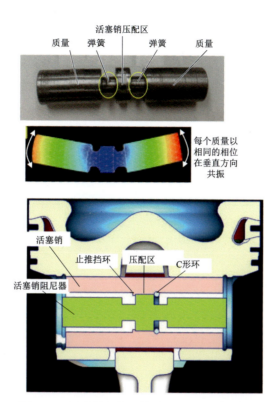

图 3.1.4 活塞销阻尼器的原理、运行及装配[10]

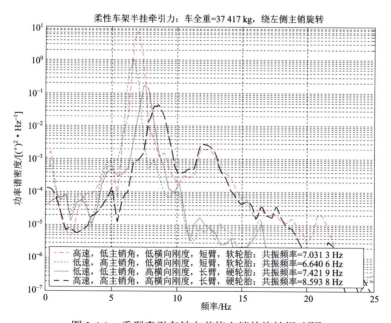

图 3.4.1 重型牵引车转向节绕主销的旋转振动[28]

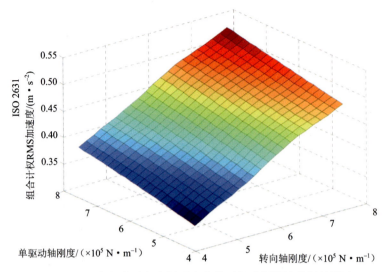

图 3.4.3 半挂牵引车车桥刚度变化对驾驶舒服性指标的影响

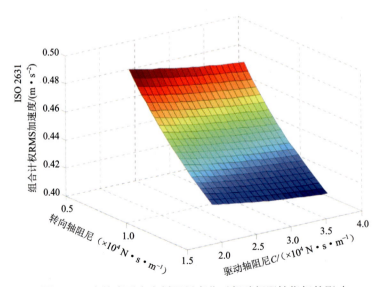

图 3.4.4 半挂牵引车车桥阻尼变化对驾驶舒服性指标的影响

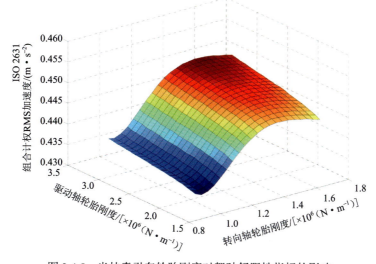

图 3.4.5　半挂牵引车轮胎刚度对驾驶舒服性指标的影响

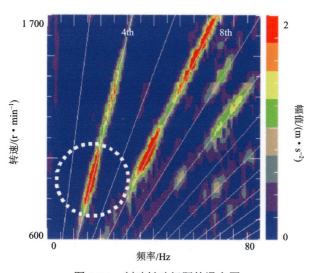

图 3.5.1　制动抖动问题的瀑布图

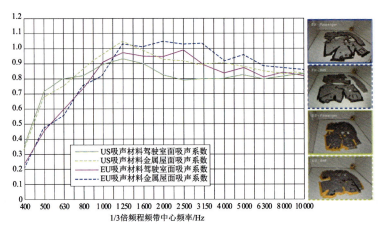

图 4.3.1 驾驶室前围的吸声系数[3]

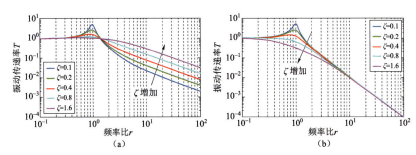

图 5.2.7 传统阻尼传递率与天棚阻尼传递率[9]
（a）传统阻尼传递率；（b）天棚阻尼传递率

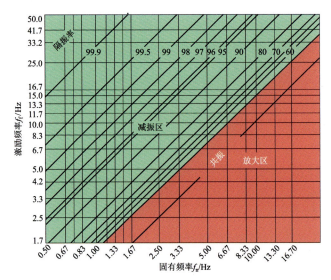

图 5.4.4 隔振系统的隔振率[57]

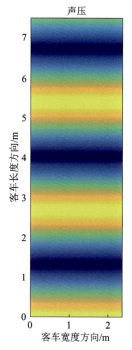

图 7.2.3 某客车内部空腔第一阶共振时的声压分布

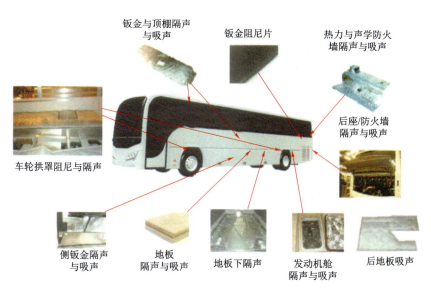

图 7.4.5 典型公共汽车的声学包[15]

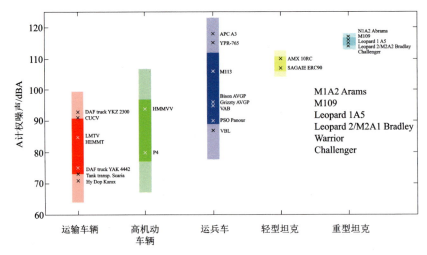

图 8.4.6　北约 26 种陆地军车的噪声数据[2]

位置	ANC 关闭	ANC 工作	噪声减少
飞行员	103.2	93.5	9.7
副驾驶	111.8	96	15.8
发动机舱	106.5	93.7	12.8
导航舱	107.6	100.2	7.4
休息舱	117.1	103.2	13.9

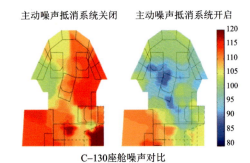

图 8.6.5　C-130 使用 ANC 的减噪效果[21]

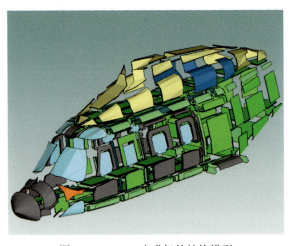

图 8.6.9　S-92 直升机的结构模型